JN334796

The Global Financial Crisis and Its Effects on Currencies and Finance

世界金融危機と金利・為替

通貨・金融への影響と
評価手法の再構築

小川英治 ──［編］
Eiji Ogawa

東京大学出版会

THE GLOBAL FINANCIAL CRISIS AND
ITS EFFECTS ON CURRENCIES AND FINANCE
Evaluation Methods Revisited
Eiji Ogawa, Editor
University of Tokyo Press, 2016
ISBN978-4-13-040274-3

はしがき

　2000年代半ばまでの20年間に世界金融市場は様々な金融危機を経験したなか，CDS等の信用デリバティブの市場が急速に発展して，市場の流動性が大きく改善し，デフォルトや流動性不足に伴う金融リスクや金融危機を排除することに成功したかのように思われた．しかし，2007年以後，サブプライム危機やリーマン・ショックが契機となり世界金融危機が生じると，金融市場が依然として信用問題や流動性問題に対し脆弱であることが露呈された．

　マクロ金融分野においては，世界金融危機時において，サブプライムローン及びその証券化商品の不良債権化と証券化商品の複雑さが相俟って，信用リスクのみならずカウンターパーティ・リスクが高まった．そのために，株式，債券，及び銀行間短期資金などの金融市場及び外国為替市場において流動性が不足する事態をもたらすという，大きな影響を及ぼした．それに対して各国中央銀行が量的金融緩和政策を実施するとともに，米国連邦準備理事会（FRB）と主要中央銀行との通貨スワップ協定を締結・拡大することによって，一見するとこれらが解消しているかのように見えた．しかし，実際には資金の出し手が中央銀行のみという歪な形が続いた．さらに，これらの量的金融緩和政策が新興市場国に資金が流入するという影響を及ぼすとともに，出口戦略に向かうなかで資金の逆流が懸念されている．また，資産価格が暴落することによって経済のリアルセクターにマイナスの影響を及ぼすという逆資産効果を通じて，信用問題に悪影響を及ぼすのみならず，これらの金融・外国為替市場において，信用問題と流動性問題が相互に複雑に影響する形で国際的に大きな混乱が引き起こされた．

　一方，ミクロ金融分野においては，特に市場金利分析に注目すれば，大別して互いに独立な2つのファイナンス理論がある．第1に，数理ファイナンス論では所謂「無裁定価格理論」を使って金利の価値評価が行われた．すな

i

はしがき

わちブラック＝ショールズのオプション価値評価モデルなど，市場の無裁定関係を前提に金融商品の複製関係を利用し金利を算出した．このモデルによる信用分析は多数存在するが，完備市場で複製可能な状況を想定するため，例えば伝染効果のある信用・流動性の現実的分析には限界があった．第2に，金利の期間構造モデルのように，取引費用等の制約がない理想化された合理的経済主体による最適消費・資産配分の均衡解として金利が分析された．しかし，その無制約なモデルが現実的に比べ素朴過ぎ，現実の金融市場分析への応用に限界があった．

これらの両方のファイナンス理論に基づけば，例えばスワップに基づく金利変動型債券は，LIBORを支払うので債券価値はスワップ価値に一致し，また，フォワード契約は満期の異なる預金金利を使って複製できると考えられた．ここで，現実データを眺めると，金融危機以前には，スワップレート，預金金利，LIBORの間には，僅かなスプレッド（乖離）しか存在せず，幸いなことに，その時点では従来のファイナンス理論でも説明力は高かった．

しかし，世界金融危機が発生すると，そのスプレッドは大きく拡大した．さらに，現在，広く国際的に先進国政府の発行する短期債の利回りがほぼゼロとなる一方，同じ満期でも信用リスクのあるLIBORやコマーシャルペーパーの利回りは高止まりしている．このように，リスク資産価格全般の急激な下落局面において，投資家が流動性や安全性の点で相対的に質の高い資産に資金をシフトさせる行動は「質への逃避」と呼ばれる．また，外国為替市場では，日本円が急激に買われ，その後も歴史的な円高水準にある．これら現状の金融・外国為替レベルは，従来のマクロ金融論では，均衡金利として十分に説明できないアノマリーであり，一方，従来の数理ファイナンス論では，一見そこには裁定機会が存在するように見える．しかし，現実にはそれらのスプレッドは市場で解消されることはなく，「質への逃避」も根強く残存し続ける．つまり金融危機後の金融・外国為替市場では，信用問題・流動性問題が互いに深く相互依存しながら問題を複雑化し，従来のファイナンス理論では説明できない深刻な問題を引き起こした．

一般に，金利・為替相場は，マクロ金融論上は，投資家や中央銀行にとっ

て将来の金融環境や景気動向に関する重要な市場期待情報を提供し，また，数理ファイナンス論上は，債券商品や金利連動型の金融派生商品の価値評価に直接影響するばかりでなく，投資費用として全ての金融商品の価値評価に影響する．さらに国際金融に目を向ければ，各国間の金利動向の相違は，為替相場や通貨オプション市場を通じ実体経済やファイナンスへの影響を増幅させる．したがってグローバル金融危機発生後の新しい金利・為替評価モデルの開発は，金融経済における最優先の急務である．

本書は，これらの問題意識をもって，マクロ金融分野とミクロ金融分野の両方にわたって，世界金融危機以降の金融市場及び金融セクターや金融政策・通貨政策の構造的変化を考察し，そこから政策的含意を導出する．本書は，大きく分けて，マクロ金融分野の前半の4章と，ミクロ金融分野の後半の4章から構成される．

前半の4章においては，金融政策，通貨政策，金融セクターといったマクロ金融分野に焦点を当てて，世界金融危機に対する対処として日米の量的金融緩和政策及び質的・量的金融緩和政策のインフレ率への効果と，アジア諸通貨に対する影響を考察する．また，世界金融危機時における欧州の経験から，現在の基軸通貨ドル国際通貨体制の考察を行うとともに，円の国際化や人民元の国際化を念頭に置いて，国際通貨への条件と課題を考察する．一方，長期トレンドでは，日本だけではなく世界的に少子高齢化問題を無視することはできず，少子高齢化社会の進展下での金融セクターがどのような役割を果たすべきかについて考察する．

後半の4章においては，ミクロ金融分野において新しい資産価値評価モデルを考察する．最近の金融市場では，世界金融危機が発生した状況の下で，金融市場価格・金利の動向が，ブラック・ショールズ・マートンのオプション価格評価モデルを使った従来型の無裁定価格理論に基づく資産価値評価モデルでは十分に説明できなくなっている．この事実を踏まえて，金融実務上も学術上も，世界金融危機後の金融市場動向を説明できる新しい資産価値評価モデルの構築が喫緊の課題となっている．そこで，後半の4章では，新しい資産価値評価モデルとして具体的に，行動ファイナンスから見た投資行動，モラルハザードが金融市場価格を歪める効果，流動性デフォルト織り込

はしがき

んだ信用リスク構造，そして，イールドカーブに内在する情報を用いた金利ボラティリティの予測を分析する．それらでは，第1に信用要因や流動性要因を最適消費・資産配分問題に明示的に導入することによって金融摩擦下の動学マクロ一般均衡モデルを構築し，第2に測度変換やリスク中立測度などの数理ファイナンス理論の手法を応用することによって，金融危機後の新しい金利・為替評価手法を開発することである．この結果，世界金融危機後の金利・為替相場動向を構造的に解明し，金融市場の安定に貢献する．

最後に，本書は，日本学術振興会科学研究費基盤研究(B)(一般)(平成25年度〜27年度)「グローバル金融危機後の新しい金利・為替評価手法の構築」(代表者：小川英治)課題番号：25285098の研究成果を取りまとめたもので，本研究プロジェクトを支援いただいた日本学術振興会に感謝する．本書を作成するに際して，花崎正晴先生(一橋大学大学院商学研究科)と塩路悦朗先生(一橋大学大学院経済学研究科)に執筆陣に加わっていただいたことにお礼申し上げる．また，本研究プロジェクトに関して一橋大学で2015年6月5日に開催されたコンファレンスに予定討論者として参加いただいた，室井芳史先生(東北大学大学院経済学研究科)，中川秀敏先生(一橋大学大学院国際企業戦略研究科)，山田俊皓先生(一橋大学大学院経済学研究科)，佐藤主光先生(一橋大学大学院経済学研究科)，熊本方雄先生(東京経済大学経済学部)にお礼申し上げる．さらに，東京大学出版会の大矢宗樹氏には本書を出版する際にしてご尽力をいただき，心より感謝する．

2016年2月

小川英治

目　次

はしがき　i

第 I 部
国際的課題と金融・通貨政策
——マクロ金融分野における考察——

第1章　米国の金融政策と東アジア通貨の動向
——量的緩和出口戦略の金利・為替相場・資本フローへの影響
……………………………………………… 小川　英治　　3

1. はじめに　3
2. 世界金融危機前後の東アジア通貨ミスアライメントに関する実証分析　5
   - 2.1　世界金融危機前後の東アジア通貨ミスアライメント　5
   - 2.2　β 収斂　6
   - 2.3　σ 収斂　7
   - 2.4　データと分析期間　9
   - 2.5　β 収斂と σ 収斂の実証分析の結果　12
3. FRB 金利引上げが東アジア諸国の金利や為替相場や資本フローに及ぼす影響　15
   - 3.1　FRB の量的金融緩和政策とその出口戦略　15
   - 3.2　米国金利が東アジア諸国通貨に及ぼす影響に関する VAR モデル分析　17
   - 3.3　分析に用いたデータと分析期間　19
   - 3.4　実証分析の結果　20
   - 3.5　実証分析結果のインプリケーション——出口戦略の影響　24
4. おわりに　25

目 次

第 2 章 国際通貨体制の検証と地域基軸通貨の可能性
―― 米ドル依存からの脱却とアジア諸国通貨による貿易決済
……………………………………………… 小川 英治 29

1. はじめに 29
2. 世界金融危機における EU の経験からの教訓 31
   2.1 グローバル・インバランスから世界金融危機へ 31
   2.2 米国の金融危機の欧州金融機関への直接的影響 32
   2.3 EU 内における米ドル流動性不足 33
   2.4 EU 内における米ドル流動性不足に対する対応 35
   2.5 EU の経験からの教訓 36
3. 現行国際通貨体制における基軸通貨ドルの慣性 37
   3.1 ガリバー型国際通貨制度下における米ドルの慣性 37
   3.2 基軸通貨ドルの慣性に関する実証分析 40
4. 日本企業の契約通貨・決済通貨の選択 44
   4.1 Ito, Koibuchi, Sato, and Shimizu（2013）によるアンケート調査 44
   4.2 貿易決済通貨の条件 48
5. おわりに 50

第 3 章 アベノミクス第一の矢：大胆な金融政策
―― 予想は変えられるか？
……………………………………………… 塩路 悦朗 53

1. はじめに――民間予想のコントロールと為替・金利政策 53
2. ゼロ金利下の為替・金利政策が直面する困難 54
   2.1 近年の日本の金融政策 54
   2.2 ゼロ金利下の金融政策が直面する困難 57
   2.3 限界的貨幣乗数の低下 57
   2.4 民間予想を通じた経路の重要性 59
   2.5 フラット化したフィリップス曲線と予想インフレ率 60
3. 民間予想はどのように形成されるのか 62
   3.1 合理的予想モデルに対する疑問 62
   3.2 予想はどう決まるのか？――アンケート調査による分析 63
   3.3 アベノミクスの下で予想インフレ率は上昇した 64
4. 政策は予想を変えられるのか？ 65
   4.1 為替レート経路 65

4.2　マスコミ報道を通じた経路　68
　　4.3　古典的なマネタリスト経路　69
　　4.4　財政赤字を通じた経路　72
5.　おわりに　74

第4章　少子高齢化社会の進展下での金融セクターの役割
　　　　　　　　　　　　　　　　　　　　　　　　花崎　正晴　79

1.　はじめに　79
2.　少子高齢化の進展と貯蓄率低下　79
3.　近年の企業金融動向　83
　　3.1　日本企業の資金調達動向　83
　　3.2　金融仲介機能はもはや不要か　86
4.　金融システムを巡る論点　88
　　4.1　市場型金融システムと仲介型金融システムの概念比較　88
　　4.2　「貯蓄から投資へ」の疑問　90
5.　金融取引の新しいパラダイム　91
6.　おわりに――金融セクターの使命　93

第II部
新しい資産価値評価モデルの構築
――ミクロ金融分野における考察――

第5章　投資行動から構築する金融市場の価格変動モデル
――決定論的行動によるランダムな値動きの発生
　　　　　　　　　　　　　　　　　　　　　　　　小林　健太　99

1.　はじめに　99
2.　研究の背景　100
3.　モデル着想の経緯　102
4.　投資家の性質と投資行動のモデリング　104
5.　約定値の決定　107
6.　計算結果　110

7. 初期値鋭敏性の検証　112
8. 投資家の性質の変化　112
9. 異なる投資関数を持つ投資家の投入　115
10. 最小モデル　117
11. 幾何変動モデル　119
12. おわりに——まとめと今後の課題　119

第6章　モラルハザードの価値評価 ……………… 中村　恒　123
——強形式による定式化

1. はじめに　123
   1.1　はじめに　123
   1.2　先行研究との関連　127
2. モデル環境　136
   2.1　プレーヤーとフィルタ付確率空間　136
   2.2　生　産　137
   2.3　モラルハザード　138
   2.4　消　費　139
   2.5　金融市場　140
   2.6　効　用　142
   2.7　制御変数の数学的制約　143
3. 最適化　145
   3.1　企業の最適化問題　145
   3.2　投資家の最適化問題　147
4. 市場均衡　148
   4.1　定　義　148
   4.2　市場均衡の特徴　149
5. 均衡資産価格　154
   5.1　状態価格密度　155
   5.2　最適な事後的制御と均衡状態価格密度　156
   5.3　均衡における無リスク金利とリスクの市場価格　159
6. おわりに　161

補　論　命題3.1の証明　163

目　次

第7章　流動性の不足と信用リスクの分析 ……… 高岡　浩一郎　169
　　　　　──流動性デフォルトリスクの構造型アプローチに関する一考察

1. はじめに　169
2. 一般的フレームワーク　170
3. 永久債発行企業の流動性デフォルトリスク　172
4. おわりに　177
　　数学的付録　確率微分方程式(1)の解について　177

第8章　金利ボラティリティの予測 ……………… 高見澤　秀幸　181
　　　　　──イールドカーブに内在する情報を用いた時系列モデルの構築

1. はじめに　181
2. データ　184
3. モデル　186
　　3.1　ボラティリティがイールドカーブに依存する動学モデル　186
　　3.2　競合モデル　187
4. 実証結果　189
5. ボラティリティに特化したファクターを導入したときの実証結果　194
　　5.1　モデルの拡張　194
　　5.2　モデル拡張後の実証結果　195
6. おわりに　198

終　章　総括及び今後の検討すべき課題 …………… 小川　英治　203

1. 本書の総括　203
2. 今後の検討すべき課題　212

索　引　215
編者・執筆者紹介　219

第Ⅰ部

国際的課題と金融・通貨政策
――マクロ金融分野における考察――

第1章
米国の金融政策と東アジア通貨の動向
—— 量的緩和出口戦略の金利・為替相場・資本フローへの影響

小 川 英 治

1. はじめに

　世界金融危機時に，円の過大評価とその他東アジア通貨の過小評価といった，東アジア通貨の間でミスアライメントが発生した．また，世界金融危機後，日米欧が量的金融緩和政策を採用したものの，現時点では，米国の景気回復，ユーロ圏の景気停滞，日本の2%インフレへ向けた動向，といったように，ベクトルの方向が異なり始めている．今後，日米欧間で金融政策の出口戦略のタイミングのずれが発生するために，日米欧間及び日米欧と新興市場諸国との間で，金利差に変動が発生し，東アジア諸国の金利や為替相場の変動，ならびに資本フローの動きに影響が及ぶ可能性がある．

　本章は，Ogawa and Wang (2013a, 2014, 2015)，小川・王 (2015) 及び小川 (2014) に基づいて，2つの問題について考察する．第1に，世界金融危機前後において，東アジア通貨はどのようにミスアライメントを起こしたのかを考察する．特に，世界金融危機がバブル崩壊だとすれば，バブル発生時から変調が見られたかもしれない．第2に，近年のデータを利用して実証分析を行い，米国の連邦準備制度理事会 (FRB) の金利引上げが，東アジア諸国の金利，為替相場，及び資本フローにどのような影響を及ぼすかを考察する．

　まず，東アジア通貨の間のミスアライメントに関する分析結果については，2005年後半以前に，東アジア通貨の一部は収斂する傾向があった．2005年後半以降，東アジア通貨のほとんどで収斂する傾向がなくなった．

　＊本章の内容は，日本金融学会2014年度秋季大会（山口大学）の会長講演に基づいて，加筆修正したものである．

第Ⅰ部　国際的課題と金融・通貨政策

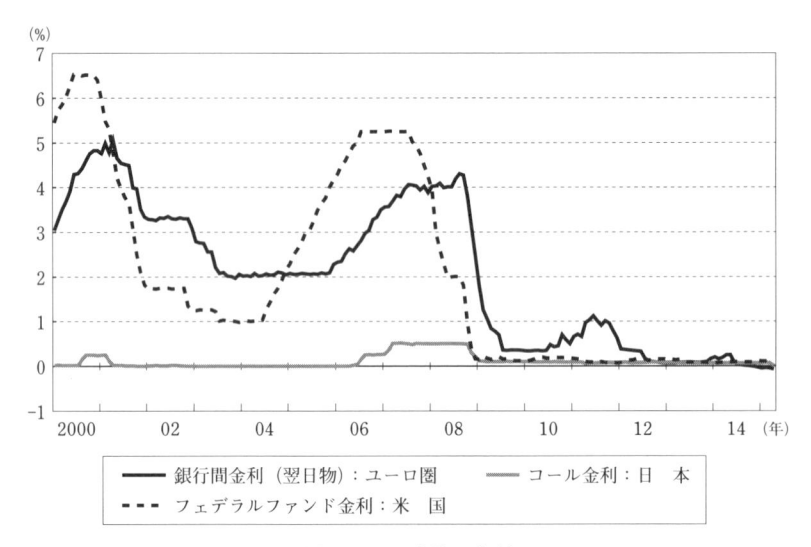

図 1-1　日米欧の金利

出所）IMF, *International Financial Statistics*.

　すなわち，世界金融危機発生前の 2005 年後半からすでに東アジア通貨はミスアライメントを起こしていた．その背景には，世界金融危機以前，米欧と日本との間で金利差があったが，危機時，米欧金利急低下，それ以降超低水準に下落するという状況（図 1-1）のなかで，将来為替相場変化率を無視した，円の超低金利と他のアジア諸国の高金利との間の投機的な利鞘追求，すなわち，円キャリートレードが増大した．このことは，東アジア地域の域内における大きな資本フローにも関係し，域内通貨間の為替相場に影響を及ぼした．一方，世界金融危機が発生すると，欧米の投資銀行などの金融機関によって，キャリートレードの資金が日本以外のアジア諸国から引き揚げられ，日本に返済されることとなり，東アジア通貨間において逆ミスアライメントが発生した．

　次に，米国出口戦略・金利引上げの効果に関する分析結果については，過去のデータからは，米国での金利変化に対して一部の東アジア諸国において，金利が同じ方向に部分的に変化するとともに，金利差が拡大することによって当該国通貨が変動するというものであった．このことから，FRB の

出口戦略・金利引上げによって，東アジア諸国の金利がそれに追随するような形で上昇することが予想される．東アジア諸国金利の上昇が部分的に抑制されたり，後れを取ると，米国に有利な金利差が発生し，東アジア諸国通貨が米ドルに対して減価することが予想される．米国との内外金利差や予想収益率格差が資本フローに対して及ぼす効果について，統計的に有意な結果が得られなかったものの，FRBの出口戦略・金利引上げによって，内外金利差や予想収益率格差が東アジア諸国に不利となり，証券投資やその他投資において，東アジア諸国から資金逆流や資本流出が発生することが予想される．

本章の構成は，以下の通りである．次節で前者の問題を分析するためのβ収斂とσ収斂の分析手法を説明したうえで，分析結果を報告する．第3節で後者の問題を分析するためのベクトル自己回帰（Vector Autoregressive：VAR）モデルの分析手法を説明したうえで，分析結果を報告する．そして，最後に結論を論じる．

2. 世界金融危機前後の東アジア通貨ミスアライメントに関する実証分析

2.1 世界金融危機前後の東アジア通貨ミスアライメント

世界金融危機の影響は，金融機関が保有するサブプライムローンとその証券化商品の不良債権化によって，欧米の金融機関のカウンターパーティ・リスクを高めることになった．その結果，欧米の金融機関は銀行間短期金融市場においても短期資金を供給する者がいなくなり，短期資金を調達することができなくなった．このような状況の中で，欧米の金融機関は，世界金融危機以前に積極的に新興市場国で運用していた資金を引き揚げざるを得なくなった．東アジアにおいても，新興市場国通貨は外国為替市場で売られることとなった．とりわけ，低金利の円資金を調達して，相対的に高い金利の他の東アジア通貨建て資金に運用するというキャリートレードが，世界金融危機以前に円高と他の東アジア通貨の減価を引き起こした一方，世界金融危機が

発生すると，円安とともに他の東アジア通貨が増価した．

東アジア諸国通貨が，世界金融危機によってどのような影響を受けたかを分析するために，β収斂アプローチとσ収斂アプローチを利用して，東アジア諸国通貨の変動の関係を考察する．β収斂とσ収斂は，欧州における金融統合に関する考察のために応用されている．β収斂の概念は，経済成長に関する研究から始まっている．そこでは，平均GDP成長率をその初期水準で回帰し，マイナスの係数が推計されたならば，それは収斂を示すと解釈している．この特性は，計量経済学では平均値への回帰としても示される．他方，σ収斂の概念も，経済成長の研究から始まっている．変数の横断的分散が時間を通じて減少するという条件において，σ収斂が起こるとみなしている．

2.2　β収斂

β収斂は，複数の時系列データの視点から，収斂を計測することができる．もし，当該の時系列データが収斂の特性を示すならば，係数βの推定値は収斂速度を表すと言われている．

β収斂の方法を説明するために，データの過程は$AR(1)$過程に従うと仮定する．すなわち，

$$DI_{i,t} = \mu_i + \alpha_{i1} DI_{i,t-1} + \varepsilon_{i,t} \tag{1}$$

ただし，iとtは通貨と時間を表す．μ_iは通貨ダミーであり，誤差項$\varepsilon_{i,t}$は外生的ショックを反映し，$\varepsilon_{i,t} \sim W.N.(0, \sigma^2)$．

確率過程の基本統計は，以下に従う．

$$E(DI_{i,t}) = \alpha_i^t DI_0, \quad \mathrm{var}(DI_{i,t}) = \sigma^2 \sum_{l=0}^{t-1} \alpha_i^{2l},$$
$$\mathrm{cov}(DI_{i,t}, DI_{i,t-s}) = \alpha_i^s \sigma^2 \sum_{l=0}^{t-s-1} \alpha_i^{2l}.$$

もし$|\alpha_i|<1$, $t \to \infty$ならば，この確率過程は定常である．

一方，（1）式は次式に書き換えられる．

$$\Delta DI_{i,t} = \mu_i + \beta DI_{i,t-1} + \varepsilon_{i,t} \tag{2}$$

ただし，$\beta=\alpha_{i1}-1$．

さらに，$\beta<0$，$t\to\infty$ ならば，$AR(1)$ の確率過程は定常である．
$AR(1)$ の理論的モデルに基づき，$AR(p)$ を次式で表されるとすると，

$$DI_{i,t}=\mu_i+\alpha_{i1}DI_{i,t-1}+\alpha_{i2}DI_{i,t-2}+\alpha_{i3}DI_{i,t-3}+\cdots+\alpha_{ip}DI_{i,t-p}+\varepsilon_{i,t} \qquad (3)$$

（3）式は次式の通りに書き換えられる．

$$\Delta DI_{i,t}=\mu_i+\beta_i DI_{i,t-p}+\sum_{j=1}^{p-1}\gamma_{i,j}\Delta DI_{i,t-j}+\varepsilon_{i,t} \qquad (4)$$

ただし，$\beta_i=\sum_{j=1}^{p}\alpha_{i,j}-1$ 及び $\gamma_{i,j}=\sum_{k=1}^{j}\alpha_{i,k}-1$．

同様に，もし $\beta_i<0$，$t\to\infty$ ならば，$AR(p)$ の確率過程は定常である．
（4）式に基づいて，$\beta_i=\Delta(\Delta DI_{i,t})/\Delta DI_{i,t-p}$．もし $\beta_i<0$，$t\to\infty$ ならば，β_i の値も収斂の速度を表す．確率過程と複数時系列データの特性に従って，β_i の係数はパネル単位根検定の方法によって推計することができる．

パネル単位根検定は，Levin, Lin, and Chu（2002）（以下，LLC）と，Im, Pesaran, and Shin（2003）（以下，IPS）に基づいている．LLC 検定においては，帰無仮説が $H_0:\beta_i=\beta=0$ であり，対立仮説が $H_1:\beta<0$ である．一方，IPS 検定においては，帰無仮説が $H_0:\beta_i=0$ であり，対立仮説が $H_1:\beta_i<0$ である．

2.3 σ収斂

σ収斂の概念においては，もし変数の横断的分散（あるいは標準偏差）が減少傾向にあるならば，それは，統合の程度が増していることを意味する．σ収斂の特性を説明するために，次式によって与えられる $AR(1)$ 過程を利用する．

$$DI_{i,t}=\mu_i+\alpha_{i1}DI_{i,t-1}+\varepsilon_{i,t} \qquad (5)$$

ただし，i と t はそれぞれ通貨と時間を，μ_i は通貨ダミーを示す．誤差項 $\varepsilon_{i,t}$ は外生的ショックを反映し，$\varepsilon_{i,t}\sim W.N.(0,\sigma^2)$．

（5）式は次式の通りに書き換えることができる．

$$\Delta DI_{i,t} = \mu_i + \beta DI_{i,t-1} + \varepsilon_{i,t} \tag{6}$$

ただし，$\beta = \alpha_{i1} - 1$.
（5）式の両辺について平均値をとることによって，次式が得られる．

$$\overline{DI}_t = \bar{\mu} + \alpha_1 \overline{DI}_{t-1} \tag{7}$$

ただし，$\overline{DI}_t = N^{-1}\sum_{i=1}^{N} DI_{i,t}$, $\bar{\mu} = N^{-1}\sum_{i=1}^{N} \mu_i$.
（5）式と（7）式に基づいて，次式を導出することができる．

$$\sigma_{DI,t}^2 = \alpha_{i1}^2 \sigma_{DI,t-1}^2 + (\sigma_\mu^2 + 2\alpha_{i1}\sigma_{\mu,DI} + \sigma_\varepsilon^2) \tag{8}$$

ただし，$\sigma_{DI,t}^2 = N^{-1}\sum_{i=1}^{N}(DI_{i,t} - \overline{DI}_t)^2$, $\sigma_\mu^2 = N^{-1}\sum_{i=1}^{N}(\mu_i - \bar{\mu})^2$.
（8）式を一階階差方程式として解くと次式が得られる．

$$\sigma_{DI,t}^2 = \left(\sigma_{DI,0}^2 - \frac{\sigma_\mu^2 + 2\alpha_{i1}\sigma_{\mu,DI} + \sigma_\varepsilon^2}{1-\alpha_{i1}^2}\right)\alpha_{i1}^{2t} + \left(\frac{\sigma_\mu^2 + 2\alpha_{i1}\sigma_{\mu,DI} + \sigma_\varepsilon^2}{1-\alpha_{i1}^2}\right) \tag{9}$$

特定の解を σ_{DI}^{2*} とすると（9）式は次式の通りに書き換えられる．

$$\sigma_{DI,t}^2 = (\sigma_{DI,0}^2 - \sigma_{DI}^{2*})\alpha_{i1}^{2t} + \sigma_{DI}^{2*} \tag{10}$$

ただし，$\sigma_{DI}^{2*} = \dfrac{\sigma_\mu^2 + 2\alpha_{i1}\sigma_{\mu,DI} + \sigma_\varepsilon^2}{1-\alpha_{i1}^2}$.
（8）式から $\sigma_{DI}^{2*} = \dfrac{\sigma_\mu^2 + 2\alpha_{i1}\sigma_{\mu,DI} + \sigma_\varepsilon^2}{1-\alpha_{i1}^2}$ を除すると次式が得られる．

$$\sigma_{DI,t}^2 = (\sigma_{DI,t-1}^2 - \sigma_{DI}^{2*})\alpha_{i1}^2 + \sigma_{DI}^{2*} \tag{11}$$

（11）式から，もし $\sigma_{DI,t-1}^2 > \sigma_{DI}^{2*}$ ならば $\sigma_{DI,t}^2$ の値は上昇する一方，$\sigma_{DI,t-1}^2 < \sigma_{DI}^{2*}$ ならば $\sigma_{DI,t}^2$ の値は低下する．このように，σ 収斂は前期の分散によって影響を受けることがわかる．

β 収斂において説明した理論モデルに基づいて，σ 収斂によって各時点における収斂の程度を測る．

（12）式の通りの横断的分散から構成される $AR(p)$ 過程を所与として，

$$\sigma^2_{DI,t} = \mu + \alpha_1 \sigma^2_{DI,t-1} + \alpha_2 \sigma^2_{DI,t-2} + \alpha_3 \sigma^2_{DI,t-3} + \cdots + \alpha_p \sigma^2_{DI,t-p} + \varepsilon_t \tag{12}$$

$AR(p)$ 過程は次式として表される.

$$\Delta \sigma^2_{DI,t} = \mu + \phi \sigma^2_{t-p} + \sum_{j=1}^{p-1} \gamma_j \Delta \sigma^2_{t-j} + \varepsilon_t \tag{13}$$

ただし, $\phi = \sum_{j=1}^{p} \alpha_j - 1$, $\gamma_j = \sum_{k=1}^{j} \alpha_k - 1$.

確率過程と時系列データの特性に従って, 係数 ϕ が時系列単位根検定によって推定できる.

ここでの時系列単位根検定は Augmented Dickey-Fuller (1979) (以下, ADF) と Phillips-Perron (1988) (以下, PP) に基づいている. ADF と PP は高次の単位根過程に対応する. ADF と PP において, 帰無仮説は $H_0: \phi = 0$ である一方, 対立仮説は $H_1: \phi < 0$ である.

2.4 データと分析期間

本実証分析において使用するデータは, Ogawa and Wang (2013b) において, 従来の AMU (アジア通貨単位) 乖離指標の基準レートを PPP に連動させることによって開発された, 「Balassa-Samuelson 効果によって調整された PPP に基づく AMU 乖離指標」である. 図1-2 と図1-3 に AMU 乖離指標と「Balassa-Samuelson 効果によって調整された PPP に基づく AMU 乖離指標」の動向がそれぞれ示されている.

分析期間については, 全分析期間 (2000年1月～2010年1月) の他, 7つの分析期間に分割して, それらの7つの分析期間について, 東アジア通貨間の収斂を分析する. 図1-4 に示されている AMU 乖離指標の加重標準偏差の動向を見ると, AMU 乖離指標の加重標準偏差が2001年末から2004年初に上方トレンドを示し, 2004年央まで下方トレンドを示している. その後, それは, 2005年第1四半期まで上方トレンドにシフトし, 2005年央までに下方トレンドに変わった. 2005年第3四半期から2007年夏まで, AMU 乖離指標の加重標準偏差が劇的に上昇し, 2007年第3四半期から2008年初まで下方トレンドに移行した. 2008年秋までに再び上方トレンドとなり, 2005年央と同じ水準にまで低下した.

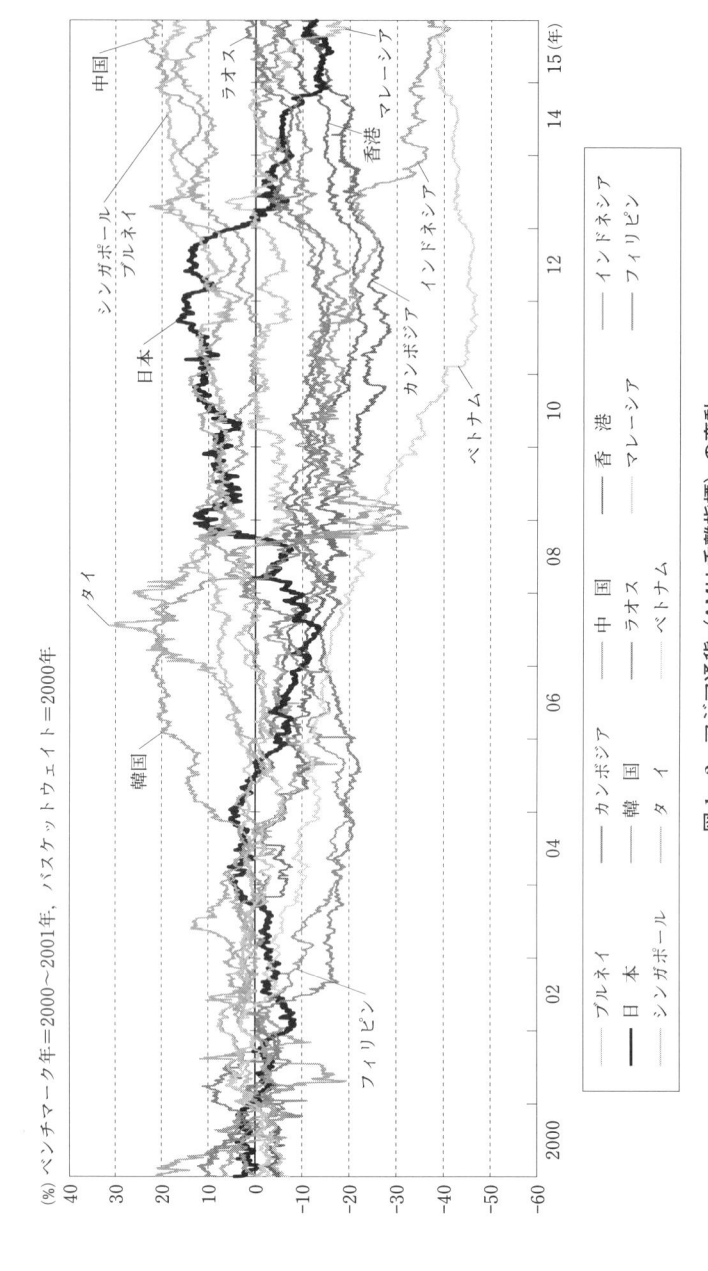

図1-2 アジア通貨（AMU 乖離指標）の変動

出所）RIETI AMU データベース（http://www.rieti.go.jp/users/amu/index.html）．

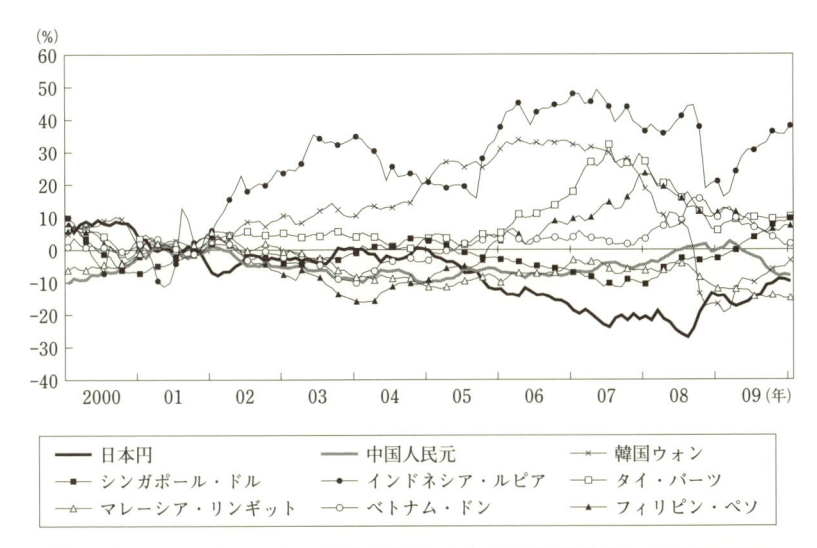

第1章 米国の金融政策と東アジア通貨の動向

図1-3 Balassa-Samuelson 効果を考慮に入れた PPP に基づく AMU 乖離指標
出所) Ogawa and Wang (2013b).

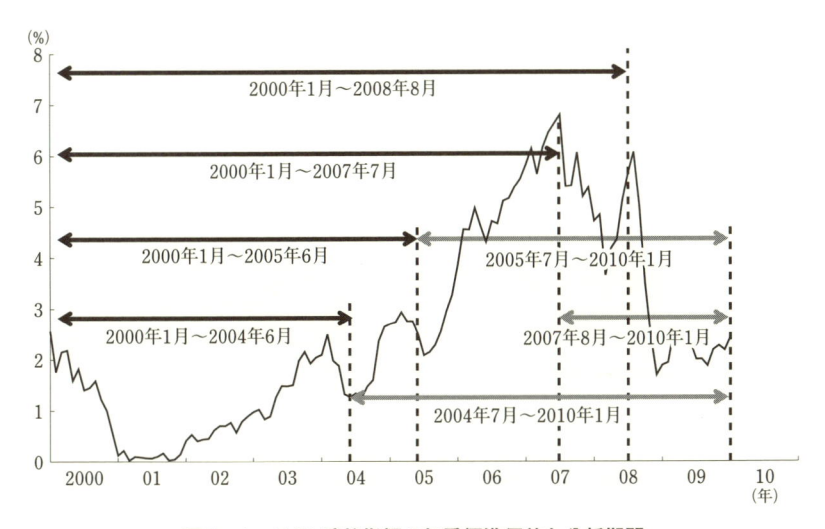

図1-4 AMU 乖離指標の加重標準偏差と分析期間
出所) Ogawa and Wang (2013a).

表 1-1　β 収斂と σ 収斂の分析結果

	分析期間（年．月）							
	2000.1〜2004.6	2000.1〜2005.6	2000.1〜2007.7	2000.1〜2008.8	2000.1〜2010.1	2004.7〜2010.1	2005.7〜2010.1	2007.8〜2010.1
β 収斂	154	129	0	0	0	33	18	110
σ 収斂	69	72	7	16	19	9	28	109
β・σ 収斂	32	32	0	0	0	1	0	23

注）表の数字は，東アジア通貨の組合せが統計的に有意に β 収斂あるいは σ 収斂を有している組合せの数を示している．すべての組合せは 502．
出所）Ogawa and Wang (2013a)．

これらに基づいて，分割した第 1 の分析期間は，2000 年 1 月から 2004 年 6 月までである．第 2 の分析期間は，2000 年 1 月から 2005 年 6 月までである．第 3 の分析期間は，2000 年 1 月から 2008 年 8 月までである．これらの分析期間以降の期間も，分析期間として分析を行っている．

2.5　β 収斂と σ 収斂の実証分析の結果

前述した β 収斂と σ 収斂のアプローチを利用して，東アジア諸国通貨が世界金融危機の前後において収斂の傾向を示すかどうかについて実証的に分析を行う．もし β 収斂と σ 収斂に関する検定が統計的に有意であるならば，東アジア諸国通貨間の為替相場のミスアライメントが一時的に発生しているものの，為替相場変動が長期的に収斂することを意味する．

表 1-1 は，β 収斂と σ 収斂の推定結果が示されている．例えば，2000 年 1 月〜2004 年 6 月の分析期間について，502 組の通貨間の組合せの内，β 収斂において 154 組が統計的に有意であり，σ 収斂において 69 組が統計的に有意であり，β 収斂と σ 収斂の両方において 32 組が統計的に有意である．9 通貨（1 組）と 8 通貨（9 組）の組合せについて，すべての分析期間において収斂関係が見いだされなかった．7 通貨の 36 組の組合せについては，1 組（日本，中国，シンガポール，タイ，マレーシア，ベトナム，フィリピン）のみが 2000 年 1 月〜2004 年 6 月と 2000 年 1 月〜2005 年 6 月の分析期間で統計的に有意である．6 通貨の 84 組の組合せの内，6 組が 2000 年 1 月〜2004 年 6 月，2000 年 1 月〜2005 年 6 月，2007 年 8 月〜2010 年 1 月の分析期間において，

β 収斂と σ 収斂の両方が統計的に有意である．5 通貨と 4 通貨の 126 組の組合せについては，13 組が 2000 年 1 月～2004 年 6 月，2000 年 1 月～2005 年 6 月，2007 年 8 月～2010 年 1 月の分析期間において β 収斂と σ 収斂の両方が統計的に有意である．3 通貨の 84 組の組合せについて，18 組が 2000 年 1 月～2004 年 6 月，2000 年 1 月～2005 年 6 月，2007 年 8 月～2010 年 1 月の分析期間において β 収斂と σ 収斂の両方が統計的に有意である．2 通貨の 36 組の組合せについて，9 組が 2000 年 1 月～2004 年 6 月，2000 年 1 月～2005 年 6 月，2007 年 8 月～2010 年 1 月の分析期間において β 収斂と σ 収斂の両方が統計的に有意である．

これらの実証分析の結果から，東アジア諸国通貨は多くの分析期間において収斂していなかったことが明らかである．特に 2005 年後半以降，それ以前の分析期間において採択された組合せが棄却されている．その理由としては，2005 年以降，円キャリートレードのような活発な国際資本フローがいくつかの東アジア諸国，特に日本と韓国との間で発生した．

国際収支表の内の「その他投資」に分類される日本と韓国の資本フローが，図 1-5 と図 1-6 に示されている．これらの図には，「その他投資」の資産と負債との差として表している．資産－負債の差がプラスであるならば，それは資本流出を意味する一方，マイナスであるならば，それは資本流入を意味する．日本の場合には，2008 年第 3 四半期以前において「その他投資」がプラスで，その後マイナスに変わった．これは，日本においては世界金融危機以前には資本流出が発生し，世界金融危機以降，資本流入が発生していたことを示す．この資本フローのために，日本円はリーマン・ショック以前には減価していたが，その後増価した．韓国の場合には，日本の場合と対照的に，2008 年第 3 四半期まではその他投資がマイナスであった．2008 年末以降，その他投資がプラスとなった．このことは，韓国においては世界金融危機以前に資本流入が発生し，世界金融危機以降に資本流出が発生した．このため，韓国ウォンは 2006 年以降過大評価となり，リーマン・ショック以降に韓国ウォンが過小評価となった．

日本と韓国におけるこれらの資本フローをみると，世界金融危機前後において，両者が反対方向に移動していたことがわかる．世界金融危機以前にお

第Ⅰ部　国際的課題と金融・通貨政策

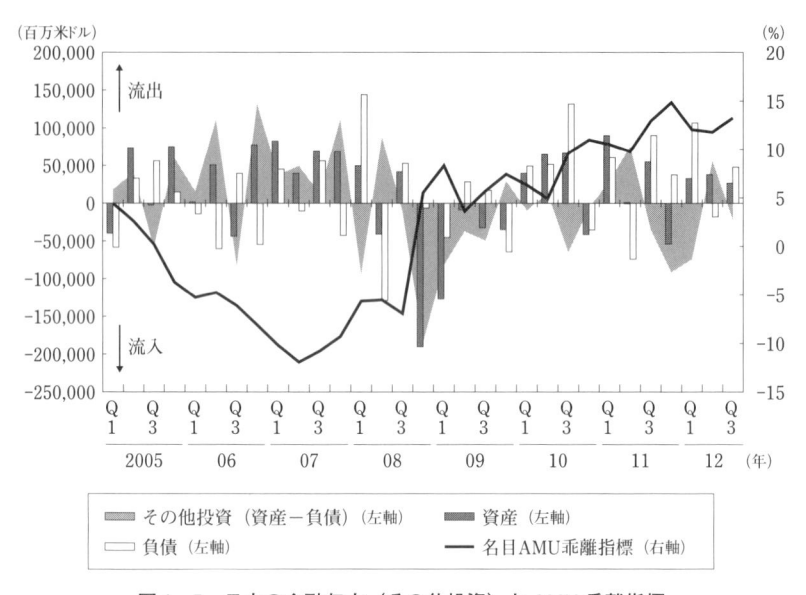

図1-5　日本の金融収支（その他投資）と AMU 乖離指標

出所）　IMF と RIETI.

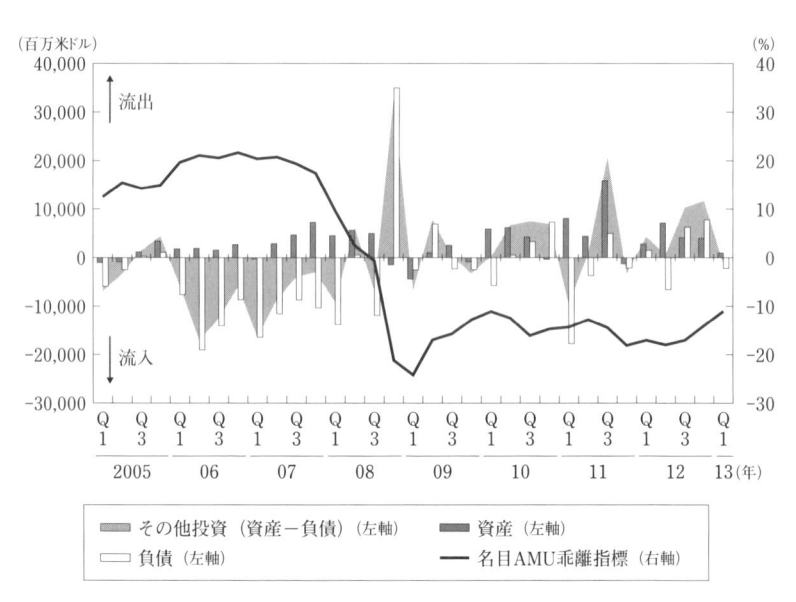

図1-6　韓国の金融収支（その他投資）と AMU 乖離指標

出所）　IMF と RIETI.

ける 2006 年初めから 2008 年第 3 四半期まで，このような資本フローの要因として円キャリートレードの可能性を指摘することができる．そして，世界金融危機後の 2008 年第 4 四半期から 2009 年までの資本フローの要因として，円キャリートレードを閉じて，資金を引き揚げたことを反映している可能性がある．東アジア域内における非対称的な資本フローが，東アジア諸国通貨の域内通貨間の為替相場の定常性に影響を及ぼしたと考えられる．

3. FRB 金利引上げが東アジア諸国の金利や為替相場や資本フローに及ぼす影響

3.1 FRB の量的金融緩和政策とその出口戦略

FRB は景気回復を背景に，量的金融緩和によるマネタリーベース拡大を縮小し，2014 年 10 月にそれを終え，2015 年 12 月 16 日にフェデラル・ファンドレート（FF 金利）の目標値を 0～0.25% から 0.25～0.5% に引き上げた．日本銀行は 2% の物価安定の目標を達成するために，量的・質的金融緩和を継続する一方，2016 年 1 月 29 日にマイナス金利を導入することを決定した．欧州中央銀行（ECB）も，ECB への預金ファシリティや超過準備に対してマイナス金利を適用する一方（小川 2013, 2014），ECB は 2015 年 3 月より量的金融緩和政策を開始した．このように，先進諸国の間で生じている金融政策運営のタイミングのずれは，先進諸国間の資金フロー及び為替相場に影響を及ぼすだけではなく，新興市場国経済にも影響を及ぼす可能性がある．特に，今，多くの新興市場国で懸念されていることは，米国の金融政策の出口戦略によって資金が新興市場国から米国へ逆流し，これらの経済に悪影響を及ぼすかもしれないということである．このような背景を踏まえ，主要先進国，とりわけ米国の金利の変動が，東アジアの新興市場国の金利や為替相場の変動ならびに資本フローの動きにどのような影響を及ぼすのかを明らかにする．

サブプライムローン問題から発展した世界金融危機に対して，FRB は政策目標金利である FF 金利を急速に引き下げた．FF 金利は，2007 年 7 月に

は 5.25% に設定されていたところから，リーマン・ショックが発生した 2008 年 9 月には 0.5% にまで引き下げられた．さらに，FRB の連邦公開市場委員会（FOMC）は，2008 年 12 月 16 日に FF 金利の目標値を 0%〜0.25% に設定することを決めた．その後，2015 年 12 月 16 日にその目標値を 0.25〜0.5% に引き上げるまで，実際に 0.1% 前後の超低金利水準で推移した．

超低金利政策に加えて，FRB は 2008 年 10 月以降，第 1 次量的金融緩和政策（QE1）を採用した（Board of Governors of the Federal Reserve System 2014a, 2014b）．FRB は，3,000 億ドルの国債と 1.25 兆ドルの住宅ローン担保証券（MBS）と 1,750 億ドルのその他証券を購入することによって，マネタリーベースを 2008 年 9 月の 3,000 億ドルから 2010 年 3 月には 2.1 兆ドルに急増させた．同時に，FRB は 2008 年 12 月には，日本銀行でいう時間軸効果を狙って，将来に向けての金融政策の継続性を示唆するフォワードガイダンスを提示し始めた．

次に，FRB は 2010 年 11 月から 2011 年 6 月にかけて，第 2 次量的金融緩和政策（QE2）を行った．6,000 億ドルの長期国債を，毎月 750 億ドル購入するものであった．それによって，マネタリーベースは 2011 年 6 月には 2.64 兆ドルに達した．さらに，FRB は 2012 年 9 月より，第 3 次量的金融緩和政策（QE3）を採用している．それは，2012 年 12 月まで毎月 400 億ドルの MBS と，450 億ドルの長期国債（合計 850 億ドル）を購入し続け，マネタリーベースを増加させてきた．

一方，図 1-1 に示したように，FRB による MBS と長期国債の購入は，2013 年の前半をピークに，その後縮小傾向にある．つまり，FRB は量的金融緩和政策の出口戦略に向けて，量的金融緩和を減速し始めている．具体的に，2014 年 1 月には MBS の毎月の購入額を 400 億ドルから 350 億ドルへ，長期国債の毎月の購入額を 450 億ドルから 400 億ドルへ減少させ始めた．2014 年 2 月には，MBS の毎月の購入額を 300 億ドルへ，長期国債の毎月の購入額を 350 億ドルへ，2014 年 4 月には MBS の毎月の購入額を 250 億ドルへ，長期国債の毎月の購入額を 300 億ドルへ，2014 年 5 月には MBS の毎月の購入額を 200 億ドルへ，長期国債の毎月の購入額を 250 億ドルへ，そして 2014 年 7 月には MBS の毎月の購入額を 150 億ドルへ，長期国債の毎月の購

入額を200億ドルへ，順次，それぞれの購入額を引き下げ，2014年10月には量的金融緩和政策を終えた．

2014年3月19日のFOMCのステートメントでは，「資産購入プログラムが終わってから相当の期間はFF金利を現在の目標幅に維持することが適切であろう」（Board of Governors of the Federal Reserve System 2014c）と叙述されていたところ，Yellen FRB議長がFOMC後の記者会見（Board of Governors of the Federal Reserve System 2014d）で「相当の期間」は6か月程度であると発言した．すなわち，量的金融緩和政策が終了した後，6か月ほどでFF金利を上げ始めることが示唆された．これはまさしく，量的金融緩和政策の出口戦略から，金利引上げ政策への転換を意味する．そのため市場参加者は，早くて2015年内に米国の金利が引き上げられ始めると推測するに至っていた（小川 2014）．

量的金融緩和政策の縮小，またはゼロ金利政策の解除といった米国の「出口戦略」は，新興市場国・地域に流れ込んできた資金を今後米国に還流させると予想されている．こういった資金の巻き戻しは，新興市場国・地域の金利上昇や，これらの通貨の減価などを引き起こすのではないかと懸念されている．

3.2 米国金利が東アジア諸国通貨に及ぼす影響に関するVARモデル分析

米国の金融政策の転換，とりわけ，FRBによる金利引上げが，東アジア諸国の金利や為替相場にどのような影響を及ぼすかについて考察する．具体的には，過去のデータに基づいて，米国の金利の変更が，東アジア諸国の金利，為替相場，資本フローにどのような影響をもたらすのかを分析し，さらに，それに基づいて，金融政策の出口戦略の効果を予測する．主として，金融政策目標を達成するためによく用いられる政策手段の一つである金利が，東アジア諸国の金利，為替相場，資本フローにどのような影響を及ぼすのかに焦点を当てて，米国の金融政策の出口戦略が，東アジア諸国の資本フローにどのような影響を及ぼすのかを考察する．米国の金利が，東アジア諸国の金利と為替相場及び資本フローの動きにどのような影響を及ぼしてきたのか

について，実証的に分析を行う．

その実証分析の手法としては，当該の経済変数の間の因果関係を実証的に分析することのできる，VAR モデル分析による推定を行う．東アジア諸国の金利，米国の金利のほかに，東アジア諸国通貨に対する米ドルの為替相場，東アジア諸国通貨に対する AMU（CMI）為替相場[1]，AMU（CMI）における各通貨の乖離指標，さらに国際収支表における金融収支のうちの証券投資及びその他投資といったデータを変数として用いる．

まず，米国の金利変動は，東アジア諸国の金利にどのような影響を及ぼすのかを考察する．資本取引規制や外国為替管理がなく，資本取引が自由化された国・地域の金利は，米国との金利変動の影響を受け，同じ方向に動くと予想される．同様に，米国とユーロ圏との加重金利が動いた時，資本取引規制がない国・地域の金利は，米国とユーロ圏との加重金利と同じ方向に動くと考えられる．

次に，米国と東アジア諸国との金利差は，米ドルに対する東アジア諸国通貨の為替相場にどのような影響を及ぼすのかを考察する．資本取引規制や外国為替管理がない国では，金利差（米ドル建て金利－当該国通貨建て金利）が自国に不利に大きくなるにつれ，米ドルに対するこれらの国の通貨の為替相場が減価すると予想される（例えば，米ドル建て金利－円建て金利が上昇すれば，ドル円相場の場合は，円安ドル高になる）．

さらに，米国とユーロ圏との加重金利と東アジア諸国の金利との差は，アジア通貨バスケット単位であるアジア通貨単位 AMU にどのような影響を及ぼすのかを考察する．米国とユーロ圏との加重金利と，東アジア諸国の金利との差が大きくなるにつれ，東アジア諸国通貨に対する AMU の為替相場が上昇すると予想される．言い換えれば，金利差が拡大することによって，東アジア諸国通貨が売られやすい状態にあり，それによって AMU が米ドルとユーロに対して減価すると考えられる．

---

1) AMU（CMI）は，チェンマイ・イニシアティブのマルチ化（CMIM）の資金総額に対する各国の貢献額の割合を，通貨バスケット・シェアとして算出された通貨単位である．AMU（CMI）の詳細については，経済産業研究所（RIETI）AMU データベースを参照されたい．（http://www.rieti.go.jp/users/amu/index.html）

補助的な実証分析として，以下の分析を行う．FRB による金融政策の出口戦略の実施が先行し，日本銀行が量的金融緩和政策を続けることを想定すると，その場合には，米国金利が有利な日米金利差が発生する．この日米金利差の変化が，日本以外の東アジア諸国通貨にどのような影響を及ぼすかを実証的に分析する．

最後に，内外金利差（米国と東アジア諸国との金利差）あるいは内外金利差に予想為替相場変化率を加味した予想収益率格差が，東アジア諸国の資本フロー，すなわち金融収支に与える影響を考察する[2]．内外金利差あるいは予想収益率格差が，当該国に有利に拡大する場合には，資本が流入して，対外純資産が減り，金融収支がマイナスとなると考えられる．

3.3 分析に用いたデータと分析期間

分析の対象は，日本，中国，韓国，香港，タイ，シンガポール，インドネシア，マレーシア，フィリピン，ベトナムの 10 の国と地域である．また，東アジア全体の影響を見るために，これら 10 の国と地域の加重平均値を東アジア全体の変数として扱う．

分析には以下のデータを用いた．東アジア諸国，米国及びユーロ圏の金利は，Datastream から銀行間取引金利（3 か月物）の日次データを用いた．ただし，データの制約から，韓国，中国の金利は無担保コールレート（オーバーナイト物），フィリピンは財務省証券の金利（TB レート・364 日物）の日次データをそれぞれ用いた．東アジア諸国通貨に対する米ドル，ユーロの為替相場は，Datastream から日次データを使用した．東アジア諸国通貨の AMU (CMI) に対する為替相場，及びそれぞれの AMU (CMI) 乖離指標のデータは，経済産業研究所 (RIETI) AMU データベースからダウンロードした．金融収支における証券投資とその他投資のデータは，IMF, Balance of Payments Statistics から入手した．ただし，日本と韓国の金融収支に関するデータは，日本銀行と韓国中央銀行の月次データをそれぞれ用いた．

---

[2] 金融収支は，対外資産残高増減と対外負債残高増減との差として定義される．よって，金融収支がプラスの時は資本流出を示す一方，それがマイナスの時は資本流入を意味する．

分析期間については，分析対象とする東アジア諸国のすべてのデータが揃う期間を選択した．日次データの金利と為替相場のデータを利用する分析においては，分析期間は 2000 年 1 月 1 日から 2013 年 12 月 31 日までの期間である[3]．一方，四半期データである金融収支のデータを利用する分析においては，分析期間は，香港，シンガポール，タイ，フィリピンについては 2000 年第 1 四半期から 2013 年第 3 四半期，データの制約のために，インドネシアについては 2000 年第 1 四半期から 2013 年第 1 四半期，マレーシア，ベトナムについては 2000 年第 1 四半期から 2012 年第 4 四半期である．ただし，日本と韓国については，2000 年 1 月から 2013 年 12 月までの期間である．中国については，2010 年第 1 四半期から 2012 年第 4 四半期までの 3 年間のデータしか揃わないので，分析の対象からはずした．

東アジア諸国通貨に対する米ドルあるいはユーロの為替相場，及び東アジア諸国通貨に対する AMU（CMI）為替相場は対数に変換したうえ，一階の階差をとっている．証券投資とその他投資とのデータは，変化率で表している．金利及び AMU（CMI）における各通貨の乖離指標のデータは，変化量で表している．

3.4 実証分析の結果

表 1-2 は米国の金利と東アジア諸国の金利との関係に関する，実証分析の結果を示している．表 1-2 の一番左側の欄にある経済変数は，各実証分析に用いられた変数である．その次の欄には，諸変数の間でどのような関係が理論的に期待されるのかを示している．そして，実証分析の結果は国・地域の欄に記述されている．実証分析の結果は次のようにまとめられる．

米国の金利変動は，多くの東アジア諸国（インドネシアとマレーシアと中国を除く）の金利との間に，期待される関係が数多く存在することが確認できる．特に，資本取引規制や為替管理がない日本，韓国，香港及びシンガポー

---

[3] 2008 年 12 月より FRB がゼロ金利政策を続けているために，米国の金利が 0% 近辺で変化していないことを考慮に入れて，2000 年 1 月 1 日から 2008 年 12 月 16 日（日次データの分析），2000 年 1 月から 2008 年 12 月（月次データの分析），及び 2000 年第 1 四半期から 2008 年第 4 四半期の分析期間についても同じ分析を行ったが，結果は全期間の分析とほぼ同様であった．

第1章　米国の金融政策と東アジア通貨の動向

ルの金利は，米国ないしユーロ圏の金利との間で，正の相関関係がある．すなわち，米国の金利が低下（上昇）する時，多くの東アジア諸国通貨の金利もその影響を受け，低下（上昇）することがわかる．また，米国とユーロ圏との加重金利と東アジア諸国通貨の加重金利との間でも，正の相関関係がみられる．すなわち，米国とユーロ圏との加重金利が低下（上昇）する時，東アジア諸国通貨の加重金利もその影響を受け，低下（上昇）することになる．

　表1-3は，米国と東アジア諸国との間の金利差と，当該東アジア諸国通貨の為替相場との関係に関する実証分析の結果を示している．米国と東アジア諸国との金利差は，資本取引規制や為替管理がない国・地域（インドネシアとフィリピンを除く）の通貨の為替相場との間で，正の相関関係がある．すなわち，当該東アジア諸国の金利差が不利に拡大するにつれ，これらの国・地域の通貨の為替相場は，米ドルに対して減価する．米国とユーロ圏との加重平均金利と，東アジア諸国の加重平均金利との差は，アジア通貨の加重平均値 AMU の対ドル・ユーロの加重平均値の為替相場と，負の相関関係がある．すなわち，米国とユーロ圏との加重平均金利が，東アジア諸国の加重平均金利に比較して低下すると，アジア通貨の加重平均値 AMU の為替相場は，ドル・ユーロの加重平均値に対して増価する．

　表1-4は，日米金利差が他の東アジア諸国通貨為替相場に影響を及ぼすのかどうかを，実証的に分析した結果である．日米金利差は，その他の東アジア諸国通貨のすべてについて，当該通貨の AMU に対する為替相場及び名目 AMU 乖離指標と，期待される相関関係が確認できる．

　表1-5は，米国と東アジア諸国との金利差，あるいは予想為替相場変化率を加味した予想収益率格差と，当該東アジア諸国の資本フローとの間の関係について，実証分析を行った結果である．内外金利差は，自国金利－米国金利であるのに対して，予想収益率格差は，「自国金利－（米国金利＋予想為替相場（自国通貨／米ドル）変化率）」として計算する．なお，予想将来為替相場については，実際の将来為替相場を完全に予想しているという完全予見を仮定する．実証分析の結果より，内外金利差と金融収支との関係では，多くの国・地域から期待される関係が認められている．さらに，予想収益率格差と金融収支との間では，期待される関係も確認できる．

第Ⅰ部　国際的課題と金融・通貨政策

表 1-3　米国の金利と東

		期待される関係	日　本	韓　国	香　港
1	A：米国の金利 B：東アジア諸国の金利	A→B（＋） 累積インパルス応答	○ 0.002***	○ 0.010***	○ 0.055***
2	A：米国とユーロ圏との加重平均金利 B：東アジア諸国の加重平均金利	A→B（＋） 累積インパルス応答	N/A	N/A	N/A
3	A：米国とユーロ圏との加重平均金利 B：東アジア諸国通貨の金利	A→B（＋） 累積インパルス応答	○ 0.002***	○ 0.013***	○ 0.056***

注）表 1-2～1-5 ともに *** は1％，** は5％，* は10％の有意水準であることを示す。
出所）表 1-2～1-5 ともに Ogawa and Wang（2015）．

表 1-3　米国との金利差と東ア

		期待される関係	日　本	韓　国	香　港
1	A：米国と東アジア諸国通貨との間の金利差 B：東アジア諸国通貨/US$	A→B（＋） 累積インパルス応答	○ 0.001***	○ −0.001**	○ 0.000
2	A：米国とユーロ圏との加重平均金利と，東アジア諸国通貨の加重平均金利との差 B：US$＋euro/AMU	A→B（−） 累積インパルス応答	N/A	N/A	N/A
3	A：米国とユーロ圏との加重平均金利と，東アジア諸国通貨の加重平均金利との差 B：AMU DI	A→B（−） 累積インパルス応答	N/A	N/A	N/A

表 1-4　日米金利差と東アジ

		期待される関係	日　本	韓　国	香　港
1	A：日米金利差 B：東アジア諸国通貨/AMU	A→B（−） 累積インパルス応答	N/A	○ −0.001**	○ 0.000
2	A：日米金利差 B：AMU DI	A→B（＋） 累積インパルス応答	N/A	○ 0.053**	○ 0.016

表 1-5　内外金利差・予想収益率

		期待される関係	日　本	韓　国	香　港
1	A：金利差 B：証券投資	A→B（＋） 累積インパルス応答	× —	△ 7.630	△ 1.229
2	A：金利差 B：その他投資	A→B（＋） 累積インパルス応答	× —	△ 2.059	△ 0.077
3	A：予想収益率格差 B：証券投資	A→B（＋） 累積インパルス応答	× —	△ 7.248	△ 1.230
4	A：予想収益率格差 B：その他投資	A→B（＋） 累積インパルス応答	× —	△ 1.924	△ 0.076

第1章　米国の金融政策と東アジア通貨の動向

アジア諸国の金利との関係

シンガポール	タイ	インドネシア	マレーシア	ベトナム	フィリピン	中国	東アジア
○ 0.015 ***	○ 0.008 ***	× —	× —	○ 0.028 ***	△ 0.008	× —	N/A
N/A	N/A	N/A	N/A	N/A	N/A	N/A	○ 0.006 ***
○ 0.016 ***	○ 0.009 ***	× —	○ 0.002 *	○ 0.034 ***	△ 0.011	× —	N/A

ジア諸国通貨為替相場との関係

シンガポール	タイ	インドネシア	マレーシア	ベトナム	フィリピン	中国	東アジア
○ 0.000	○ 0.000	× —	△ 0.000	× —	× —	○ 0.000	N/A
N/A	N/A	N/A	N/A	N/A	N/A	N/A	△ 0.000
N/A	N/A	N/A	N/A	N/A	N/A	N/A	△ 0.000

ア諸国通貨為替相場との関係

シンガポール	タイ	インドネシア	マレーシア	ベトナム	フィリピン	中国	東アジア
△ 0.000	△ 0.000	○ −0.001 ***	△ 0.000	○ 0.000	△ 0.000	○ 0.000	N/A
△ 0.012	△ 0.033 *	△ 0.065 **	△ 0.001	○ 0.019 *	△ 0.014	○ 0.014	N/A

格差と資本フローとの関係

シンガポール	タイ	インドネシア	マレーシア	ベトナム	フィリピン	中国	東アジア
△ −3.197	△ 0.529	△ 1.564	△ 4.153	N/A	△ −2.197	N/A	N/A
△ 0.068	× —	△ −0.295	× —	△ 0.891	△ 1.021	N/A	N/A
△ −3.179	△ 0.516	△ 1.411	△ 4.121	N/A	△ −2.244	N/A	N/A
△ −0.009	× —	△ −0.331	× —	△ 0.899	△ 1.035	N/A	N/A

23

一方，各表には，金利または金利差の1標準偏差のショックに対する，10日後ないし1年後の各変数の反応の累積値を示している．外生的に米国ないしユーロ圏の金利における1標準偏差のショックが起きた時，10日後東アジア諸国の金利の反応度は統計的に有意であることがわかる．その一方，外生的に米国ないしユーロ圏の金利が変化した時，10日後東アジア諸国の為替相場あるいは AMU 乖離指標の反応度は金利の変化と比べて，小さいあるいは統計的に有意でないことがわかる．さらに，インパルス応答の短期結果に反して，逆の累積結果が出ているところもある．これは，外国為替市場における為替相場の変動が金利の変化に対して，即時に反応することに原因があると考えられる．インパルス応答関数は，短期的に金利の変化に応じて反応する一方，その効果は時間が経つにつれ薄れてゆくこと，あるいは為替相場が他の要因によって逆の方向に動くことから，インパルス応答の累積効果はゼロないし予想に反する結果となる．他方，内外金利差または予想収益率格差の1標準偏差のショックに対する1年後の金融収支の変化は，明確に現れる国が存在する（ただし，統計的に有意ではない）一方，予想結果に反する累積効果を示す国もある．

3.5　実証分析結果のインプリケーション
　　　　——出口戦略の影響

　上記の実証分析から得られた結果は，以下のことを示唆している．

　まず，FRB の金利引上げによって，米国の金利が引き上げられると，東アジア諸国の金利がそれに追随するような形で上昇することが予想される．例えば，FRB が政策金利を 2% に引き上げると，韓国の金利は対前期比で 0.741 パーセント・ポイント，香港の金利は 4.074 パーセント・ポイント，シンガポールの金利は 1.111 パーセント・ポイント，タイの金利は 0.593 パーセント・ポイント，ベトナムの金利は 2.074 パーセント・ポイントの上昇が予想される[4]．一方，東アジア諸国金利の上昇が抑制されたり，後れを取

---
4)　FRB が政策金利を 2% に引き上げる時，各国金利が受ける影響は，米国金利の1標準偏差に相当する金利の変化量（図 1-5 を参照）と諸国金利の反応度によって計算される．

ったりすると，米国に有利な金利差が発生し，東アジア諸国の通貨が米ドルに対して減価することが予想される．

同時に，日本において，2％のインフレ率目標を達成するために日本銀行が金融緩和を継続し続けることになると，日米の間で生ずる金融政策の出口戦略のタイミングのずれによって，日米金利差が拡大することになる．これは，低金利の円資金を調達して行うキャリートレードを促し，日本円以外の東アジア諸国通貨を増価させる方向に作用すると予想される．例えば，AMU 乖離指標で評価する韓国ウォンは，対前期比で 3.926 パーセント・ポイント，香港・ドルは 1.185 パーセント・ポイント，シンガポール・ドルは 0.889 パーセント・ポイント，タイ・バーツは 2.444 パーセント・ポイント，インドネシア・ルピアは 4.815 パーセント・ポイント，ベトナム・ドンは 1.407 パーセント・ポイントそれぞれ上昇し，各国の通貨が過大評価になると予想される．

最後に，FRB による金利引上げは，東アジア諸国の内外金利差や予想収益率格差が米国に対して不利となり，ほとんどの東アジア諸国において証券投資やその他投資において資金逆流や資本流出が発生することが予想される．例えば，韓国の場合は内外金利差による証券投資とその他投資が対前期比でそれぞれ 57.354％，15.095％ の資金の逆流が生じる一方，予想収益率格差による証券投資とその他投資が対前期比でそれぞれ 53.604％，13.761％ の資金の逆流が発生する．

このように，今後，FRB による金融政策の出口戦略によって米国金利が上昇すると，東アジア諸国の金利に対して上昇圧力がかかる一方，東アジア諸国から資本が流出するとともに，東アジア諸国通貨が減価することが予想される．

4. おわりに

本章は，東アジア諸国通貨に焦点を当てて，世界金融危機前後における東アジア諸国通貨間の非対称的変動，及びミスアライメント，そして FRB の金利引上げの東アジア諸国通貨への影響を考察した．

世界金融危機前後において，ほとんどの東アジア諸国通貨は，β収斂とσ収斂の意味で収斂していなかった．しかし，時系列的に分析期間を変えて，相対的に収斂状況を比較すると，2005年後半以前においては，東アジア諸国通貨の一部で収斂する傾向が見られた．しかし，2005年後半以降，東アジア諸国通貨のほとんどすべてが収斂する傾向がなくなった．すなわち，世界金融危機発生以前の2005年後半から，すでに東アジア諸国通貨はミスアライメントを起こしていた．これは，資本フローにおける円キャリートレードが影響していたとみなされる．

　次に，過去のデータからVARモデルによる実証分析を行うと，資本規制や外国為替管理が施行されていない一部の東アジア諸国において，米国の金利がこれらの諸国の金利や為替相場に影響を及ぼしていたという実証分析の結果が得られている．その実証分析の結果を所与とすると，FRBが金利引上げを行うと，東アジア諸国の金利がそれに追随するような形で部分的に上昇することが予想される．また，東アジア諸国の通貨は米ドルに対して，減価することが予想される．また，東アジア諸国の金利が部分的に上昇する形で，その上昇が抑制されたり，後れを取ると，東アジア諸国に比較して米国の金利が相対的に有利な金利差の変化が発生し，東アジア諸国通貨が米ドルに対して，しばらく減価することが予想される．本章の実証分析では，統計的に有意な分析結果が得られなかったものの，米国の金利に対する東アジア諸国の金利や為替相場の反応を引き起こす要因として，東アジア諸国から米国への資本の流出，あるいは逆流が発生することが想定される．

参考文献

Board of Governors of the Federal Reserve System (2014a), Minutes of the Federal Open Market Committee, each number, 2014.

Board of Governors of the Federal Reserve System (2014b), Monetary Policy Report, February 11, 2014.

Board of Governors of the Federal Reserve System (2014c), Federal Reserve Board and Federal Open Market Committee release economic projections from the March 18-19 FOMC meeting, March 19, 2014.

Board of Governors of the Federal Reserve System (2014d), Transcript of Chair Yellen's Press Conference, March 19, 2014.
Dickey, David A. and Wayne A. Fuller (1979), "Distribution of the Estimators for Autoregressive Time Series With a Unit Root," *Journal of the American Statistical Association*, Vol. 74 (366), pp. 427-431.
Im, Kyung So, M. Hashem Pesaran, and Yongcheol Shin (2003), "Testing for Unit Roots in Heterogeneous Panels," *Journal of Econometrics*, Vol. 115 (1), pp. 53-74.
Levin, Andrew, Chien-Fu Lin, and Chia-Shang James Chu (2002), "Unit Root Tests in Panel Data: Asymptotic and Finite-Sample Properties," *Journal of Econometrics*, Vol. 108 (1), pp. 1-24.
Ogawa, Eiji and Zhiqian Wang (2013a) "How Did the Global Financial Crisis Misalign East Asian Currencies?" *RIETI Discussion Paper Series*, No. 13-E-096.
Ogawa, Eiji and Zhiqian Wang (2013b), "AMU Deviation Indicators Based on Purchasing Power Parity and Adjusted by Balassa-Samuelson Effect," *Global Journal of Economics*, Vol. 2 (2).
Ogawa, Eiji and Zhiqian Wang (2014), "How would East Asian Currencies Respond to the FRB's Raising Interest Rates?" Report that was compiled with the financial support of the Bank of Korea.
Ogawa, Eiji and Zhiqian Wang (2015), "Effects of a Quantitative Easing Monetary Policy Exit Strategy on East Asian Currencies," *RIETI Discussion Paper Series*, No. 15-E-037.
Phillips, Peter C. B. and Pierre Perron (1988), "Testing for a Unit Root in Time Series Regression," *Biometrika*, Vol. 75 (2), pp. 335-346.
小川英治 (2013),「日米欧の金融政策――変更時期のずれ,波乱要因」『日本経済新聞』「経済教室」2013年6月18日朝刊.
小川英治 (2014),「世界金融危機と量的金融緩和政策の新興市場国通貨への影響」『世界経済評論』第58巻4号 (2014年7月15日発行通巻678号), 16-21頁.
小川英治・王志乾 (2015),「金融政策とアジアのマネーフロー」小川英治・日本経済研究センター [編]『激流アジアマネー――新興金融市場の発展と課題』日本経済新聞出版社, 29-60頁.

第 2 章
国際通貨体制の検証と地域基軸通貨の可能性
—— 米ドル依存からの脱却とアジア諸国通貨による貿易決済

小 川 英 治

1. はじめに

　2008 年に発生した世界金融危機は，米国のサブプライム・ローン及びその証券化商品の不良債権化によって発生したにもかかわらず，米国のみにとどまらず欧州の金融機関にも大きな影響を及ぼした．その影響は，サブプライム・ローンの証券化商品の不良債権化による，欧州の金融機関のバランスシートを毀損しただけではなく，そのことから欧州の金融機関が米ドル流動性不足に直面し，ユーロや英ポンドが米ドルに対して大きく減価した．図 2-1a と図 2-1b をみると，その後のユーロ圏危機の際にユーロや英ポンドが減価した減価幅に比較して，世界金融危機時の減価幅の方が大きいことがわかる．それほどに深刻な状況が，欧州においても引き起こされていた．

　その教訓がアジア諸国において議論され，米ドル流動性不足に陥らないようにするために，米ドルへの過度の依存から脱却する動きが見られている．とりわけ貿易決済通貨を米ドルに過度に依存している現在の状況から脱却するために，アジア諸国の現地通貨による貿易決済の可能性が模索されている．一方，中国の通貨当局も，米ドルへの過度の依存から脱却するために，

　＊本章は，2015 年 3 月 20 日に吉林大学で開催された International Conference on The Future of the U. S. Dollar, the Internationalization of the RMB, and the Future of the Reform of International Monetary System で報告された内容をまとめたものである．また，2014 年 11 月 24 日に韓国銀行で開催された International Forum on Local Currency Swap : New Challenge and Opportunities 及び 2014 年 12 月 3 日に東京で開催された 2014 ASEAN＋3 Conference on Beyond Crisis Response Arrangements で報告された内容も含んでいる．これらへの参加者から有益なコメントをいただき，感謝する．

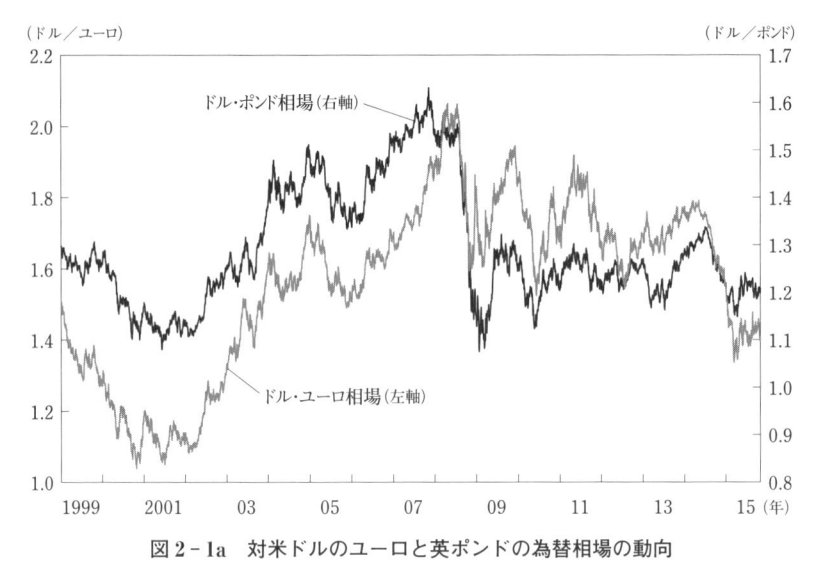

第Ⅰ部　国際的課題と金融・通貨政策

図2-1a　対米ドルのユーロと英ポンドの為替相場の動向

出所）Datastream.

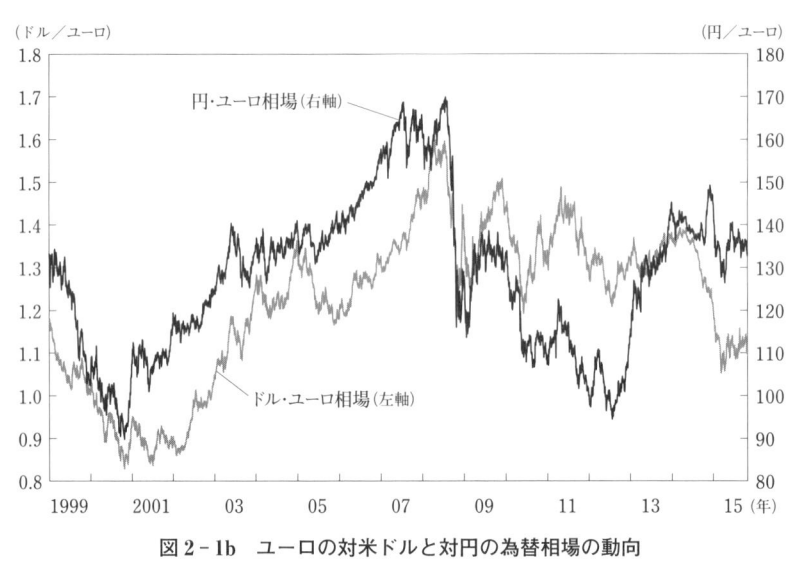

図2-1b　ユーロの対米ドルと対円の為替相場の動向

出所）Datastream.

人民元の国際化が，クロスボーダー貿易取引やオフショア人民元取引の展開，さらには人民元建ての通貨スワップ協定の締結の形で進められている．

本章では，世界金融危機の際の欧州の経験，すなわち，米ドル流動性不足による欧州通貨の暴落とそのメカニズムを考察して，アジアへの教訓を議論する．ユーロを導入したユーロ圏で発生した米ドル流動性不足の背景として，ルールではなく事実上，米ドルを基軸通貨としている現行の国際通貨体制，すなわち基軸通貨ドル国際通貨体制に光を当てる．その際に，基軸通貨ドルの慣性に焦点を当てて，その実証分析の結果を紹介する．次に，Ito, Koibuchi, Sato, and Shimizu (2013) による日本企業の契約通貨選択に関するアンケート調査の結果を紹介し，日本円がある程度，契約通貨あるいは貿易決済通貨として使用されていることを指摘する．一方で，アジア諸国通貨が貿易決済通貨として使用されるための諸条件を考察する．

2. 世界金融危機における EU の経験からの教訓

2.1 グローバル・インバランスから世界金融危機へ

グローバル・インバランスは，世界的な経常収支不均衡として1990年代後半から，特に2003年から2007年にかけて拡大した．とりわけ米国の経常収支赤字の規模とその増大が際立っている一方，中国とアジア新興市場国と石油輸出国において，経常収支黒字が急増している．米国ではIT バブル崩壊後，連邦準備制度理事会 (FRB) が景気対策のために急速な金利引下げ及び低金利政策を行い，住宅ブームさらには住宅バブルを引き起こす素地を作った．住宅価格上昇の期待を根拠にして，住宅ローンの対象外であった低所得者向けに住宅ローンを提供するサブプライム・ローンも手助けして，米国の住宅投資が2003年から2006年にかけて本格的に急増した．それが，米国の経常収支赤字を一層増加させることとなった．

米国の経常収支赤字を生み出し続けてきた基本的な背景として，民間部門の一貫した貯蓄不足が指摘される．その貯蓄不足を補ったのが，アジアや石油輸出国の貯蓄である．アジアの貯蓄は，外貨準備として国際的な安全資産

である米国の国債に向けられた．すなわち，アジアの豊富な貯蓄がその財政赤字を中心として，経常収支赤字をファイナンスしてきた．

一方，欧州の金融機関は，特に2000年代に入っての原油価格上昇に伴って累増した石油輸出国の外貨準備を国際的に金融仲介して，米国の貯蓄不足を埋めていた．欧州の経常収支不均衡がそれほど大きくなかったにもかかわらず，欧州の金融機関が米国のサブプライム・ローンに関連した証券化商品に資金を向けていたことは，石油輸出国などの他の地域から資金を調達して，米国へ資金を供給していたことを意味する．その意味では，欧州の金融機関は，石油輸出国の経常収支黒字と米国の経常収支赤字との間の国際金融仲介を担った．さらに，これらの国際金融取引を通じて，欧州自体にもこれらの経常収支黒字国から資金が流入し，その資金が欧州における土地等の購入などに向けられ，土地バブルの様相を呈した．

しかし，米国で住宅バブルの崩壊によって住宅価格が下落し始めると，住宅価格上昇期待に隠されていたサブプライム・ローンの高い信用リスクが顕在化した．住宅バブルの崩壊とともに，サブプライム・ローンが不良債権化し，さらには，サブプライム・ローン証券化商品が回収不能となった．これらのサブプライム・ローン証券化商品を多く保有していた欧州の金融機関も，米国の金融機関と同様の影響を受けた．このようにして，欧州の金融機関は，米国のサブプライム問題の影響を直接に受け，また，自らの土地バブルの崩壊の影響を受け，バランスシートを毀損させた．

2.2 米国の金融危機の欧州金融機関への直接的影響

米国で，住宅バブルのなか住宅価格上昇期待に基づいて，本来，信用リスクが極めて高いために住宅貸出の対象となり難い低所得者層向けに，サブプライム・ローンという形で住宅貸出が行われた．その信用リスクを他に移転することを目的として，サブプライム・ローンを担保とした証券化商品（RMBSなど）や，さらには，その証券化商品を担保とした証券化商品（CDS）が，米国金融機関から欧州金融機関に売り渡された．これは同時に，米国国内で不足する貯蓄を補うための資金調達手段としての役割を果たした．その資金源は，欧州のみならず，中近東やロシアなどの石油輸出国の経常収支黒

字を，欧州金融機関によって金融仲介する形で米国へと流れて行った．その意味では，欧州金融機関は，石油輸出国の経常収支黒字と，米国の経常収支赤字との間の金融仲介を担った．国際金融センターとしてのシティを抱える英国はもとより，アイスランド等においてもこのような国際金融取引が積極的に行われた．さらに，これらの国際金融取引を通じて，欧州自体にもこれらの経常収支黒字国から資金が流入し，その資金が欧州における土地等の購入などに向けられ，土地バブルの様相を呈した[1]．

しかし，米国で住宅バブルの崩壊によって住宅価格が下落し始めると，住宅価格上昇期待に隠されていたサブプライム・ローンの高い信用リスクが顕在化することとなった．住宅バブルの崩壊とともに，サブプライム・ローンが不良債権化し，さらには，サブプライム・ローン証券化商品が回収不能となる可能性が高まった．これらのサブプライム・ローン証券化商品を多く保有していた欧州金融機関も，米国金融機関に匹敵するほどの影響を受けた．

2007年9月には，英国で，サブプライム・ローン証券化商品を有していたわけではないノーザン・ロック銀行が銀行取付に遭い，そして，住宅金融大手のブラッドフォード・アンド・ビングレーが経営破綻となり，国有化された．また，アイスランドでも金融機関の経営が破綻し，国有化されることとなった．さらに，ドイツやフランスなどでは，サブプライム・ローン証券化商品を有していた大手の金融機関が，経営破綻に直面した．例えば，ドイツのドレスナー銀行は，コメルツ銀行によって買収されることとなった．

このようにして，欧州金融機関は，米国のサブプライム問題の影響を直接に受け，また，自らの土地バブルの崩壊の影響を受け，自らのバランスシートを毀損させた．さらに，証券化商品一般のなかに，サブプライム・ローン証券化商品がどれほど含まれているかが不明であることから，欧州金融機関はカウンターパーティ・リスクに直面することとなった．

2.3　EU内における米ドル流動性不足

前述したように，欧州の金融機関は，サブプライム問題の影響を直接的に

---

1) 小川（2009）．

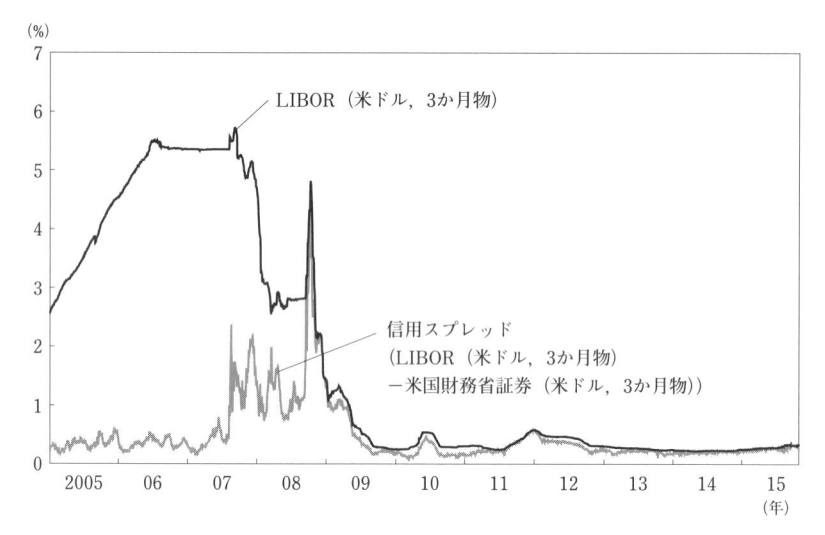

図2-2　LIBOR（米ドル，3か月物）と信用スプレッド（LIBOR－TBレート）の推移
出所）Datastream.

　受け，それらのバランスシートを毀損した．同時に，欧州連合（EU）の一部の国で土地バブルが崩壊し，欧州の金融機関が直接に貸し出していた住宅ローン自体も，不良債権化することとなった．さらに問題を大きく，そして複雑化したのは，証券化商品一般のなかに，サブプライム・ローン証券化商品がどれほど含まれているかが明らかでなかったことから，金融機関が自らのバランスシートの毀損状態を把握しきれないために，金融機関同士が取引相手の金融機関のバランスシートに対して疑心暗鬼となり，カウンターパーティ・リスクが高まったことであった．
　とりわけ，欧州の金融機関は米ドル建ての流動性調達において，深刻なカウンターパーティ・リスクに直面した．リーマン・ショック直後においては，ロンドンなどの欧州の銀行間市場で，金融機関が米ドル資金を調達することが困難となった．欧州金融機関間のカウンターパーティ・リスクが，ロンドン銀行間取引金利（LIBOR）に如実に現れた．図2-2には，安全資産である米国財務省証券（TB）に対して，金融機関の信用リスクがリスクプレミアム（信用スプレッド）としてどれほど上乗せされているかを示す指標とし

て，LIBOR マイナス TB レートの動向が示されている．この信用スプレッドの推移に基づいて，主に欧州の金融機関が取引を行うロンドン金融市場において，これらの金融機関のリスク・プレミアムが観察される．図 2-2 に示されるように，サブプライム・ローン問題が顕在化した 2007 年夏以前には，信用スプレッド（3 か月物の米ドル建て LIBOR マイナス TB レート）は 0.5% 以下であったところが，2007 年夏には信用スプレッドは 2% にまで跳ね上がり，さらに 2008 年 9 月 15 日のリーマン・ショックによって，その信用スプレッドはさらに 4.5% にまで跳ね上がった．

このように米ドル建て LIBOR の信用スプレッドが大きく跳ね上がったことは，欧州金融機関がロンドン銀行間市場で米ドル資金を調達しようとするときに，極めて高いリスク・プレミアムを課されていたことを示す．注意しなければならないのは，このリスク・プレミアムは，バランスシートが大きく毀損していない金融機関に課されたものである．バランスシートが毀損している可能性が高いと判断される金融機関は，銀行間市場で米ドル資金を調達することができなかった．ここに，カウンターパーティ・リスクの高まりから，欧州金融機関が米ドル資金調達を困難とし，流動性不足に陥っていた．

2.4　EU 内における米ドル流動性不足に対する対応

ユーロ圏及びその周辺国において米ドル資金が不足する事態に対して，欧州中央銀行（ECB）などの各国中央銀行のみが，外貨準備を利用して米ドル資金を欧州の銀行間市場に供給するだけでは，十分な対応ができないことが明らかとなった．そのため，2007 年 12 月 12 日に，米国の FRB は，ECB とスイス国民銀行と新たに通貨スワップ協定を締結して，これらに米ドルを供給することとなった．

リーマン・ショック後，2008 年 9 月 18 日にイングランド銀行（BOE）との間で通貨スワップ協定を締結し，続いて，24 日には，スウェーデン中央銀行，デンマーク国民銀行，ノルウェー銀行との間で通貨スワップ協定を締結した．10 月 13 日には，ECB とスイス国民銀行と BOE は，FRB が通貨スワップ協定の限度額を無制限としたことを受けて，有担保を条件として米ド

ル資金を無限に供給するというオペを導入した．10月14日には日本銀行も，邦銀が欧州の銀行間金融市場で米ドル資金を調達できない状態に備えて，東京市場で同様のオペを行うことを発表した．

このように，カウンターパーティ・リスクの高まりによる，欧州の銀行間市場における米ドル資金不足に対する米ドル流動性の供給は，ECB他，欧州各国の中央銀行では手に負えないことが明らかとなった．それらは，欧州通貨建て金利を引き下げることしかできず，欧州金融機関にとって必要な資金である米ドル資金を供給することには限界があった．むしろユーロ安が進む中では，ユーロ建て金利を大きく引き下げることに憂慮するECBが，FRBのように思い切った金利引下げができないでいた．

また，国際収支危機管理のためには，金融支援を行う国際通貨基金（IMF）も，無限の米ドル資金を供給する「最後の貸し手」としては機能しないことが明らかとなった．結局は，米国国内の米ドル資金の「最後の貸し手」であるFRBに，欧州の金融市場は頼らざるを得なかった．

2.5　EUの経験からの教訓

ユーロ圏あるいはEUにおいては，その域内の経済取引においては，ユーロが貿易決済通貨として利用されているものの，EUにおける経済主体が域外との経済取引をする場合においては，米ドルを決済通貨として利用している．とりわけ国際金融取引においては，米ドルが決済通貨として利用されている．その理由から，世界金融危機に際して，ECBがFRBと通貨スワップ協定を締結して，FRBから米ドルの資金を調達できるようになるまでは，カウンターパーティ・リスクのため，EUの銀行間市場に米ドルの供給主体が消失し，欧州の金融機関が米ドル流動性不足に陥った．そのことによって，ユーロや英ポンドが，米ドルに対して暴落することとなった．

アジアに目を移せば，貿易決済通貨や国際金融取引の決済通貨は，多くを米ドルに頼っている．もしそのようなアジアにおいて，EUが経験した米ドル流動性不足が同様に発生したとすると，EUにおける米ドル流動性不足の危機よりも，ずっと深刻な流動性危機に陥る可能性がある．したがって，米ドル流動性不足の影響を最小限にとどめるためには，米ドルに頼った国際貿

易取引や国際金融取引の決済から,アジア地域の通貨を利用した決済へ進展させることが必要である.

3. 現行国際通貨体制における基軸通貨ドルの慣性

3.1 ガリバー型国際通貨制度下における米ドルの慣性

　地域通貨が貿易決済通貨として利用されるための環境作りを検討するために,国際通貨の機能から,現行国際通貨制度における基軸通貨ドルについて考察する.国内通貨と同様に,国際通貨には交換手段としての機能,価値貯蔵手段としての機能,及び価値尺度としての機能がある (Krugman 1984).これらの内,通貨としてより重要な機能である,交換手段としての機能と価値貯蔵手段としての機能に焦点を当てる.

　交換手段としての国際通貨の機能は,世界における経済主体による一般受容性の程度に依存する.通貨は,財・サービスとは異なり,消費することによって直接に効用を得られないが,交換手段として利用するために保有される.その理由は,通貨が取引相手によって交換手段として受容されるからである.さらに,取引相手も他の経済主体に通貨を手渡すことによって,最終的に財・サービスを購入しようとしている.それゆえに,一般受容性とは,財・サービスを購入するために通貨を保有する経済主体が,その通貨を受容して,財・サービス販売しようとしている他の経済主体と出会う可能性に依存する.

　このように,交換手段としての機能は,他の経済主体がその通貨を交換手段として利用する意思があるかどうか,あるいは,何人の他の経済主体がその通貨を交換手段として利用する意思があるかに依存する.換言すれば,その通貨を利用する意図を持つ他の経済主体の人数が増加するにつれて,その通貨の交換手段としての機能が高まる.このように,交換手段としての機能には,ネットワーク外部性が作用するのである (Hartmann 1998)[2].このよ

---

2) Matsuyama, Kiyotaki, and Matsui (1993) と Trejos and Wright (1996) は,ランダム・マッチング・モデルを応用して,国際通貨の理論的分析を行っている.

なネットワーク外部性が働く貨幣的交換経済においては，いったんある通貨が一般受容性を高めると，その事実それ自体によってその一般受容性の高さが維持される．

このことは，交換手段において規模の経済が作用することを意味する．規模の経済が作用する場合には，国際通貨間で支配的に大きなシェアを持つ基軸通貨を保有することの便益は，シェアの小さい他の通貨を保有することの便益よりも明らかに大きくなる．さらに，基軸通貨のシェアが高まると，基軸通貨と他の通貨との間の便益の差違は拡大することになる．それゆえに，支配的に大きなシェアを持つ基軸通貨を発行する通貨当局は，貨幣成長率及びインフレ率を低位に抑制するかぎり，その通貨のシェアを維持することができる．いったんある国の通貨が支配的に大きなシェアを持つ基軸通貨となると，その通貨は基軸通貨としての地位を維持するであろう．このように，ある国の通貨が基軸通貨となったという歴史的事実によって，その通貨は基軸通貨としての地位を維持することになる．こうして，基軸通貨には慣性が作用する．

基軸通貨は交換手段としての機能とともに，価値貯蔵手段としての機能も持ち合わせていることが望ましい．しかしながら，通貨当局が世界経済にその通貨を発行することによって，通貨発行利益（seigniorage）を獲得することができるために，基軸通貨が価値貯蔵手段としての機能を十分に果たさない可能性もある．実際に，変動為替相場制度に移行した1973年から四半世紀の間に，米ドルは日本円に対して1/3の価値に減価した．

現在の国際通貨制度は，ブレトンウッズ体制とは異なり，世界の経済主体が米ドルを基軸通貨として利用することを強制されているわけではない．複数の国際通貨が存在する現在においては，経済主体は，国際通貨の交換手段としての機能と価値貯蔵手段としての機能を比較することによって，基軸通貨を選択することは自由である．経済主体は，ある通貨を国際通貨として利用するときに，これら2つの機能の内，どちらが重要であるかを考慮に入れて，基軸通貨を選択することができる．米ドルは相対的に，価値貯蔵手段としての機能よりも交換手段としての機能に優位性を持っている．一方，日本円は相対的に価値貯蔵手段としての機能に優位性を持っている．基軸通貨

としての米ドルの地位の慣性は，世界の経済主体が，交換手段としての機能の観点から基軸通貨として米ドルを選択してきたことを示す．

現地通貨の国際化を考察するに際して，現在の複数の通貨を国際通貨とする体制における，国際通貨間の競争状況を考慮に入れる必要がある．経済主体が自由に基軸通貨を選択することができる状況は，必ずしも複数国際通貨が相互に有効に競争していることを意味しない．ネットワーク外部性と規模の経済によって，国際通貨間の競争状態は，自然独占状態となる．ある国際通貨による取引量が増加するにつれて，その交換手段としての機能が高まる．その国際通貨による取引量は，世界経済におけるその通貨の供給量と正相関を持つ．したがって，その国際通貨が増加すると，その交換手段としての機能が高まる．

このような交換手段としての機能の意味での国際通貨の質は，世界経済における国際通貨の相対的流通量，すなわちそのシェアに依存する．国際通貨の質と世界経済における国際通貨のシェアとの関係によって，シェアの異なる国際通貨は，交換手段としての機能において異質なものとなる．すなわち，異なるシェアを持つ国際通貨は，不完全代替となる．

相対的に高いシェアを持つ国際通貨は，交換手段としての機能において，その質が相対的に高い．他方，相対的に低いシェアを持つ国際通貨は，交換手段としての機能において，その質が相対的に低い．米ドルのように世界経済において極めて高いシェアを持つ国際通貨は，他の通貨とまったく異なる質を持つことになる．このような基軸通貨は，他の通貨との間でその差別化の程度は大きい．このような国際通貨制度を「ガリバー型国際通貨制度」と呼ぶことができる（小川 1998）．

現在のガリバー型国際通貨制度の下では，米ドルが支配的なシェアを持っているために，米ドルとその他の通貨とは相当に異質的であると考えられる．そのために，米ドルとその他の通貨が有効に競争することは難しい．日本円やユーロなどの米ドル以外の通貨が，米ドルと有効に競争できる状況になるためには，米ドル以外の通貨が米ドルに匹敵するほどのシェアを持つことが必要である．換言すれば，米ドルと同じほどのシェアを持つ通貨が，米ドルと有効に競争することができるであろう．

しかしながら，現在のガリバー型国際通貨制度においては，米ドルの基軸通貨としての地位に慣性が働いているために，米ドルのシェアが自然に低下し，他の通貨のシェアが自然に上昇することはありそうにない．したがって，米ドルを基軸通貨とする現在の国際通貨制度において，他の通貨のシェアが上昇するためには，何らかのモメンタムが必要となる．その一つのモメンタムは，米ドル以外の通貨が利用される国・地域が人為的に拡大することによって，その交換手段としての機能が相対的に高まることである．EU諸国におけるユーロの導入が，その一つの可能性を持っているかもしれないと指摘することができる．

3.2 基軸通貨ドルの慣性に関する実証分析

そこで，ユーロ導入の前後に，米ドルの交換手段としての機能が相対的に低下したかどうかについて，実証分析を行った結果を紹介しよう．Ogawa and Sasaki (1998) は，国際通貨競争の状況の中で，交換手段としての機能と価値貯蔵手段としての機能の両方を考慮に入れて，米ドルが基軸通貨としてどれほどの慣性を持っているかを実証的に分析した．小川・川崎 (2001) は，その手法を応用して，ユーロ導入の前後において，効用関数における米ドルのウェイトを推計した．そこでは，国際通貨の実質残高を保有することによって，交換手段としての機能の便益を得ることができる一方，保有する国際通貨が減価するという費用を被る可能性を想定する．これらの国際通貨保有の便益と費用の両方を分析することができるように，民間の経済主体の効用関数の変数に国際通貨の実質残高が含まれることを仮定する money-in-the-utility model を想定する．

家計は以下のようなコブ–ダグラス型の効用関数を最大化すると想定する．

$$\int_0^\infty U(c_t, m_t^A, m_t^D, m_t^E) e^{-\delta t} dt$$

$$U(c_t, m_t^A, m_t^D, m_t^E) \equiv \frac{[c_t^\alpha \{m_t^{A\beta}(m_t^{D\tau} m_t^{E1-\tau})^{1-\beta}\}^{1-\alpha}]^{1-R}}{1-R}$$

$$0<\alpha<1, 0<\beta<1, 0<\gamma<1, 0<R<1 \tag{1}$$

ただし，U：効用，c：実質消費，m^A：自国通貨実質残高，m^D：米ドル実質残高，m^E：他の国際通貨の実質残高．

効用関数の中の米ドル実質残高 m^D の係数 γ が，米ドル実質残高が他の国際通貨実質残高に比較して，相対的にどれほど効用に寄与するかを意味するウェイトである．このウェイトが高ければ，米ドル実質残高の交換手段としての機能が，他の国際通貨実質残高に比較して相対的に高いことを意味する．

以下の t 時点の予算制約式（2）を想定した異時点間の予算制約の下で，効用関数（1）式を最大化する．なお，（3）式は実質富の構成を表している．

$$\dot{w}_t^P = \bar{r}w_t^P + y_t - c_t - tax_t - i_t^A m_t^A - i_t^D m_t^D - i_t^E m_t^E \quad (2)$$

$$w_t^P \equiv b_t^A + b_t^D + b_t^E + m_t^A + m_t^D + m_t^E \quad (3)$$

ただし，w^P：民間経済主体の実質富，$\bar{r}$：実質利子率，y：実質所得，tax：租税，i^A：自国通貨建て名目利子率，i^D：米ドル建て名目利子率，i^E：他の国際通貨建て名目利子率，b^A：自国通貨建て債券の実質残高，b^D：米ドル建て債券の実質残高，b^E：他の国際通貨建て債券の実質残高．

なお，購買力平価と金利平価が成立していることを仮定すると，実質利子率 $\bar{r}$ は世界で同一である．

予算制約式（2）は，自国通貨実質残高 m^A，米ドル実質残高 m^D，他の国際通貨の実質残高 m^E，それぞれの通貨保有の費用

$$(i^A - \bar{r})m^A, \quad (i^D - \bar{r})m^D, \quad (i^E - \bar{r})m^E$$

が可処分所得から控除されたうえで実質消費に向けられることを意味している．名目利子率と実質利子率のフィッシャー効果，すなわち，名目利子率 － 実質利子率 ＝ 予想インフレ率を所与とすると，

$$(i^A - \bar{r})m^A = \pi^A m^A, \quad (i^D - \bar{r})m^D = \pi^D m^D, \quad (i^E - \bar{r})m^E = \pi^E m^E$$

となり，控除されているものは，それぞれの通貨の実質残高に予想インフレ率を乗じたもの，すなわち，インフレーションによってそれぞれの通貨の実質残高が減価する大きさを表している．これらが通貨保有の費用となる．

異時点間の予算制約下での効用最大化の一階の条件から，それぞれの通貨の最適実質残高を導出することができる．特に，米ドル実質残高の最適保有比率 ϕ は，次式に導出される．

$$\phi_t = \frac{m_t^D}{m_t^D + m_t^E} = \frac{1}{1 + \frac{1-\gamma}{\gamma}\frac{i_t^D}{i_t^E}} = \frac{1}{1 + \frac{1-\gamma}{\gamma}\frac{\pi_t^D + \bar{r}}{\pi_t^E + \bar{r}}} \quad (4)$$

（4）式より，米ドル実質残高の最適保有比率は効用関数における米ドル実質残高の相対的ウェイトと，米ドルと他の国際通貨の名目利子率あるいは予想インフレ率，すなわち減価率に依存することがわかる．すなわち，米ドル実質残高保有の便益と費用の比較によって，米ドル実質残高の最適保有比率が決定される．

小川・川崎（2001）による点推定の実証分析の結果が，ユーロ導入前後における効用関数の米ドル実質残高のウェイト γ に焦点を当てて，表 2-1 に示されている．1986 年第 1 四半期から 2000 年第 1 四半期の全標本期間について，名目利子率のデータを利用した場合に，米ドル実質残高のウェイト γ は，99% の信頼区間が 0.59～0.68 であり，予想インフレ率と想定される実質利子率のデータを利用した場合に，米ドル実質残高のウェイト γ は，99% の信頼区間が 0.59～0.64 であった．

ユーロ導入前後における，米ドル実質残高のウェイト γ の変化の有無を分析するために，標本期間を 2 つの標本期間に分割して，同様の点推定の実証分析を行った．ユーロ導入前の標本期間は，1986 年第 1 四半期から 1998 年第 4 四半期までである．ユーロ導入後の標本期間は，1999 年第 1 四半期から 2000 年第 1 四半期である．ユーロ導入前の標本期間においては，名目利子率のデータを利用した場合に，米ドル実質残高のウェイト γ は，99% の信頼区間が 0.57～0.67 であり，予想インフレ率と想定される実質利子率のデータを利用した場合に，米ドル実質残高のウェイト γ は，99% の信頼区間が 0.59～0.64 であった．一方，ユーロ導入後の標本期間においては，名目利子率のデータを利用した場合に，米ドル実質残高のウェイト γ は，99% の信頼区間が 0.73～0.78 であり，予想インフレ率と想定される実質利子率のデータを利用した場合に，米ドル実質残高のウェイト γ は，99% の信頼区間

表 2-1 効用関数における米ドルのウェイトの推定結果

	平　均	標準偏差	99% 信頼区間
予想インフレ率＋想定される実質利子率に基づく			
1986Q1〜2000Q1			
実質利子率＝3%	0.61	0.06	0.59〜0.63
実質利子率＝5%	0.62	0.06	0.60〜0.64
実質利子率＝8%	0.63	0.06	0.60〜0.64
1986Q1〜1998Q4			
実質利子率＝3%	0.62	0.06	0.59〜0.64
実質利子率＝5%	0.62	0.06	0.60〜0.64
実質利子率＝8%	0.62	0.06	0.60〜0.64
1999Q1〜2000Q1			
実質利子率＝3%	0.58	0.03	0.55〜0.61
実質利子率＝5%	0.58	0.02	0.56〜0.60
実質利子率＝8%	0.58	0.01	0.57〜0.60
名目利子率に基づく			
1986Q1〜2000Q1			
3か月物	0.63	0.13	0.59〜0.68
6か月物	0.63	0.13	0.59〜0.68
1986Q1〜1998Q4			
3か月物	0.62	0.13	0.57〜0.67
6か月物	0.62	0.13	0.58〜0.67
1999Q1〜2000Q1			
3か月物	0.76	0.02	0.73〜0.78
6か月物	0.76	0.02	0.74〜0.78

が 0.55〜0.61 であった.

　ユーロ導入前の標本期間の米ドル実質残高のウェイト γ と，ユーロ導入後の標本期間の米ドル実質残高のウェイト γ を比較すると，ユーロ導入後に米ドル実質残高のウェイト γ が統計的に有意に変化したことは見出されなかった．このことは，ユーロの導入によって，基軸通貨ドル国際通貨体制に変化が見られなかったことを意味し，基軸通貨ドルの慣性が作用していたことがわかる．

　このように，世界経済においては，米ドルの基軸通貨としての慣性が存在している．これをグローバル基軸通貨と呼ぶことができよう．グローバル基

軸通貨においては，米ドルから他の通貨へ移行することは容易ではなく，その移行は長い時間を要するであろう．一方，ユーロ圏及びEUにおけるユーロの基軸通貨化を考慮すると，ある限定された地域において，米ドル以外の通貨であっても基軸通貨となることが可能である．グローバル基軸通貨に対して，これを地域基軸通貨と呼ぶことができよう．ユーロは，欧州地域における地域基軸通貨とみなすことができよう．前述したように，世界金融危機における欧州の経験からの教訓を考慮に入れると，アジアにおいては，域内の貿易決済通貨として米ドルに過度に依存していることは，より深刻な流動性危機を引き起こす可能性がある．このことから，米ドルへの過大な依存を改めて，アジア諸国の通貨を地域基軸通貨とする必要がある．

4. 日本企業の契約通貨・決済通貨の選択

4.1 Ito, Koibuchi, Sato, and Shimizu（2013）によるアンケート調査

アジア諸国の通貨の中で，主要な国際通貨となっている日本円が貿易決済通貨としてどれほど使用されているかについて，Ito, Koibuchi, Sato, and Shimizu（2013）の研究分析の結果を紹介しながら，その実態を見てみよう．Ito, Koibuchi, Sato, and Shimizu（2013）は，2009年9月に東京証券取引所に上場されている日本の製造業の920社に対して，契約通貨の選択に関するアンケート調査を行い，その内の227社から回答を得た．

本アンケート調査は，契約通貨の選択に関してアンケート調査を行ったものであるが，その際に契約通貨（契約段階で使用される通貨）と貿易決済通貨（支払段階で使用される通貨）との関係についても質問を行っている．それによると，回答のあった226社の内，200社，すなわち88.4%が契約通貨と決済通貨が同じであると回答している．このように，ほとんどのケースにおいて決済通貨は契約通貨と同じであることから，本アンケート調査は契約通貨の選択を質問しているものの，その調査結果は，貿易決済通貨の選択とほとんど同じであるとみなすことができる．

表2-2は，輸出に際して日本企業がどの通貨を契約通貨として選択するか

表2-2 日本の輸出における契約通貨のシェア

	全企業	
	単純平均	加重平均*
サンプル企業数	217	217
日本円	48.2%	28.7%
米ドル	42.1%	54.1%
ユーロ	7.1%	11.3%
他の諸通貨	2.7%	5.9%

	総販売額		
	大規模 (upper 1/3)	中規模 (middle 1/3)	小規模 (lower 1/3)
サンプル企業数	80	70	67
日本円	38.1%	50.0%	58.3%
米ドル	47.8%	41.7%	35.8%
ユーロ	10.5%	5.1%	5.2%
他の諸通貨	3.7%	3.3%	0.7%

	海外販売額		
	大規模 (upper 1/3)	中規模 (middle 1/3)	小規模 (lower 1/3)
サンプル企業数	64	70	83
日本円	41.2%	52.2%	50.2%
米ドル	45.5%	39.0%	42.1%
ユーロ	11.0%	5.7%	5.3%
他の諸通貨	2.5%	3.0%	2.5%

注)　*加重平均は2008年度の各企業の海外販売額に基づいて計算.
出所)　Ito, Koibuchi, Sato, and Shimizu (2013).

を示している．企業規模にウェイトを付けない算術平均でみると，48.2%の企業が日本円を使用しているのに対して，42.1%の企業が米ドルを使用している．一方，企業規模でウェイトを付けた加重平均で見ると，28.7%の企業が日本円を使用しているのに対して，54.1%の企業が米ドルを使用している．この違いは，大企業ほど日本円よりも米ドルを使用していることに起因するが，表2-2の企業規模別の日本円と米ドルのシェアを見ると，その通りとなっている．

表2-3は，輸出先別に見た日本企業が選択した契約通貨のシェアを示して

表2−3 輸出先別の日本の輸出の契約通貨のシェア

		回答数	米 国	カナダ	メキシコ	ブラジル	中南米	ユーロ圏	英 国	ロシア	東 欧	オーストラリア	ニュージーランド	アフリカ
			168	50	36	51	39	133	65	34	40	70	37	35
日本円 (%)	全産業		21.8	29.2	34.0	50.3	50.3	35.3	35.0	63.0	58.9	52.5	56.5	63.3
	大規模		16.0	13.7	23.0	37.6	41.7	29.7	30.5	58.8	52.0	42.6	54.3	61.5
	中規模		23.9	45.0	45.7	60.0	55.6	30.1	17.7	37.5	46.8	50.3	33.2	62.5
	小規模		26.5	61.4	57.1	80.0	71.6	49.2	65.0	90.0	88.9	84.6	80.0	75.0
米ドル (%)	全産業		77.9	48.2	66.0	45.6	45.1	13.6	18.5	29.7	13.1	29.1	32.6	34.7
	大規模		83.5	59.6	77.0	61.7	54.7	11.4	12.7	30.1	12.5	30.6	32.4	35.4
	中規模		76.1	30.0	54.3	30.0	44.4	16.4	30.0	50.0	15.9	41.4	66.8	37.5
	小規模		72.9	29.5	42.9	11.0	14.4	13.9	21.4	11.1	11.1	7.7	7.5	25.0
ユーロ (%)	全産業		0.3	1.7	0.0	4.1	4.6	51.0	15.7	8.4	28.0	1.3	0.0	2.0
	大規模		0.7	2.7	0.0	0.6	3.6	58.8	23.6	11.1	35.5	2.4	0.0	3.1
	中規模		0.0	0.0	0.0	10.0	0.0	53.2	10.7	12.5	37.3	0.0	0.0	0.0
	小規模		0.0	0.0	0.0	9.0	14.0	36.9	0.7	0.0	0.0	0.0	0.0	0.0
輸入国通貨 (%)	全産業		―	20.0	0.0	0.0	0.0	―	32.1	0.0	0.0	18.5	2.7	0.0
	大規模		―	22.6	0.0	0.0	0.0	―	35.7	0.0	0.1	25.9	0.0	0.0
	中規模		―	25.0	0.0	0.0	0.0	―	41.7	0.0	0.0	11.1	0.0	0.0
	小規模		―	9.1	0.0	0.0	0.0	―	12.9	0.0	0.0	7.7	12.5	0.0
他の諸通貨 (%)	全産業		0.0	0.0	0.0	0.0	0.0	0.3	0.0	0.0	0.0	0.0	8.2	0.0
	大規模		0.0	0.0	0.0	0.0	0.0	0.6	0.0	0.0	0.0	0.0	13.3	0.0
	中規模		0.0	25.0	0.0	0.0	0.0	0.1	0.0	0.0	0.0	0.0	0.0	0.0
	小規模		0.0	0.0	0.0	0.0	0.0	―	0.0	0.0	0.0	0.0	0.0	0.0

		回答数	輸出先 中国	韓国	台湾	香港	シンガポール	タイ	マレーシア	インドネシア	フィリピン	ベトナム	インド	中東
			174	142	150	106	103	122	94	84	71	61	72	63
日本円(%)	全産業		55.4	69.0	62.5	45.6	56.9	60.1	56.1	61.6	63.0	64.9	76.3	51.9
	大規模		45.3	62.5	53.3	33.3	52.0	54.7	51.1	53.3	52.6	67.9	68.6	41.5
	中規模		60.5	68.9	63.0	44.5	54.0	57.3	45.7	66.7	64.7	41.9	81.3	50.3
	小規模		63.4	78.9	75.2	68.3	70.5	75.5	84.1	74.9	82.4	80.9	91.0	73.4
米ドル(%)	全産業		43.7	25.5	35.3	49.4	37.8	30.4	42.4	33.8	35.8	35.1	21.2	42.7
	大規模		52.4	32.8	42.6	61.9	42.6	35.4	48.4	41.0	43.9	32.1	29.4	49.4
	中規模		40.9	25.8	35.7	46.7	43.1	32.5	50.7	27.5	35.3	58.1	18.7	49.1
	小規模		34.2	13.8	24.0	30.7	21.2	16.7	15.4	25.1	18.8	19.1	1.9	23.4
ユーロ(%)	全産業		0.5	1.1	0.3	0.0	0.5	0.2	0.3	0.6	0.0	0.0	1.1	4.2
	大規模		0.4	0.5	0.0	0.0	1.0	0.4	0.5	1.2	0.0	0.0	2.1	6.7
	中規模		0.0	1.1	0.0	0.0	0.0	0.0	0.0	0.0	0.0	0.0	0.0	0.6
	小規模		1.2	1.9	1.0	0.0	0.0	0.0	0.0	0.0	0.0	0.0	0.0	3.1
輸入国通貨(%)	全産業		1.3	4.5	2.4	4.8	4.8	9.4	1.1	4.0	1.4	0.0	1.4	2.4
	大規模		3.2	4.2	4.1	4.7	4.2	9.5	0.0	4.5	2.9	0.0	0.0	4.9
	中規模		0.0	4.2	2.1	8.9	2.9	10.1	3.6	5.8	0.0	0.0	0.0	0.0
	小規模		0.0	5.4	0.4	0.0	8.4	7.8	0.0	0.1	0.0	0.0	7.1	0.0
他の諸通貨(%)	全産業		0.0	0.0	0.0	0.0	0.1	0.0	0.0	0.0	0.3	0.0	0.0	0.3
	大規模		0.0	0.0	0.0	0.0	0.2	0.0	0.0	0.0	0.7	0.0	0.0	0.6
	中規模		0.0	0.0	0.0	0.0	0.0	0.0	0.0	0.0	0.0	0.0	0.0	0.0
	小規模		0.0	0.0	0.0	0.0	0.0	0.0	0.0	0.0	0.0	0.0	0.0	0.0

注) 各項目の総計が100にならない場合があるが、出所の原数値のまま掲載した。
出所) Ito, Koibuchi, Sato, and Shimizu (2013).

いる．米国やユーロ圏やイギリスなどの先進諸国向けについては，日本円が使用されるシェアは 20～30% であるのに対して，輸出先国通貨（米国向けであれば米ドル，ユーロ圏向けであればユーロ，イギリスであれば英ポンド）が使用されるシェアが高い．ユーロ圏向けとイギリス向けについては，米ドルのシェアよりもユーロや英ポンドのシェアの方が高くなっている．一方，中国や韓国などのアジア諸国向けについては，香港を除いて，日本円が使用されるシェアが米ドルのシェアより大きく，50% を超えている．また，輸入国通貨（アジア諸国通貨）が使用されるシェアは 1 桁台と低いものの，若干は使用されている．企業別にみると，前述したように企業規模が小さいほど日本円が使用されるシェアが相対的に高くなっている．

以上のように，Ito, Koibuchi, Sato, and Shimizu（2013）によるアンケート調査の結果より，日本企業が欧米向けに輸出を行う際に，輸入国通貨に次いで日本円も，契約通貨あるいは貿易決済通貨として使用されていることが明らかとなった．一方，日本企業がアジア諸国向けに輸出を行う際には，契約通貨あるいは貿易決済通貨として，日本円を使用する傾向が見られる．また，企業規模別にみると，企業規模が小さいほど日本円を使用する傾向が見られる．このように，日本からのアジア諸国向けの輸出においては，日本円が支配的に契約通貨あるいは貿易決済通貨として使用されている．このことから，アジア地域において，貿易決済通貨の米ドルへの過剰な依存から脱却して，アジアの地域通貨，すなわちアジア諸国通貨を使用することへ移行することが，必ずしも非現実的ではないことがわかる．

4.2　貿易決済通貨の条件

しかしながら，アジア諸国通貨がすべて日本円と同様に，貿易決済通貨として民間企業に選択されるかどうかは，貿易決済通貨としてのその使い勝手の良さに依存する．換言すると，現状においては，日本円と同様に貿易決済通貨として使い勝手が良いアジア諸国通貨は数少ない．貿易決済通貨としての使い勝手の良さとは，当該通貨が外国為替取引において容易に入手でき，他通貨と容易に交換できることである．そのためには，当該通貨の外国為替取引高が十分に多く，その市場の厚みが必要である．それを阻害する要因と

しては，通貨当局による外国為替取引に対する規制，すなわち外国為替管理を指摘することができる．

次に，輸出企業にとっても輸入企業にとっても，外国為替リスクへの対応が必要となる．そのためには，外貨建ての資金調達や資金運用によるバランスシート調整を通じたナチュラルヘッジング，及びナチュラルヘッジング後にも残る外国為替エクスポージャーに対する，外国為替派生商品（先物（forward），フューチャー（future），オプション，金利スワップなど）が用意されていることが必要である．これらの取引は，投機にも利用されるために，投機による為替相場のボラティリティや，通貨当局に対する投機攻撃を嫌って，多くの発展途上国では通貨当局によって規制され，資本管理が課されていることが多い．これらが原因となって，このような外国為替管理や資本管理が課されている国の現地通貨は使い勝手が悪く，その外国為替市場の厚みは極めて薄くなっている．

以上のことから，アジア諸国通貨が貿易決済通貨として使用されるためには，外国為替管理と資本管理を緩和し，さらには撤廃することによって，その使い勝手を高めることが必要となる．このような措置は，現地通貨の国際化に関する制度上の課題，あるいは，通貨を供給する政府あるいは通貨当局にとっての課題，すなわち，供給サイドの課題である．同時に，実際に当該通貨が貿易決済通貨として使用されるためには，民間企業が使い勝手の良さを認識し，市場の厚みが増すことが必要となる．この点は，外国為替管理や資本管理の緩和・撤廃が供給サイドの課題であるのに対して，民間企業による当該通貨へのニーズを意味することから，需要サイドの課題となる．前述したように，ネットワーク外部性により慣性の法則が作用するために，政府や通貨当局が外国為替管理や資本管理の規制緩和・撤廃を意思決定し，実行することが可能であるのに対して，この需要サイドの課題は，政府や通貨当局にとって容易には制御可能ではないかもしれない[3]．

---

3) 外国為替等審議会（1999）では円の国際化が論じられている．円の国際化については，制度上，供給サイドの課題は解決したものの，需要サイドの課題が残っている．

5. おわりに

本章は，世界金融危機の際に欧州の金融機関が直面した米ドル流動性不足は，ユーロがユーロ圏やEU域内で貿易決済通貨として使用されているにもかかわらず，域外との経済取引においては米ドルがいまだ決済通貨として使用されていることを表すものであることを示唆した．一方，アジア地域を鑑みると，ユーロ圏やEU域内以上に，貿易決済通貨を米ドルに過度に依存しているのが現状である．今回の世界金融危機においては，アジアの金融機関はほとんどサブプライム問題の直接的な影響を受けなかったが，もし欧州の金融機関と同様の直接的な影響を受けていたならば，状況は欧州の金融機関が直面した米ドル流動性不足よりも深刻な状況になっていたことは確かである．

経済や金融のグローバル化が進んだ世界経済を所与とすると，米ドルをグローバル基軸通貨とするドル基軸通貨体制から，アジア諸国経済が離脱することは困難である．しかしながら，ユーロが欧州地域における基軸通貨(「地域基軸通貨」)であるように，アジア地域の通貨をアジアの地域における地域基軸通貨に育て上げることは，決して不可能なことではない．世界金融危機の際の欧州の経験の教訓から，アジア地域における貿易決済通貨として米ドルに頼るのではなく，アジア諸国の通貨を使用することが必要である．

その目的のためには，アジア諸国の通貨の内で地域基軸通貨になろうとする通貨は，制度面，あるいは，供給サイドの面から外国為替管理や資本管理などの規制を緩和・撤廃することが必要である．経常勘定及び資本勘定の両方において，通貨の交換性が確保されなければならない．さらに，需要サイドの面からは，国際通貨利用においてネットワーク外部性が存在することから，グローバル経済において支配的なシェアを占めている基軸通貨米ドルに慣性の法則が作用し，それを凌駕する通貨を生み出すことは難しいかもしれない．しかし，地域経済に限定すれば，地域基軸通貨を生み出し，育て上げる可能性は残されているし，米ドル流動性不足を回避するために，その必要性は高い．

第2章　国際通貨体制の検証と地域基軸通貨の可能性

参考文献

Dowd, Kevin and David Greenaway (1993), "Currency Competition, Network Externalities and Switching Costs: Towards an Alternative View of Optimum Currency Areas," *Economic Journal*, Vol. 103 (420), pp. 1180-1189.

Hartmann, Philipp (1998), *Currency Competition and Foreign Exchange Markets: The Dollar, the Yen, and the Euro*, Cambridge University Press.

Ito, Takatoshi, Satoshi Koibuchi, Kiyotaka Sato, and Junko Shimizu (2013), "Choice of Invoicing Currency: New Evidence from a Questionnaire Survey of Japanese Export Firms," *RIETI Discussion Paper Series*, No. 13-E-034.

Krugman, Paul R. (1984), "The International Role of the Dollar: Theory and Prospect," in: John F. O. Bilson and Richard C. Marston (eds.), *Exchange Rate Theory and Practice*, University of Chicago Press, pp. 261-278.

Matsuyama, Kiminori, Nobuhiro Kiyotaki, and Akihiko Matsui (1993), "Toward a Theory of International Currency," *Review of Economic Studies*, Vol. 60(2), pp. 283-307.

Ogawa, Eiji (2000), "The Japanese Yen as an International Currency," a paper prepared for the KIEP/NEAEF Conference.

Ogawa, Eiji, (2001), "The US Dollar in the International Monetary System after the Asian Crisis," a prepared for the Conference on Asian Crisis III: The Crisis and the Recovery, University of Tokyo, July 17-18, 2001.

Ogawa, Eiji and Yuri Nagataki Sasaki (1998), "Inertia in the Key Currency," *Japan and the World Economy*, Vol. 10(4), pp. 421-439.

Trejos, Alberto and Randall Wright (1996), "Search-theoretic Models of International Currency," *Proceedings*, Federal Reserve Bank of St. Louis, Vol. 78(3), pp. 117-132.

小川英治 (1998),『国際通貨システムの安定性』東洋経済新報社.

小川英治 (2002),「自由貿易協定と円の国際化」池間誠・大山道広 [編]『国際日本経済論——依存自立をめざして』文眞堂, 255-272頁.

小川英治 (2009),「米国金融危機はEUにどう波及したか」『経済セミナー』第646号 (2009年2・3月号), 25-29頁.

小川英治 (2013),「金融危機と欧州経済」櫻川昌哉・福田慎一 [編]『なぜ金融危機は起こるのか——金融経済研究のフロンティア』東洋経済新報社, 223-251頁.

小川英治・川崎健太郎 (2001),「ユーロ登場による国際通貨システムへの影響」『一橋大学商学研究科ディスカッション・ペーパー』第63号.

外国為替等審議会 (1999),『21世紀に向けた円の国際化——世界の経済・金融情勢の変化と日本の対応』外国為替等審議会答申, 大蔵省. (http://www.mof.go.jp/about_mof/councils/gaitame/report/1a704.htm)

第 3 章
アベノミクス第一の矢：大胆な金融政策
――予想は変えられるか？

塩路悦朗

1. はじめに――民間予想のコントロールと為替・金利政策

　世界金融危機後の先進各国経済は，低インフレ（ないしはデフレ）及び事実上のゼロ金利によって特徴づけられる．本章では，そのような状況下で金融政策当局がどのようにして金利や為替に影響することができるか，またそれを通じて，景気やインフレ率などの実体経済に影響力を行使することができるのかを議論したい．その中で，民間予想をコントロールすることの重要性，困難さを強調していきたい．特にその実例として，本章執筆時点の日本で進行中のいわば壮大なマクロ経済実験である，アベノミクス「第一の矢」及び「質的・量的緩和政策」について考察したい．

　通常の経済，つまり金利が正の世界であれば，本章執筆時点（2015 年 9 月）で日本銀行が行っているような大規模な金融緩和は，確実に金利を押し下げると同時に，為替レートを減価させ，それらを通じて国内景気や国内物価に対して大きな影響を与えるであろう．しかし以下で論じるように，現在の日本及び多くの先進国が直面している事実上のゼロ金利という特殊な状態においては，そのような効果が得られるかどうかは定かではない．そこで注目されているのが，将来の金利・為替やインフレ率に関する民間の予想に，政策的に働きかけることを通じて，間接的に現在の経済に影響を与えるという経路である．本章では，なぜそういった政策効果波及経路が注目されるに至ったかを振り返り，そのような政策努力が直面する困難を指摘したうえで，そうした壁を乗り越えることが可能かを考えていきたい．

　本章の構成は以下の通りである．第 2 節では，事実上のゼロ金利下にある

ときに，為替・金利政策がどのような困難に直面するかを，日本の経験を振り返りつつ概観する．そしてその困難を克服する手段として，民間予想のコントロールが重視されるに至った背景を説明する．第3節では，アンケート調査等に見られる民間の予想形成のあり方が，マクロ経済学で標準的な合理的予想形成仮説とは大きく異なっていることを見る．にもかかわらず，アンケート調査の結果等を見ると，アベノミクスの下で予想インフレ率は確かに上昇してきたことがわかる．第4節では，この予想の変化がどのような波及経路を通じてもたらされたものなのか，4つの仮説を提示してそれぞれの妥当性を検証する．第5節で結論を述べる．

2. ゼロ金利下の為替・金利政策が直面する困難

2.1 近年の日本の金融政策

まず，アベノミクス第一の矢と質的・量的緩和政策導入に至るまでの背景と，導入後の経緯を簡潔に振り返っておきたい．図3-1は日本・米国・ユーロ圏の代表的な短期金利の推移を図示したものであるが，日本は他の先進国に先駆けて，1990年代末から事実上のゼロ金利状態にあったことがわかる．公式には1999年2月からはコールレートをゼロ水準に誘導する「ゼロ金利政策」が採用され，これが2000年8月まで続いた．その後も一貫して，非常に低い金利が続いている．世界金融危機後の世界経済の特徴は，これが主要先進国共通の事態となったことであり，その意味で世界が日本の経験から学べることは多いと思われる．通常，金融政策は短期金利の操作を通じて民間経済に影響を与えようとするものであるが，金利に引下げ余地がない下で，日本は早くからマネタリーベースの量を拡大する政策を採用してきた．図3-2は日本のマネタリーベース残高（準備率調整後，季節調整後）の推移を図示したものである．「ゼロ金利政策」が一時的に解除された後の2001年3月から2006年3月までは，「量的緩和政策」が採用された．これは戦後最長の景気拡大（最終的には2008年2月まで続いた）の中，2006年3月に解除された．しかし世界金融危機後の景気低迷とデフレ状況を受け，2010年10月には

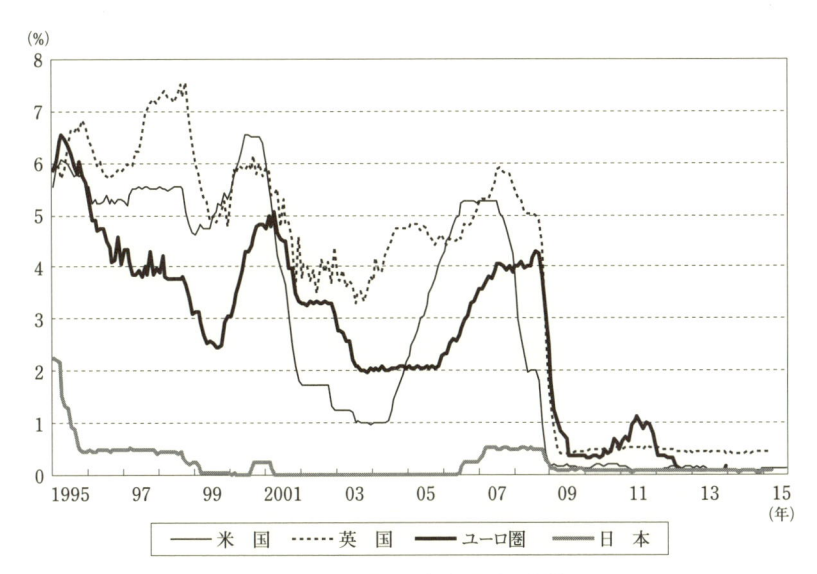

第3章　アベノミクス第一の矢：大胆な金融政策

図3-1　主要国の短期金利の推移

注）　米国はフェデラルファンド金利，他はコールレート．
出所）　セントルイス連銀ホームページ（FRED）から入手したデータをもとに筆者作成．

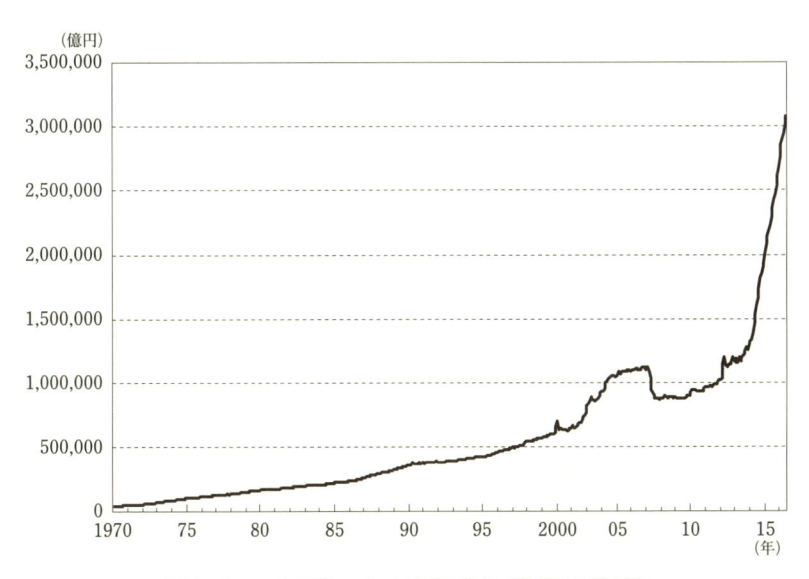

図3-2　マネタリーベース平均残高（準備率調整後）

注）　季節調整済み．
出所）　日銀統計をもとに筆者作成．

55

第Ⅰ部　国際的課題と金融・通貨政策

図3-3　CPI（総合，生鮮食品を除く）前年同月比推移
注）　消費税率上げの影響は除いていない．
出所）　総務省統計より筆者作成．

「包括緩和政策」が導入されている．

　こうした政策努力にもかかわらず，2012年秋時点において，民主党の野田政権下の日本はマイルドながら継続的なデフレ（図3-3に掲げたCPI（総合，生鮮食品を除く）前年同月比上昇率の推移を参照されたい）と，世界金融危機（及び東日本大震災）後の回復過程を中断した，一時的な景気後退に悩まされていた．安倍晋三現首相は就任以前，2012年12月に行われた総選挙の選挙運動期間中から，大胆な金融緩和によるデフレ脱却を公約に掲げていた．自民党の総選挙勝利・安倍首相就任後の2013年1月22日，日本銀行は「物価安定の目標」，いわゆるインフレターゲットを新たに導入した．具体的には消費者物価指数（CPI）の前年比上昇率2%が目標と定められた．また同日，政府・日銀は共同声明で「デフレからの早期脱却と物価安定の下での持続的な経済成長の実現に向け」，「政府及び日本銀行の政策連携を強化し，一体となって取り組む」と述べた．

　現在の日本銀行の金融政策の柱は，黒田東彦総裁就任直後の2013年4月4日に導入された「質的・量的金融緩和」である．この政策はCPI（総合，生鮮食品を除く）前年同月比上昇率が安定的に2%になるまで継続されることに

なっている．同政策の最大の特徴は，2年間でマネタリーベース残高を2倍にするという量的緩和政策にある．また，2014年10月31日にはさらなる緩和の拡大がアナウンスされた．

2.2 ゼロ金利下の金融政策が直面する困難

ゼロ金利のように金利が下がる余地のない状態においては，金融政策効果に関する通常の理解は必ずしもすべて当てはまらない．マクロ経済学の教科書では，ケインズの「流動性のわな」の議論が有名である．Eggertsson and Woodford (2003) が現代的なニューケインジアン・マクロ経済モデルの枠組みを使って改めて示したように，ゼロ金利下では貨幣と短期国債は完全代替資産となる．このため中央銀行が後者を買ってそれと引き換えに前者の供給を増やしても，それだけでは経済には何のインパクトもない．よって足元のインフレ率に影響を与えることもできないことになる．これがマクロ経済理論における標準的な理解である．

実際には，質的・量的緩和政策の下で日銀は短期国債ではなく，長期国債の買い入れを急速に増やしている．植田 (2014) は，これはマネタリーベースと引き換えに短期国債を買い取る純粋な量的緩和政策と，買い取った短期国債を市場で長期国債に交換する政策を組み合わせたものとして理解できると指摘している．このうち後者，いわゆるオペレーション・ツイストは，標準的な金利の期間構造に関する期待仮説によれば，実体的な影響を持たないはずである．つまり，短期国債と長期国債の間によほど強い不完全代替の関係がない限り，上記政策は単なる短期国債買い入れとあまり大きく異なる効果は期待できない．質的・量的緩和政策の成否は，その純粋な量的緩和としての側面が，民間経済に大きな影響を持ちうるかが効果を持つか否かに大きく依存することになる．上記の標準的なマクロ経済理論の理解に従うならば，これには非常な困難が伴うことが予想される．

2.3 限界的貨幣乗数の低下

上記のような困難が端的に現れているのが，近年における貨幣乗数の下落である．貨幣乗数は通常は，マネーストック残高をマネタリーベース残高で

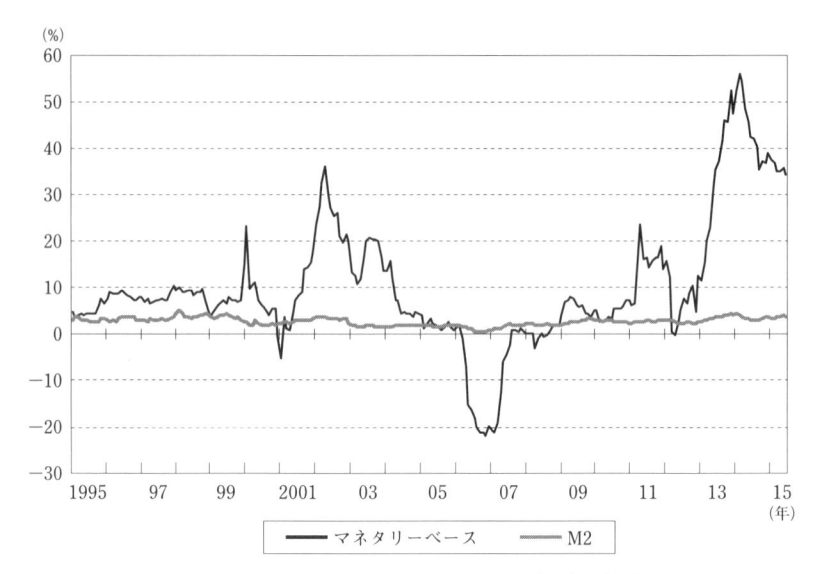

図3-4 マネタリーベースとマネーストック(M2)対前年同月比
(1995年1月以降)

出所) 日銀統計をもとに筆者作成.

割ったものとして定義される．これを「平均の」乗数と呼ぶことにしよう．金融政策にとってより重要なのは，マネタリーベースを新たに1単位追加した時にマネーストックが何単位増加するかという，「限界の」乗数である．塩路 (2014) が論じているように，ゼロ金利下で限界的貨幣乗数は，ゼロかそれに近いところまで落ちてしまっていると見られる．中央銀行から追加的な超過準備の供給を受けた民間銀行の立場に立つと，確かに準備をそのまま置いておいても利子はつかない（ただし最近は銀行準備に付利が行われているので，厳密にいうと少しだけ利子がつく）ので何の得にもならない．市場金利が正ならば，何らかの手段でこれを運用しようと思うところである．ところが，今では市場金利もゼロである．それならばわざわざ貸出などの運用を図ることなく，そのまま銀行準備として寝かせておこうかと思うようになるのも無理はない．その結果，追加されたマネタリーベースは金融システム内に滞留するだけで，世の中を回って経済活動を刺激することはない．

この点をデータから確認するため，図3-4では日本におけるマネタリーベ

ースとマネーストック（M2）の変化率（対数差分，対前年同月比）を，1995年1月から2015年6月までの期間について一つの図の上に示している．同様の図を1990年代半ばまでの期間について描くと，両者の間の密接な相関関係が確認できるのだが，ここではそのような相関関係は失われてしまっているように見える．すなわち，マネタリーベースが大きく変動しているのに対して，M2はほぼ無反応である．

2.4 民間予想を通じた経路の重要性

以上の議論は，事実上のゼロ金利の下で，金融政策当局が足元の経済に直接働きかけることの難しさを指摘したものだった．これは，民間経済に影響する経路が全く閉ざされたことを意味するのだろうか．近年のマクロ経済政策の議論では，民間経済主体の予想を変えることを通じた政策波及経路が注目されている．この経路の重要性は，実は何もゼロ金利下に限るものではない．例えば，中央銀行が問題なく現下の金利をコントロールできる場合であっても，政策当局が思い描いている今後の金利の時間経路を民間に理解させることは重要である．そのことはまず長期金利に影響し，民間企業の投資決定などに影響を及ぼす．また，それは，金利平価に関する理論式に代表される経路を通じて為替レートを変化させ，輸出入や企業収益に影響する．さらに，資産のファンダメンタルズ価値を決定するための割引率を変化させ，株価などの資産価格を通じて消費や投資に影響しうる．これらが，金利のいわゆる時間軸効果である．

ゼロ金利下では現下の経済状況をコントロールすることが難しい分だけ，予想経路に期待する部分が大きくなる．中でも時間軸効果の重要性は，日本の金融政策の運営の中で早くから認識されてきた．早くもゼロ金利政策下の1999年4月には，「デフレ懸念の払拭が展望できるような情勢になるまで」同政策を継続することを，当時の速水優日銀総裁が表明している．

時間軸効果の議論が，金融市場参加者の将来予想に重点を置くのに対し，マクロ経済理論の世界では，市場参加者と一般の家計・企業をモデル上区別することがあまりないこともあり，後者の予想に働きかける経路が重視されてきた．その一つの契機となったのが，先に取り上げたEggertsson and

Woodford（2003）である．この研究では，ゼロ金利が継続する期間は不確定だが有限であると想定して，中央銀行がゼロ金利状態を抜け出した後（つまり足元の経済に働きかける能力を取り戻した後）の将来において金融緩和を行うことに，今からコミットすることを提唱した．これがうまくいけば，民間が現時点で思い描く，将来時点におけるインフレや景気状態に関する予想を，上方修正させることができるはずである．これが合理的な民間家計・企業の現在の行動を変える効果を持ち，そこから現在の経済状態に影響できる，というわけである．

2.5　フラット化したフィリップス曲線と予想インフレ率

近年の日本銀行も，予想を通じた政策経路を強調するようになっている．中でも重視していると見られるのが，質的・量的緩和政策によってまず予想インフレ率が変わるという効果である．例えば黒田（2015）は「予想物価上昇率は，金融政策運営において最も重要な変数の一つです」と明言している．さらにはピーター・パンの物語からの引用として「飛べるかどうかを疑った瞬間に永遠に飛べなくなってしまう」と述べ，政策目標達成への確信を持つことの重要性を強調している．なぜ民間予想，中でもインフレ率に関する予想がそこまで重要と考えられているのだろうか．その根拠はフィリップス曲線の理論，正確には予想の入ったフィリップス曲線の理論に求められる．ルーカス，サージェントらの合理的予想革命以降のマクロ経済理論では，短期フィリップス曲線の切片，つまり経済が好況でも不況でもないときに実現するインフレ率は，予想インフレ率によって決定されると考えられている．近年の金融政策分析で標準的理論となっているニューケインジアンのマクロ経済モデルでは，これは「今期から来期にかけての」インフレ率に関して現在の家計・企業が持っている予想である[1]．

図3-5は，この考え方を図に表している．ただしこれは，縦軸にインフレ率を，横軸にGDPギャップを取った，「GDPギャップ版の」フィリップ

---

[1]　これに対し，ルーカス，サージェントらの新しい古典派のマクロ経済学においては，フィリップス曲線の切片を決めるのは前期末時点で家計や企業が持っていた「前期から今期にかけての」インフレ率に関する予想である．

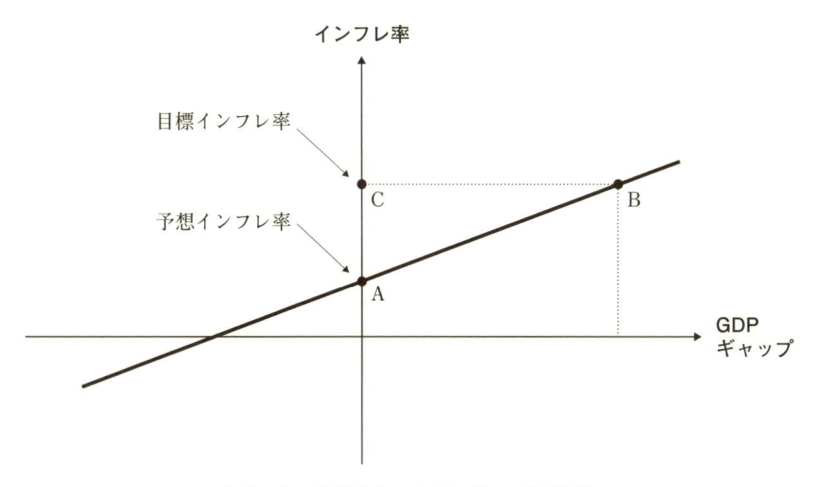

図3-5 予想の入ったフィリップス曲線

ス曲線である．この曲線は平面上で右上がりになる．これは，予想インフレ率を一定とすると，景気が拡大するほどインフレ率が上がることを表している．この曲線の切片が，GDP ギャップがゼロ，つまり景気が中立的な状態にあるときに実現するインフレ率であり，ここで紹介する理論ではこれが予想インフレ率で決まっている．

さて，この経済は現在，図中のA点にあるとしよう．この点ではインフレ率は予想インフレ率に一致しているので，GDP ギャップはゼロである．ここで中央銀行は，インフレ率を図中の「目標インフレ率」の水準まで押し上げることを欲しているとする．予想インフレ率を変えずにこれを達成するには，経済を図中のB点まで動かさなくてはならない．このとき，GDP ギャップは大きなプラスの値となっており，大掛かりな景気刺激策を要することが分かる．一方，もし中央銀行が何らかの手段で予想インフレ率を上げることができるとしたらどうだろうか．例えば，予想インフレ率を目標インフレ率の水準まで上げることができれば，フィリップス曲線は上方シフトし，新たな切片は図中のC点になる．この時，GDP ギャップはゼロのままで，つまり全く景気の刺激を伴わずに，目標インフレ率を達成できることになる．

特に近年の日本では，フィリップス曲線はフラット化していると考えられている（桜・佐々木・肥後 2005）．これは図中のフィリップス曲線の傾きが，以前よりさらに小さくなったことを意味している．すると，かつてに比べて，予想インフレ率を変えずに目標インフレ率を達成するために必要な景気拡大幅は大きくなる．これには多大な政策コストがかかるかもしれない．このため，予想インフレ率のコントロールに寄せる期待がますます大きくなっているのである．

3. 民間予想はどのように形成されるのか

3.1 合理的予想モデルに対する疑問

ここで疑問になるのが，足元の景気に直接働きかける手段がない政策当局が，どうやって将来に関する人々の予想に影響を及ぼすことができるのかということである．ニューケインジアンのマクロ経済モデルでは，合理的予想が仮定されている．こういった世界では，中央銀行にとって民間の予想を変えることはさほど難しくない．遠い将来（ゼロ金利から抜け出して通常の経済理論がまた当てはまるようになった未来）において，金融緩和を継続することに対して充分に強く「コミット」すればよい．合理的な人々は，このアナウンスを信じて予想インフレ率を上方修正し，それに合わせて現実のインフレ率も上がってくることになる．

合理的予想モデルはマクロ経済学説史上では，政府・中央銀行が裁量的に経済をコントロールできるという楽観的見方に警鐘を鳴らすものとしてスタートした．しかし最近では，これが政府は現時点での目に見える有効なアクションを伴わなくても，充分に強い言葉を使ったアナウンスさえ行えば人々の予想を，さらには現実を変えることができるという見方の根拠となっているかのようである．これは本章の筆者の私見ではあるが，このような学界の傾向が，政府・中央銀行の現実対処能力に対する過大な期待（あるいは時として，その裏返しとしての失望）を一般社会に生んでしまっているのではないかと危惧される．

3.2　予想はどう決まるのか？——アンケート調査による分析

　マクロ経済学では近年になってようやく，合理的予想形成から脱却しようという動きが盛んになっている．民間の予想形成は合理的ではないと指摘するだけならば，何も難しいことはないのだが，では合理的ではない予想形成を，いかに恣意性を排した形で理論に取り込むかという疑問に答えるのは簡単ではない．一つの試みが，アンケート調査にヒントを求めようというものである．欧米を中心に近年では，家計の予想インフレに関するアンケート調査をもとに個票データを構築し，これを分析する研究が盛んに行われている．日本についても Ueno (2014) がある．それらの結果は，概して合理的予想形成に否定的である．では，実際の日本の家計の予想はどのように形成されているのだろうか．

　日銀「生活意識に関するアンケート調査」が重要な手掛かりを与えてくれる．この中で調査対象家計は，現在のインフレ率の実感や，1 年後，5 年後の予想インフレ率に関する質問への回答を求められている．この調査は，毎年 3，6，9，12 月に行われている．このうち，2013 年 9 月以降の 3，9 月調査では特別に，向こう 5 年間のインフレ予想について尋ねたあとで，なぜそのように答えたのかという予想形成の根拠を回答者に尋ねている．調査対象家計は 11 の選択肢（「その他」を含め）の中から，最も重要なものから順に 3 つまで挙げることになっている．一貫して多い回答は「ガソリン価格の動向をみて」と「頻繁に購入する品目（食料品など）の価格の動向から」の 2 つである．例えば 2014 年 9 月調査では，前者の選択肢を挙げた（その順位に関わらず）家計は全体の 49.2%，後者が 48.5% だった．ガソリンもいわば頻繁に購入する財の一種であるから，家計は自分が普段から買うものの値段を見て予想を決める傾向が強いといえる．なお，3 番目に多かった選択肢は「商品・サービスの価格や物価に関するマスコミ報道を通じて」で 35.5%，4 番目の「円安／円高などの為替の動向をみて」が 34.8% だった．「日本銀行の金融政策から」を選んだのは，14.8% に過ぎない．これを見る限り，金融政策が予想インフレ率経路を通じて経済を好転させるというのは望み薄であるかに見える．

63

3.3 アベノミクスの下で予想インフレ率は上昇した

ところが現実には，アベノミクスの下で家計の予想インフレ率は上昇してきた．再び日銀調査より，1年後の物価は現在と比べどの程度変化すると思うかという質問に対する回答がどのように推移してきたか見てみよう．図3-6は5つの選択肢の中から「かなり上がる」と「少し上がる」を選んだ割合の推移を，2010年3月調査以降についてグラフ化したものである．この図から2011年，2012年にはこの割合は一貫して60%前後だったことがわかる．デフレ進行中から物価上昇を予想する家計のほうが多かったことになるが，日本の家計の実感や予想は実態よりも高めに出ることが知られているので（それ自体が興味深い現象だが），ここでは割合そのものではなく経年変化に注目していきたい．この割合が突然跳ね上がったのが2013年3月調査であり，74%に達している．同6月調査ではさらにおよそ80%に上がっている．それ以降はほぼ同水準を本章執筆時（2015年9月）直前の調査（同6月）まで保ってきている．特に2014年後半以降，実際のCPI上昇率が輸入原油価格の急落等により低下傾向にあったことを考えると[2]，予想インフレ率は

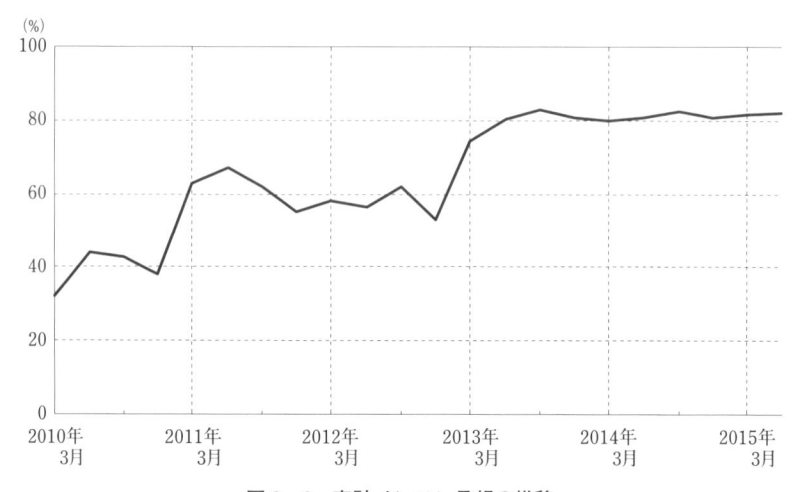

図3-6 家計インフレ予想の推移

注) 1年後の物価が「かなり上がる」または「少し上がる」を選んだ回答者の比率．
出所) 日銀「生活意識に関するアンケート調査」をもとに筆者作成．

驚くべき持続性を示しているといえる．このような予想の変化は，政策要因によってもたらされたのだろうか．そうだとすると，政策はどのような経路で予想に影響したのだろうか．

次節以降では，当面，実際に何らかの経路を通じて政策が予想に影響したという立場を，仮に取ることにする．そのうえで，その波及経路についていくつかの候補を挙げながら，一つ一つの仮説を順番に検証していく．その結果として，もし説得力のある仮説が見出せなければ，やはり政策とは独立の要因で予想が変わったのではないか，という立場に返る必要が出てくるであろう．

4. 政策は予想を変えられるのか？

4.1 為替レート経路

第1の候補として，金融政策が為替レートを通じて民間家計・企業の将来予想に影響した可能性を考察する．経済が事実上のゼロ金利状態にあり，足元の金利が動けない中で，金融政策がどのようにして為替レートに影響するのかという問題自体，理論的には明らかではない．しかし実際には，そのような効果は存在するという説が有力である．細野・吉川・礒部 (2013) による実証研究によれば，非伝統的金融政策のアナウンスメントは，少なくとも短期的には為替に影響する．実際，アベノミクスとの関連では，まだ総選挙期間中の 2012 年 11 月半ばから為替は円安方向に転じている．これは安倍総裁の自民党が選挙に勝利すると思われていたため，人々が近い将来に大規模な金融緩和が行われると予想したことと関係があると推測される．Fukuda (2015) の実証研究は，この時期の急激な資産価格変動の背後に，外国人投資家の行動があったことを示している．Kano and Morita (2015) の実証研究は，いわゆるソロス・チャート，すなわち日米のマネタリーベース（ただし

---

2) ただし，本章執筆時点（2015 年 9 月）において，東大日次物価指数，SRI 一橋大学消費者購買価格指数ともに上昇傾向にある．家計のほうが公式の CPI よりも物価動向を正しく認識している可能性は念頭に置いておく必要がある．

65

超過準備を除く）の比率が円ドルレートの動向をよく説明すること，しかしながらアベノミクス開始以降の急激な円安はうまく説明できないことを示している．彼らはこれが，市場参加者が持つ日本の金利の将来経路に関する予想が，急激に変化したためではないかと考察している．

筆者はShioji（2015）で，日本において為替レートは，家計が頻繁に購入する財・サービスの価格に強く影響することを通じて予想インフレ率に働きかけると論じた．先ほど日銀調査の結果から見たように，ガソリンを含む頻繁に購入する財・サービス価格の動向は，家計自身が挙げる予想インフレ率の最大の決定要因である．またこの特別調査が行われる以前にも，ニッセイ基礎研究所（2013）が，これらの価格動向が予想インフレ率に強い影響を与えることを指摘している．そのレポートで注目されたのが，総務省統計局による「購入頻度階級別」の消費者物価指数である．これは平均的な家計が，年平均何回購入するかという基準で各品目をいくつかの階級に区分し，それぞれについて物価指数を計算したものである．購入頻度の高い品目（購入頻度が年9回以上）としてはガソリンのほか，食パンなどの加工食品や電気代などが挙げられる．

Shioji（2015）では時系列分析の手法を用いて，為替レートが近年になって購入頻度の高い財・サービスの価格に強い影響を与えるようになっていることを示している．これは私たちの日常的な経験とも整合的ではないかと思われる．為替レートの国内価格への転嫁，いわゆるパススルーは1990年代には低下傾向にあった．これは日本だけでなく，世界的な潮流だった．しかし少なくとも日本では，パススルーは回復傾向にあることを上記研究は示している．したがって2012年11月以降の円安も，私たちがスーパーやガソリンスタンドで身近に目にするモノの値段を上昇させ，それを通じて予想インフレ率の引上げに寄与したのではないかと思われるのである．

この仮説の妥当性を，図3-7から確認してみよう．この図は総務省統計局の消費者物価指数から，「エネルギー」と「食料工業製品」の2系列を取り出し，前年同期比の推移を図示したものである．ただし，元のデータは月次であったものを四半期に換算した（前年同月比の3か月平均をとった）．黒色の線がエネルギー，灰色の線が食料工業製品である．

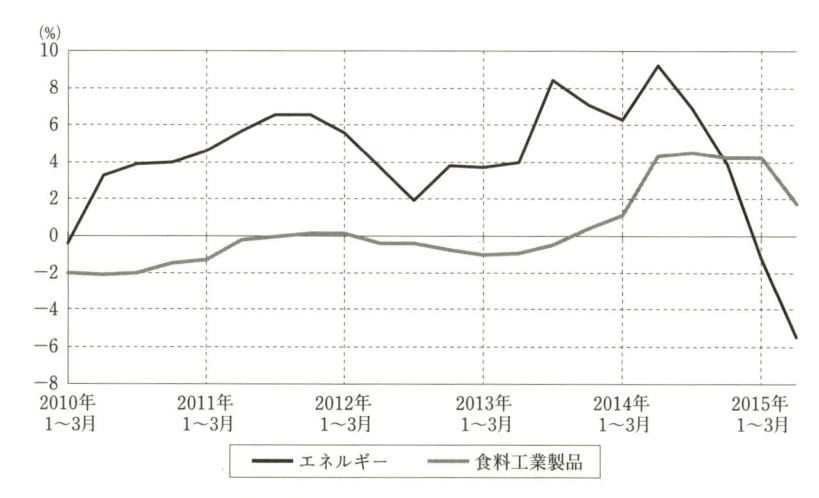

第3章 アベノミクス第一の矢：大胆な金融政策

図3-7 消費者物価指数中，「エネルギー」と「食料工業製品」の推移
注) 四半期データ，前年同期比．
出所) 総務省統計をもとに筆者作成．

　どちらもアベノミクス開始以前は伸び率が低下傾向にあり，特に後者についてはマイナスになっていたことがわかる．いずれも2013年4～6月期以降から，本格的に伸び率上昇に転換する．これは円安効果が，半年くらい経って効き始めたのが主な要因と推測できる．その後，世界的な原油その他一次産品価格の下落によって，特にエネルギー価格上昇率は一気に低下するが，いったん慣性のついたインフレ予想は高止まったままになったことは，先ほど図3-6で見たとおりである．

　このように，仮に金融政策当局が民間経済（非金融部門）に直接的に影響を与える手段を持たないとしても，金融市場参加者の予想に働きかけることができれば，資産価格（この場合には為替レート）に影響を与えることができるかもしれない．それを通じて家計・企業の予想形成に関与することができるとしたら，それは一つの重要な政策波及経路となりうるであろう．

　しかしながらこの説明には一つの問題がある．それは「タイミングが合わない」ことである．すでに見たように，予想インフレ率の大きなジャンプが起きるのは2013年3月調査である．この時には食料工業製品の伸び率はまだマイナスで，エネルギーもさほど上がっていない．したがって，これら身

近な製品価格が上がったのを見て，予想インフレ率を上方修正したのではないと思われる．予想インフレ率は，同月の調査以降も高い水準を保っており，これについては，いつも買うモノの値上がりを見た家計が，自分が持っていた高いインフレ予想が裏打ちされたと感じたためである可能性は充分ある．しかし，予想変化の引き金を引いたものではないようである．

4.2 マスコミ報道を通じた経路

もし身近な財価格の上昇が，少なくとも当初，インフレ予想を引き上げた主な理由でないとすると，何が最初に予想の変化を引き起こしたのだろうか．2つの事実を手掛かりに考えたい．まず，図3-6に立ち返ってみよう．図中インフレ予想が大きく上昇したのは，2013年3月調査が実は2回目である．1回目は2011年3月調査で起きている．このときの調査は2月9日から3月7日にかけて行われているから，東日本大震災による変化ではない．第2に，先ほど引用した日銀調査にあったように，家計がインフレ予想をする上で3番目に重要な要因は，「商品・サービスの価格や物価に関するマスコミ報道」である．

ではこの間，マスコミはインフレについてどのように報じてきただろうか．ヒントを得るために，図3-8では，日本経済新聞電子版で「インフレ」または「デフレ脱却」のいずれかの用語を含んだ記事数がどのように推移してきたかを，キーワード検索の結果をもとに四半期ごとに図示した．もちろんこれは，マスコミにおけるインフレムードの高まりの指標としては不完全である．ヒットした記事の中には，日本がデフレ脱却「しない」ことに関するものも相当数含まれているであろう．極端な例では，宇宙の「インフレーション理論」に関する記事なども拾ってしまっている．それでも報道トーンの大まかな流れを知る指標としては有意義と考えている．

図3-8はこの件数には，2010年以降，2回のピークがあったことを示している．1回目が2010年10〜12月から2011年前半であり，2回目が安倍氏の政策が注目を集めた2012年10〜12月から2013年前半にかけてである．これらのピークは，図3-6で見たインフレ予想の上昇にやや先行する形で生じている．このような点から判断すると，2012年11月以降，アベノミクスや

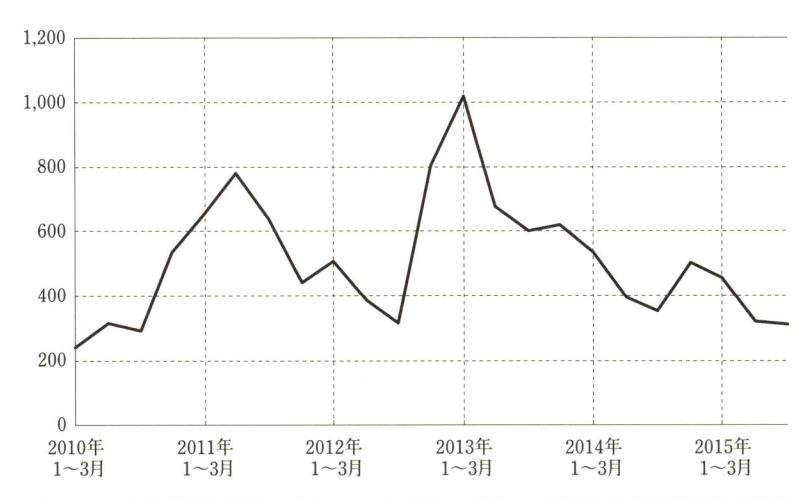

図 3-8　日経新聞電子版中,「インフレ」または「デフレ脱却」を含む記事数の推移
注)　2015 年 9 月は 22 日まで.
出所)　筆者の検索結果による.

　インフレ目標政策の提言に注目が集まり,連日インフレやデフレ脱却に関する報道が大々的に行われたことが,人々の心理に影響を与え,インフレ予想の変化をもたらした可能性がある.

　もちろん,報道が唯一の要因ではなかったであろう.先の日銀調査によれば,家計にとってのインフレ予想形成要因の第 4 は,「円安／円高などの為替の動向をみて」であり,この頃急激に進行していた円安が直接,人々の予想に影響していた可能性もある.もう一つの可能性は電気代である.東京電力は 2012 年 9 月 1 日に電気料金を値上げしている.関西電力等が値上げしたのは 2013 年 5 月 1 日だったが,申請はそれ以前に行っており,こうしたことが人々のインフレ予想に影響していた可能性も否定できない.

4.3　古典的なマネタリスト経路

　以上の議論は,金融政策当局は事実上のゼロ金利下では予想に働きかけるしかない,という前提で構築されてきた.これに対し,塩路 (2016) の研究はその前提を疑うところから出発している.

　たとえ予想経路の重要性を認めるとしても,金融政策当局が足元の実体経

済に影響を与える効果の源となるいわば「種」を，小さいながらも持っており，そこを出発点として予想経路に働きかけることによって政策効果を膨らませているのか，それともまったく政策効果の種がないところで，もっぱら予想を膨らませることで政策運営をしているのかの違いは極めて大きい．もし前者であるならば，政策効果が不十分と認められたときには，効果の種を大きくしてやればよい．しかし後者であるならば，予想が崩れてしまえば後には何も残らない．塩路 (2016) が問題にしたのは，その種が存在するかどうかである[3]．そしてその「種」の役割を果たしているものの候補として，近年の論争では量的緩和有効論者からもあまり顧みられなくなった，オールド・マネタリスト的政策波及経路を取り上げている．つまり，本章で先ほどいったんはほぼ絶滅したと結論づけた，マネタリーベースが信用創造を通じて（細々とではあるにせよ）マネーストックを増加させ，それが実体経済を刺激するという経路が，実は完全に絶滅していなかったのではないかという問いかけを行っている．

　信用創造過程が完全にゼロになったわけではないのではないかと疑う根拠は，マクロの時系列データからも見出すことができる．塩路 (2014) は，日銀当座預金（準備率調整後）と銀行預金（M2 から現金を差し引いたもの）の 2 変数（対数値）の間の共和分分析を行っている．全サンプルは 1970 年 1 月から 2014 年 6 月であるが，これを 2 分割し，1994 年 12 月までを「前期」，1995 年 1 月以降を「後期」とした．その結果，それぞれの期について次のような安定的な長期的関係があることを見出した．

　　（前期）log（日銀当座預金）$_t$＝1.05・log（銀行預金）$_t$－5.85
　　（後期）log（日銀当座預金）$_t$＝6.75・log（銀行預金）$_t$－94.03

ただし下付き添え字の t は期間（この場合には月）を表している．

　前期の係数はほぼ 1 であり，長期的に安定的な貨幣乗数という考え方と整

---

[3] 塩路・雨宮・岩本・植田・本多 (2012) では，この効果を「シグナリング効果」（何らかの実体的裏付けを伴ったもの）ととらえるべきか，「プラシーボ（偽薬）効果」（実体的裏付けはなく，予想の持ち方ひとつで効果が変わりうるもの）ととらえるべきかという形で問題提起がなされている．

合的である．これに対し後期の推定値は，日銀当座預金の 1% の増加が，銀行預金のわずか 0.15% 程度の増加と対応していることを意味している．しかしここでは，弱まったとはいえ両者の間に長期的に安定的な関係が発見された点をより重視したい．この関係を利用できれば，マネタリーベースを充分大幅に増やしてやりさえすれば，任意のマネーストックの目標値を達成することができるのかもしれない．

　これを受けて塩路 (2016) では，個別銀行財務諸表の情報をもとにパネルデータ分析を行っている．検証している仮説は，実質上のゼロ金利下でも「前期末により多くの日銀当座預金を抱えていた銀行ほど，今期中により貸出を伸ばす傾向があるか」である．もし日銀当座預金の大量供給を受けた銀行が，その後それを信用供与（貸出）に回す傾向が認められるならば，そこを出発点とした信用創造過程がいまだに機能していることの一つの重要な証拠となるであろう．推定結果の詳細は，推定期間や推定手法によって若干異なる．以下に掲げるのは，半期ごとの連結決算のデータを用い，2000 年 3 月期決算から 2014 年 9 月期決算までを推定期間としたものである．推定手法は Arellano and Bond (1991) によるもので，個別銀行の固定効果を含んだものである．またこの手法は，右辺の説明変数，日銀当座預金残高（前期末）は，銀行が何らかの目的を持って選択した内生変数であるという可能性を考慮に入れることができる点でも優れている．

△（銀行貸出残高）$_{i,t}$／（銀行資産残高）$_{i,t-1}$
＝・・・＋0.0431・（現金＋日銀当座預金残高）$_{i,t-1}$／（銀行資産残高）$_{i,t-1}$

　ただし下付き添え字の i は個別銀行を，t は期間（この場合には決算期）を表している．

　推定式右辺に含まれるその他の説明変数としては，毎決算期に対応する期間ダミーのほか，前期の貸出残高伸び率，預金残高伸び率，自己資本比率，不良債権比率などが含まれている．上記の係数は 5% 水準で有意である．ただし，この係数によれば 100 億円の現金＋準備の増加は 4 億円の貸出増加をもたらすにすぎないわけだから，効果の規模は非常に小さなものである．それでもこの結果は，中央銀行が銀行準備を極端に積み増すことを厭わなけれ

ば大きな貸出増加を得ることは可能だということを意味しており，重要である．

塩路（2016）はさらに検証を進め，上記のような効果が全ての銀行に一様に存在しているわけではないことを見出している．例えば，銀行準備が増えた時に貸出が反応する傾向が見られるのは，実は不良債権比率の高い銀行に限られる．このことから，事実上のゼロ金利下でも信用創造が完全に消滅しない理由が，金融機関の異質性と，それら異質な金融機関の間で金融市場の分断が発生していることによるのではないかという仮説を立てることができる．もし信用力の欠如などによって，市場で自由に資金調達できない金融機関が存在するならば，そういった機関はコストの低い準備預金が供給されると資金制約が緩み，貸出行動を変化させるのかもしれない[4]．これは現時点では単なる仮説にすぎないが，今後厳密に検証を進めていく価値のある考えだと思われる．

4.4 財政赤字を通じた経路

標準的なマクロ経済学の教科書では，財政政策と金融政策は2つの独立した政策手段として取り扱われる．実際には金融政策を通じた貨幣供給の増加は，中央銀行に貨幣発行益（シニョリッジ）をもたらし，これが国庫に納付されることを通じて，財政政策の財源の一部となる．したがって，政府の予算制約式を通じて，2つの政策は平常時においても結びつきを持っているといえる．ただ，この納付金の額が比較的少ないことや，中央銀行の独立性が多くの国で法的に保障されていることなどから，通常は両者を独立した政策として扱っても近似としては問題ないと思われる．しかしながら，いわゆる「非伝統的」金融政策の下では，両者の結びつきがより強く意識されることになる．

現在の質的・量的緩和政策において，日本銀行は大量の国債，中でも長期

---

[4] マクロ経済理論の研究では，金融市場分断仮説に基づいた金融政策効果の研究はようやく始まったばかりというところである．例えばRagot（2015）は，債券と貨幣を保有できる家計と，貨幣しか保有できない家計をモデルに導入し，ゼロ金利のもとでの貨幣供給増加の効果を分析している．

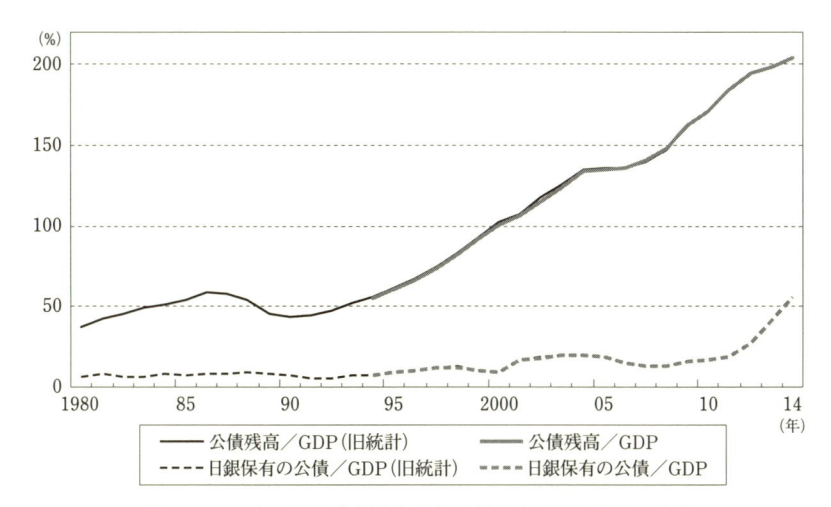

図 3-9　日本の公債残高計と日銀が保有する公債残高の推移

注）　公債残高はいずれも対 GDP 比.
出所）　日銀・資金循環統計および内閣府・国民経済計算より筆者計算.

国債の購入を続けている．図 3-9 は日本の公的債務残高の対 GDP 比率の推移を図示している（ただしこれはいわゆる粗（グロスの）残高であり，政府部門が保有する資産を差し引いた純（ネットの）残高ではない）．また同時に，このうち日銀が保有する部分の対 GDP 比率の推移をグラフ化している．公的債務の対 GDP 比は近年急増して 200% を超えているが，この 2 年の間に日銀保有分はそれをはるかに上回るペースで増加し，2014 年度末には対 GDP 比で 50% を超えるに至っている．

現在の日本が直面する大きなリスクの一つが，日本国債に対する信認の失墜であることは衆目が一致するところである．確かに本章執筆時点（2015 年 9 月）ではまだ，国債金利は歴史的低水準で推移しており，財政の持続可能性への市場の信頼はゆるぎないかに見える．しかし本章で問題にしてきたように市場の予想は制御しにくいものであり，いったん人々の見方が変われば国債に付くリスクプレミアムが急上昇する可能性は否定できない．そのような場合には，日銀が大量に保有している国債の価値も毀損することになる．問題はここから政策当局がどのような対応を示すか，より正確には，どのような対応をすると人々が予想するかである．

ありうる一つのシナリオは，政府が国庫から日銀の損失を補填し，それによって生じる追加的な赤字分も含めて，財政当局が責任を持って事態の収拾にあたるというものである．そのような場合には，金融政策は財政リスクからは（少なくともその直接被害からは）隔離されることになる．実際，質的・量的緩和に先立つ2013年1月に出された内閣府・財務省・日銀の共同声明では，デフレからの早期脱却に向け，「政府及び日本銀行の政策連携を強化し，一体となって取り組む」としている．それは暗黙裡にそのような対応を示唆したと解釈できなくもない．しかしそのように明示的に書かれているわけではない．

もし政府による財政的援助が期待できなければ，日銀は貨幣発行益増収に頼らざるを得ないかもしれない．少なくとも，民間がそのようなケースを思い描く可能性は否定できない．その場合には，市場には貨幣と完全代替に近い安全性・流動性の高い資産は存在しないことになるので，日銀が何を買うにせよ，そのような金融政策はインフレ的な拡張効果を持つことになる．日銀による長期国債の大量購入が，多少なりともそのようなシナリオの実現可能性を民間に想起させるとすれば，それはインフレ予想の上昇につながるであろう[5]．

5. おわりに

本章では，アベノミクス下で家計のインフレ予想に大きな変化がみられるのはなぜかを説明するための4つの仮説を提示し，それぞれを検証してきた．第1の為替レート経路は，アベノミクス第一の矢と質的・量的緩和が為替市場参加者の予想を変化させ，円安を引き起こしたことに注目した．円安

---

[5] 非伝統的金融政策が拡張的効果を持ちうるのは，金融政策と財政政策のリンクを通じてである可能性を理論的に示した数少ない論文としてBhattarai, Eggertsson, and Gafarov (2015) を挙げることができる．同論文では，中央銀行が長期国債と引き換えにマネタリーベースを供給することで，統合政府の負債満期構造が短期化するとする．政府には，自らの負債をロールオーバーすることのコストを下げるために，短期金利を長い期間に渡って低めに誘導するインセンティブが生まれる．このことが，政府が低金利政策を継続することにコミットするための道具立てとなる．

は家計が日常的に目にする財価格を上昇させることを通じて，そのインフレ実感やインフレ予想に影響を与えた可能性がある．特に，アベノミクス登場直後に跳ね上がった予想インフレ率が持続的に高止まったことについては，この効果の貢献が大きかったのではないかと推測される．第2のマスコミ報道を通じた経路は，一国の総理大臣が政策の一大目標として脱デフレを掲げ，新聞やテレビニュースがこれを連日大きく伝えたことから来ている．この効果は特にアベノミクス開始直後の初期段階で，予想インフレ率が大幅に上昇した過程において重要であったとみられる．これら2つの効果が家計のインフレ予想に直接働きかける効果を重視したのに対し，第3の信用創造を重視する考え方は，アベノミクス第一の矢が実体経済に直接影響するメカニズムがいまだに残っていて，その効果をよりどころに人々の予想に働きかけているのではないかというものである．個別銀行の財務諸表データを用いた研究は，結果の信頼度はまだまだ高いとは言えないものの，前期末により多くの銀行準備の供給を受けた銀行は，今期中に貸出を増やす傾向があるとの結果を導いている．現在の政策が人々の予想に影響を与えられるのは，このような古典的な政策波及経路が残存していることを，人々が暗黙のうちに認識していることからくるのかもしれない．

　これに対し，第4の財政赤字を通じた経路は，現在の政策が将来の政策に対するコミットメントになっているのではないかという考え方に基づいている．現代のマクロ経済政策を取り巻く制度の柱の一つは，中央銀行の独立性である．これは，財政政策と金融政策の間に存在するリンクを政策担当者が利用した結果として，ハイパー・インフレのような問題が発生したという教訓を活かすために，先人たちの努力の積み重ねとして確立されたものであった．これは，政策担当者の裁量的行動の余地を狭めるというコストをあえて払うことで，より大きな危険を取り除こうという，いわば経済の安全装置である．アベノミクスや質的・量的緩和政策は，この安全装置を破壊して，財政政策と金融政策のリンクを復活させることで，人々の予想形成のあり方を変え，インフレ予想を高めた可能性がある．もしそうだとするならば，予想インフレ率をやや押し上げたことがこれまでもたらしてきた短期的な便益は，一つの制度的な歯止めを失ったことによる長期的な潜在的損失と見比べ

ながら評価されなければならないであろう．

参考文献

Arellano, Manuel and Stephen Bond (1991), "Some Tests of Specification for Panel Data : Monte Carlo Evidence and an Application to Employment Equations," *Review of Economic Studies*, Vol. 58 (2), pp. 277-297.

Bhattarai, Saroj, Gauti B. Eggertsson, and Bulat Gafarov (2015), "Time Consistency and the Duration of Government Debt : A Signalling Theory of Quantitative Easing," *NBER Working Paper*, No. 21336.

Eggertsson, Gauti B. and Michael Woodford (2003), "The Zero Bound on Interest Rates and Optimal Monetary Policy," *Brookings Papers on Economic Activity*, Vol. 34 (1), pp. 139-233.

Fukuda, Shin-ichi (2015), "Abenomics : Why was it So Successful in Changing Market Expectations?" *Journal of the Japanese and International Economies*, Vol. 37, pp. 1-20.

Kano, Takashi and Hiroshi Morita (2015), "An Equilibrium Foundation of the Soros Chart," *Journal of the Japanese and International Economies*, Vol. 37, pp. 21-42.

Ragot, Xavier (2015), "The Optimal Quantity of Money Over the Business Cycle and at the Zero Lower Bound," The 30th Annual Congress of the European Economic Association（8月27日，マンハイム大学）報告論文.

Shioji, Etsuro (2015), "Time Varying Pass-through : Will the Yen Depreciation Help Japan Hit the Inflation Target?" *Journal of the Japanese and International Economies*, Vol. 37, pp. 43-57.

Ueno, Yuko (2014), "Updating Behavior of Inflation Expectations : Evidence from Japanese Household Panel Data," 日本経済学会2014年度春季大会報告論文（6月14日）.

植田和男（2014），「非伝統的金融政策，1998年～2014年：重要な金融的摩擦と「期待」の役割」日本金融学会2014年度春季大会会長講演・講演資料（5月24日）．

黒田東彦（2015），「日本銀行金融研究所主催2015年国際コンファランスにおける開会挨拶の邦訳」（6月4日）．

桜健一・佐々木仁・肥後雅博（2005），「1990年代以降の日本の経済変動——ファクト・ファインディング」日本銀行ワーキングペーパー，No. 05-J-10.

塩路悦朗（2014），「異次元の金融政策」『日経研月報』（シリーズ「検証・アベノミクス」第2回），2014年10月号，16-25頁．

塩路悦朗（2016），「ゼロ金利下における日本の信用創造」『現代経済学の潮流2016』東洋経済新報社，刊行予定．

塩路悦朗・雨宮正佳・岩本康志・植田和男・本多佑三（2012），「非伝統的金融政策の評価

(パネル討論 II)」大垣昌夫・小川一夫・小西秀樹・田渕隆俊［編］『現代経済学の潮流 2012』東洋経済新報社，193-235 頁．

ニッセイ基礎研究所 (2013),「家計のインフレ期待をどう見るか」『Weekly エコノミストレター』No. 2013-04-12.

細野薫・吉川浩史・磯部昌吾 (2013),「非伝統的金融政策と為替レート」『社会科学研究』(東京大学社会科学研究所), 第 64 巻 3 号, 131-149 頁.

第4章
少子高齢化社会の進展下での金融セクターの役割

花崎 正晴

1. はじめに

　日本では少子高齢化が不可避的に進展し，社会保障制度や労働市場などに深刻な影響を及ぼしつつあることは，周知の事実である．また，資金の流れに着目すると，生産年齢人口の減少および老齢世帯の増加に伴い，家計貯蓄率が低下傾向を辿り，貯蓄の稀少性が高まるという効果が顕在化しつつある．その場合に，その稀少な家計貯蓄を，いかに生産的な投資プロジェクトに向かわせることができるかが，国民経済的に重要な課題となる．

　本章では，企業金融の近年の動向を明らかにしたうえで，少子高齢化の進展に伴う家計貯蓄率低下という課題を克服するためには，どのような金融システムが望ましいのか，そして金融セクターに望まれる役割は何かについて論じる．そして本章の主要な結論として，金融仲介機関としての銀行が企業金融において果たすべき役割が，金融取引の新しいパラダイムのなかで，ますます重要性を増していることを指摘する．

2. 少子高齢化の進展と貯蓄率低下

　家計部門の消費と貯蓄の問題は，現在支出するか将来支出するかの選択の問題である．そして，現在の消費が将来の消費に対してどの程度選好される

　＊本章は，平成26年度金融調査研究会第1研究グループ報告書「少子高齢化社会の進展と今後の経済成長を支える金融ビジネスのあり方」の第2章をベースに，一部加筆，修正し，データを更新したものである．

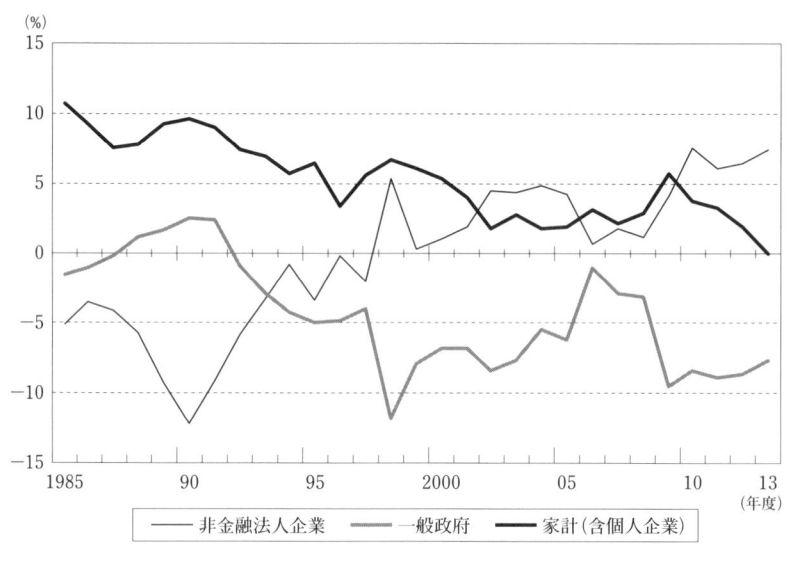

第Ⅰ部　国際的課題と金融・通貨政策

図 4-1　部門別純貸出・純借入の推移（対 GDP 比）

出所）　内閣府「国民経済計算」．

かについての尺度である家計の時間選好率が与えられたもとで，消費あるいは貯蓄は，所得，金利，資産残高などの経済変数の関数であると考えられる．ゆえに短期的には，所得，金利などが循環的に変動する限りにおいて，家計貯蓄も循環的かつ従属的な推移を示す．しかしながら，そのような循環的変動がならされる中長期的の期間でみれば，所得，金利，資産残高などの変数の現状および将来展望を踏まえて，家計貯蓄の構造が浮き彫りになる．

　図 4-1 では，1985 年度以降の制度部門別純貸出・純借入の対 GDP 比率の推移が描かれている．同図は，貯蓄と投資の差額を，それがプラスの場合には純貸出，逆にマイナスの場合には純借入と表示するもので，同図で家計を示す折れ線は，概ねマクロ的な家計貯蓄率の推移を反映するものと理解することができる[1]．家計の純貸出対 GDP 比率は，1985 年度には 10.7％ という高率にあったが，その後は変動を伴いながらも低下基調を辿り，2013 年度

1）　純貸出あるいは純借入とは，貯蓄投資バランスに資本移転の受払を加えた概念である．

第4章　少子高齢化社会の進展下での金融セクターの役割

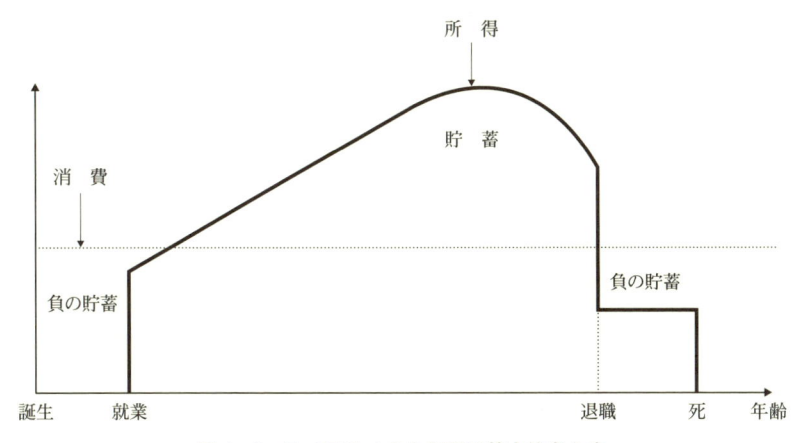

図4-2　ライフサイクル仮説の基本的考え方

にはついに 0.0% と資金過不足が全くない状態となっている．

家計部門の貯蓄率低下現象は，アメリカでも 1980 年代以降観察され，その要因に関してはいくつかの研究事例がある．それらの代表格が，Bosworth, Burtless, and Sabelhaus（1991）である．彼らは，アメリカの家計サーベイデータを入念に調べ，人口動態の変化，所得分配の変化，そして不動産や金融資産のキャピタルゲインが，それぞれ家計貯蓄率の低下に寄与しているか否かを検証した．

彼らの研究の理論的支柱となっているのが，貯蓄のライフサイクル仮説[2]である．ライフサイクル仮説は，各個人が一生のうち限られた労働期間のみにしか所得を稼得することができないという制約条件のもとで，生涯の効用の現在価値を極大化するためにはどのように行動するであろうかという問題意識から導き出されている．

その基本的な考え方は，図4-2 に示されている．同図では，ある代表的な個人の誕生から死亡までの貯蓄と消費パターンが描かれている．その個人は，就業以前の幼年期には，消費ニーズを満たすために親の収入に依存することとなる．その期間，彼の貯蓄はマイナスとなる．その後成年となり就職

---

[2]　Ando and Modigliani（1963）を参照．

すると，所得を得ることができるようになり，その所得が増加するにつれて，自分の消費を賄うのみならず，家族を扶養するとともに，老後に備えて貯蓄をする．老年となり退職後は，年金などの収入は期待できるものの，主に就業期間に蓄積した資産を取り崩すことによって消費水準を維持する．

一方，日本の家計貯蓄率が，1980年代に国際的にみて高めであったことの背景については，林文夫氏やチャールズ・ユウジ・ホリオカ氏などを中心に，多くの実りある研究がなされている[3]．なかでも従来から有力なのが，ライフサイクル仮説に基づく議論である．すなわち，戦後の高い経済成長率とそれを支えた豊富な労働人口，欧米先進国に比べて見劣りする資産水準，国際的にみても高価な住宅購入費などを強調すると，ライフサイクル仮説に立脚して高貯蓄率が説明できるというのである．

日本の高貯蓄率の説明要因として，ライフサイクル仮説とは異なる考え方が，林文夫氏によって提示されている．林氏は，「全国消費実態調査報告」などのデータを入念に検討し，日本の高貯蓄率は，戦後極めて低い資産水準からスタートした家計が，子孫の繁栄を願って富の蓄積に努めた結果であると考えた．すなわち，子孫への遺産が高貯蓄の最も重要な要素だという彼の見解は，ダイナスティ・モデル（王朝モデル）と呼ばれ，日本の家計が老年期においても貯蓄を積み増す行動に，説得的な論拠を提供したのである．

ライフサイクル仮説が，基本的に利己主義的な行動様式を前提としているのに対して，ダイナスティ・モデルは，世代間の利他主義に立脚している点で，対照的な考え方である．また，将来の家計貯蓄率の動向についても，両者は異なるインプリケーションを有する．すなわち，人口高齢化が急速に進展しつつある状況を与件とすれば，ライフサイクル仮説に基づくと家計貯蓄率は着実な低下が予想される．一方，ダイナスティ・モデルでは，高齢者も貯蓄を積み増すことから，貯蓄率の低下は限られた範囲にとどまるであろう．

図4-1に示されている通り，日本の家計貯蓄率は1990年代以降低下して

---

[3] Hayashi (1986), Hayashi, Ando, and Ferris (1988), Hayashi, Ito, and Slemrod (1988), Horioka (1990), Horioka (1991) などを参照．

いった．これは，中長期的には人口高齢化の影響が支配的になり，日本の家計貯蓄率は低下傾向を辿るという，ライフサイクル仮説に基づく予測を支持するものであったといえよう．

家計貯蓄率の低下に伴い，家計貯蓄の稀少性は著しく高まっており，いままで蓄積されてきた貯蓄残高をいかに有効に利用できるかが，金融システムの制度設計および金融機関のあり方にとって重要な課題となる．

3. 近年の企業金融動向

本節では，日本の非金融法人企業を分析対象として，企業金融動向を考察する．戦後の日本の経済発展プロセスにおいては，銀行を中核とする金融機関が，家計部門の貯蓄を吸収し，その資金を非金融企業部門に提供する役割を果たしてきたとの基本認識から，銀行を中心とする金融システム（bank-centered financial system）が，企業部門に対する資金供給とコーポレート・ガバナンスの両面で有効性を発揮してきたという見方が定説になっている[4]．

一方，高度成長が終焉した1970年代後半以降には，金融・資本市場の自由化や国際化が進展した結果，旧来の銀行中心の金融システムは陳腐化し，必然的に銀行を中心とする金融システムから，資本市場の機能に依拠した金融システムへの移行が進んでいる，あるいはそのような移行が積極的になされるべきとの議論が盛んになっている[5]．

本節では，このような定説が果たして妥当するのか否かという視点を踏まえて，企業金融に関する長期動向を整理する．

3.1 日本企業の資金調達動向

財務省の「法人企業統計」を基礎資料として，非金融法人企業のフローの資金調達動向について概観する．金融・保険業を除く全規模，全産業ベースの法人企業の負債および資本勘定そして損益計算書から，内部調達額および

---

4) 例えば，Aoki and Patrick（1994）を参照．
5) Hoshi and Kashyap（2001），池尾（2006），池尾・柳川（2006）を参照．

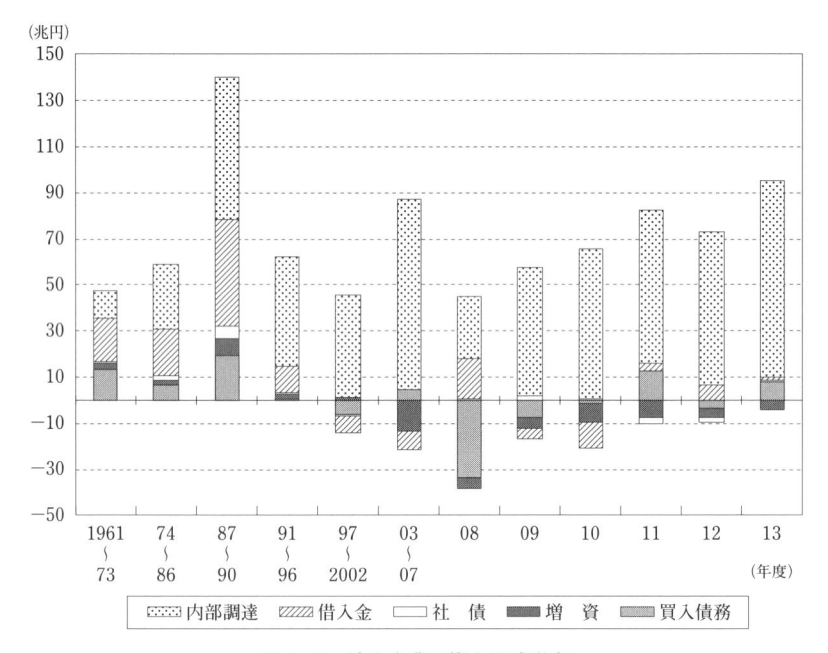

第 I 部　国際的課題と金融・通貨政策

図 4-3　法人企業の資金調達動向

注）　各年度末の残高の増減額を GDP デフレータを用いて実質化（2000 年価格基準）したのち当該期間で集計し，1年次平均に換算している．ただし，内部調達は，内部留保と減価償却の合計．増資は，資本金，資本準備金および新株予約権の増減額の合計．
出所）　財務省「法人企業統計年報」．

　外部調達手段としての借入金，社債，増資そして買入債務による調達額（純増ベース）を算出し，それらの金額を GDP デフレータで実質化し，年代順に1年次平均の積み上げ棒グラフとして示したのが，図 4-3 である．年代区分は，高度成長期（1961～73），オイルショックによる混迷と安定成長期（1974～86），バブル期（1987～90），バブル崩壊後の期間（1991～96），金融危機期（1997～2002），そしてアメリカ発の金融危機発生までの景気拡大局面（2003～2007）の6区分に加え，リーマン・ショックが勃発した2008年度から2013年度にかけては，各年の数値を表示している．

　上述の通り，それぞれの棒グラフは実質化された1年度当たりの金額で表示されているため，相互に比較可能となっている．その点を踏まえて総資金調達額についてみると，バブル期が年平均140兆円と，他の期間に比べて圧

倒的に多額の調達がなされていることがわかる．このような多額の調達は，バブルを膨らませた要因であるとともに，バブルの帰結であるという両面がある．いずれにせよ，この時期の企業行動が異常性をはらんでいたことは，この膨大な調達額からも容易に推察できる．

バブル期を除外して全体を概観すると，1961年度から73年度までの高度成長期には，借入金と買入債務を中心とする外部資金調達が，絶対額（36兆円）においても総調達額に占めるウェイト（75%）でみても，他の期間に比べて最も高いレベルにあることがみてとれる．これは，旺盛な設備投資意欲や，潜在的に大きな市場を目指した事業拡張余地のなかで，それらを実現するために積極的に外部資金を取り入れてきたものと解釈できる．

企業の外部資金調達は，高度成長期が終焉しオイルショックが日本経済に大きな負のインパクトを及ぼして以降，趨勢的に減少している．外部資金調達の代わりに，資金調達の主役となっているのは，内部資金調達である．その額は，高度成長期には12兆円に過ぎなかったものが，バブル期に62兆円にまで達し，その後も40兆円強で推移したのち，2003年度から2007年度までの拡大局面では82兆円にまで膨れあがっている．2008年度のリーマン・ショック時には，企業収益の大幅減により，内部資金調達も大きく落ち込んだが，その後回復し，2010年度から2012年度まで60兆円台で推移したのち，2013年度には85兆円と過去最高に達している．

外部資金調達の内訳をみると，高度成長期から1980年代に至るまでは，借入金が総じて主たる調達手段であったが，1997年度からの金融危機および2003年度からの拡大局面においては，借入金が返済超過によりその残高が減少するという現象が顕在化している．ただし，2008年度のリーマン・ショック時には，企業の収益性悪化と資本市場の機能不全により借入金は純増し，その後純減に戻ったものの，2011年度以降には再び借入金は増加しつつある．

一方，バブル期には活発なエクイティ・ファイナンスの寄与により，かなりの調達額を示した社債と増資であるが，その後は総じて低調に推移している．

3.2 金融仲介機能はもはや不要か

「法人企業統計」に基づく以上の分析で明らかにされたように，高度成長期には外部資金調達への依存度が高かった企業部門ではあるが，バブル崩壊後から今日に至るまでの期間には，外部資金調達への依存から脱し，代わって内部調達への傾斜を強めていった．この傾向は，国民経済計算における部門別の純貸出／純借入の推移を示した先にみた図4-1によっても，別の角度から確認することができる．日本では伝統的に，家計部門が貯蓄超過主体で，投資超過主体が企業部門という構造となっていた．そしてその両部門の金融を仲介し，家計部門から企業部門への貸出を円滑に実現してきたのが，銀行に代表される金融仲介機関の基本的役割であった．ところが，図4-1で示されている通り，1990年代に入って企業部門における純借入対GDP比率は急速に縮小し，1998年度にはついに純借入主体から純貸出主体へと転じ，その傾向は今日まで続いている．

したがって，1998年度以降には，企業部門と家計部門の資金余剰分によって，一般政府の資金不足分が穴埋めされるという構造が定着している．周知の通り，政府の資金不足分の多くは，国債や地方債といった債券で調達されており，一般政府部門にとっては，整備された公共債市場の存在は極めて重要である．一方，企業部門の資金余剰が定着しているとすれば，家計部門の貯蓄を企業部門の投資に振り向けるという銀行による金融仲介機能は，もはや不要であるとの見方もできるかもしれない．

しかしながら，もう少し注意深い議論が必要である．経済主体とりわけ企業部門に属する各企業が，一律にほぼ同程度の資金余剰を抱えているとすれば，外部資金の調達は不要であるから，伝統的な銀行の金融仲介機能の存在意義は乏しくなる．しかしながら，集計量として企業部門が資金余剰の状態にあるとしても，個別の企業レベルで資金不足の状態にある企業が存在すれば，金融仲介には一定の役割があるかもしれない．そのあたりの状況を正確に把握するためには，個別企業データに基づく分析が必要である．したがって，次には金融保険業を除く全上場企業を対象とする，日本政策投資銀行の企業財務データバンクの個別企業に関する情報を利用して，企業金融動向を

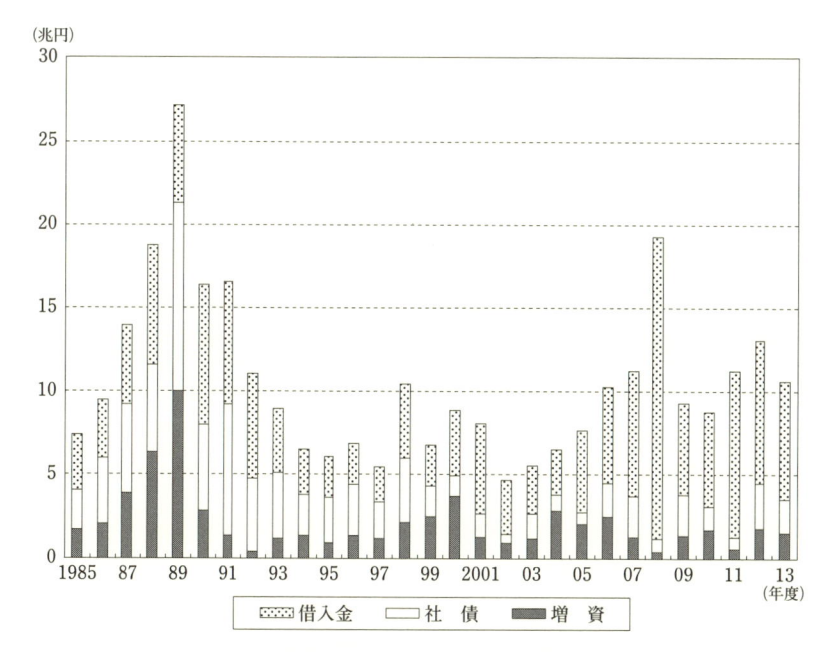

第4章　少子高齢化社会の進展下での金融セクターの役割

図4-4　外部資金調達がプラスの企業の資金調達動向

凡例：借入金　社債　増資

注）対象企業は，一部，二部，新興市場上場企業．
出所）日本政策投資銀行「企業財務データバンク」．

概観しよう．

図4-4は，有価証券報告書の情報をベースとして，上場企業のなかで残高の純増ベースでみて外部からの資金調達がプラスとなっている企業を抽出し，それらの企業のみの資金調達動向を示したものである．ここでの外部資金調達手段としては，借入金，社債，増資を指している．

同図で明らかな通り，外部資金調達額のピークは，バブル期である1989年度の27兆円であり，その後バブル崩壊とともに大幅減となり，1993年度以降は概ね10兆円を下回る低水準にまで落ち込んだ．しかしながら，2002年度の4.7兆円をボトムとして，2003年度からは景気回復や金融危機からの脱却を背景に増加傾向を辿り，2006，2007年度には10兆円の大台を超える水準にまで回復し，さらに，リーマン・ショックが発生した2008年度には19兆円と，1989年度のバブル期に次ぐ多額の調達を記録している．2009年

87

度と 2010 年度は，2008 年度の多額調達の反動もあり 10 兆円弱にまで減少したが，2011 年度には再び増加に転じ，2011 年度から 2013 年度には 3 年連続で 10 兆円を上回る調達が続いている．

3 種類の外部資金調達手段別動向をみると，社債と増資による調達は，ともに 1989 年度がピーク（社債：11 兆円，増資：10 兆円）であり，その後は大幅に減少したのち，低いレベルで変動を繰り返しながら，今日に至っている．なお，リーマン・ショックが発生した 2008 年度と，欧州のソブリン危機が表面化した 2011 年度には，資本市場の機能が低下した影響などにより，増資と社債による調達は，ともに 1 兆円にも満たない少額にとどまっている．

一方，借入金は，1988 年度から 1992 年度にかけて 6〜8 兆円程度の高水準を維持したのち，1990 年代半ばには 2 兆円台の低い水準にまで減少した．その後は変動を伴いながらも増加し，2007 年度には 7.5 兆円とバブル期とほぼ同水準にまで回復している．そして，リーマン・ショック時の 2008 年度の調達額は，18 兆円と過去最高水準であった．2009 年度，2010 年度は 5 兆円台の低い水準に落ち込んだものの，2011 年度から 2013 年度には，7 兆円から 10 兆円の高い水準に回復している．

以上の上場企業データに基づく分析によって，次の諸点が明らかにされた．第 1 に，近年全体として資金余剰となっている企業部門ではあるが，各企業は同質的ではなく，資金不足により外部から資金を調達している企業は相当数ある．第 2 に，外部から資金を調達している企業に関してみると，借入金は比較的安定的かつ近年においては主要な調達手段である．第 3 に，株式や社債という資本市場調達は総じて変動が大きく，近年にはリーマン・ショック等の影響もあり低調に推移している．

4. 金融システムを巡る論点

4.1 市場型金融システムと仲介型金融システムの概念比較

Allen and Gale（2000）が指摘するように，金融システムの理念型として，市場型金融システム（market-based financial system）と仲介型金融システム

(intermediary-based financial system）をあげることができる．前者の代表はアメリカやイギリスであり，後者は日本やドイツなどが典型であり，銀行を中心とする金融システム（bank-centered financial system）と呼ぶこともできる．

　企業金融の側面についてみると，一般に市場型金融システムでは多くの市場参加者が企業情報を収集し，企業の経営状態をモニターしようとするから，情報機能の面では市場型金融システムが仲介型金融システムより勝っているかもしれない．しかしながら，話はそれほど単純ではない．市場型金融システムの場合には，他の経済主体が実施した企業モニタリングの結果が，価格などの情報を通じて広く顕示されるために，各経済主体は自らコストを払ってモニタリングをするインセンティブが乏しくなるという欠点がある（フリー・ライダー問題）．むしろ，仲介型金融システムの一つのタイプであるリレーションシップ・バンキングでは，フリー・ライダー問題を緩和して，銀行と企業間でパレート効率的な情報のやりとりがなされる可能性がある．

　また市場型金融システムには，価格などの取引条件に透明性が高く，流動性や効率性の面で優れており，加えて流通市場を通じてリスクの移転が容易であるというメリットがある．もっとも，そのようなメリットを発揮させるためには，信頼できる格付けのシステム，投資家保護の法制度，および定型化された実効性のある契約などの市場インフラの整備が，必要不可欠である．

　市場型金融システムと仲介型金融システムにはそれぞれ長所と短所があり，どちらかが絶対的に優れているとはいえない．また，一国の金融システムにおいて，両者は必ずしも代替関係にあるわけではなく併存可能であり，ベンチャー・キャピタルやプライベート・エクイティ市場のように，両者の機能を折衷したような組織や機構も存在している．

　市場型金融システムの一つの代表例が，直接金融（direct finance）である．その概念を最初に体系的に整理した Gurley and Shaw（1960）によれば，直接金融とは企業などの最終的な借り手が家計などの最終的な貸し手に対して，金融仲介機関を通さずに直接的に本源的証券（primary securities）を販売する金融方式であり，企業が発行する社債や株式を家計が購入する場合などがその典型である．これに対して，仲介型金融システムの典型ともいえる間

接金融 (indirect finance) とは，最終的な貸し手と最終的な借り手との間に銀行などの金融仲介機関が介在して，貸し手にとってのリスクの低減や取引費用の節約を図るものである．

4.2 「貯蓄から投資へ」の疑問

　日本において，家計部門の金融資産を預貯金から証券投資へとシフトさせることを目的とした政策のスローガンとして用いられているのが，「貯蓄から投資へ」である．これは，小泉内閣が発足後の 2001 年 6 月に閣議決定された「今後の経済財政運営及び経済社会の構造改革に関する基本方針」(いわゆる「骨太方針 2001」) において，「21 世紀にふさわしい安定した金融システムを構築する．直接金融を重視したシステムに円滑に移行するために個人の株式投資にかかる環境整備を行うなど証券市場を活性化する」ための具体的措置として「個人投資家の市場参加が戦略的に重要であるとの観点から，その拡大を図るために，貯蓄優遇から投資優遇への金融のあり方の切り替えなどを踏まえ，税制を含めた関連する諸制度における対応について検討を行う」とされたのが始まりである．そして，具体策として，2003 年には預貯金の利子所得にかかる税率が 20% に据え置かれる一方で，株式の配当および譲渡所得に関する税率を 20% から 10% に引き下げる証券優遇税制が導入された．証券優遇税制は，2013 年末で打ち切られたが，代わりに 2014 年 1 月からは，株式関連投資から得られる利益への課税を，年間 100 万円を上限に非課税とする少額投資非課税制度 (NISA) がスタートした．

　しかしながら，上述した通り，市場型金融システムが仲介型金融システムに比べて絶対的に優れているとの論拠は薄弱である．また，後述するように，グローバル化した現代の金融資本市場のもとでは，株式投資にかかるリスク管理は困難性を高めており，個人にリスキーな資産選択を奨励することが，個人の資産形成にとって必ずしもプラスになるとは言えず，国民経済的観点からして望ましいとは決して言えない．

　個人の株式投資に関しては，その機会が制度的に十分に確保されるべきことは言うまでもないが，直接金融への移行を促すために，個人の資産ポートフォリオ選択のなかで預貯金よりも株式投資を政策的に奨励することが，正

当かつ合理的であるとは言い難い．つまり，長期的な金融システムの設計の問題として，直接金融への移行や株式投資の促進を図ることが，国民経済的にみて正しい方向性であるという見解には疑問なしとしない．

5. 金融取引の新しいパラダイム

　Allen and Gale（2000）および Allen and Santomero（1998）は，金融仲介機能を巡るパラダイムが変化しつつあると論じている．すなわち，伝統的な金融仲介理論によれば，その主たる機能は取引費用を引き下げ，借り手との情報の非対称性の問題を緩和することであると考えられていた．しかしながら，デリバティブ取引に代表されるように，金融技術の高度化や複雑化に伴い，金融取引におけるリスク管理の困難性は増している．そして，金融仲介機関には，高度な金融技術力を駆使し，多様な市場を利用して，リスクを移転，変形，そして再配分することが求められているというのである．換言すれば，金融技術に明るくない個人や一般企業にとっては，リスク管理の困難性が増していることにより，金融市場への参入はハードルが高くなり，むしろ金融仲介機関を利用するインセンティブは高まっていると理解することができる．

　事実，昨今の金融市場を取り巻く状況を確認すると，1997年のアジア通貨危機を皮切りに，1998年にはロシア危機・LTCM危機，さらに，2007年のサブプライム危機，2008年のリーマン・ショック，2010年からはギリシャ危機および欧州のソブリン危機，そして2015年には中国経済の減速に伴い国際金融市場に動揺が広がるなど，グローバルな金融資本市場において，危機的な状況が頻発している．また，金融技術の進歩に伴い，複雑な証券化の進展や各種デリバティブ，CDS等の新商品の開発も進んでいる．これらの状況のもとでは，情報の非対称性の問題は深刻化し，リスク管理はますます困難化している．

　このような構造変化を前提とすれば，直接金融か間接金融かといった従来のパラダイムの意義は薄れ，金融仲介の機能と市場メカニズムとが有機的に結びつく，新しいパラダイムが重要性を増している（図4-5）．すなわち，最

第 I 部　国際的課題と金融・通貨政策

(1) 伝統的パラダイム

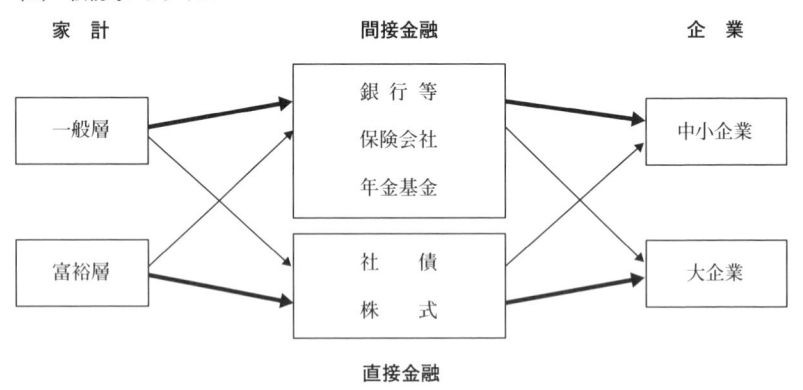

家　計　　　　　　　　　間接金融　　　　　　　　企　業

一般層 → 銀行等／保険会社／年金基金 → 中小企業

富裕層 → 社債／株式 → 大企業

直接金融

(2) 新しいパラダイム

家　計　　　　　　　　　　　　　　　　　　　　　企　業

金融仲介機能　　　　　　　　　　　　　　中小企業

一般層 → 銀行等／保険会社／年金基金

富裕層 → 投資信託／ヘッジファンド

金融市場：社債／株式／デリバティブズ → 大企業

集団投資スキーム

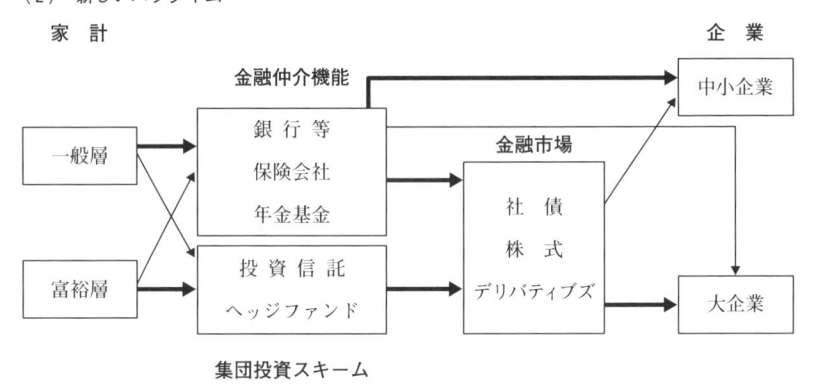

図 4-5　金融取引のパラダイム変化

注) 矢印は，資金の流れを示す．
出所) Allen and Gale (2000)，図 15.1 および図 15.2 を参考にして作成．

終的な貸し手の代表である家計部門は，金融市場に直接アクセスする代わりに，リスクとリターンの選好度に応じて，銀行や保険会社等の金融仲介機関に資金を預けるか，投資信託やヘッジファンド等の集団投資スキームに資金を拠出するかである．そして，専門的な知識に基づきリスクを管理することができる，金融仲介機関や集団投資スキームの運用主体は，集めた資金を金融市場で運用し，結果的にそれらの資金が，最終的な借り手である企業等によって設備投資などに利用される．ただし，中小企業や一部の大企業では，

伝統的な間接金融方式と同様に，金融仲介機関から市場を介さずに相対取引で資金を調達するチャネルも残るであろう．

6. おわりに——金融セクターの使命

　日本は，少子高齢化の進展とともに家計貯蓄が減少傾向を辿り，貯蓄の稀少性が高まりつつある．また，上述の金融取引の新しいパラダイムのもとで，金融仲介機関としての銀行の役割が，ますます重要性を増すことを指摘した．

　そのような家計部門の貯蓄を，企業の生産的な投資プロジェクトに効果的に振り向けていくという，国民経済的に重要な役割を銀行が果たしていくためには，次のような観点を充実させていくことが必要とされよう．

　第1は，情報生産能力の深化である．銀行の審査機能は，銀行と企業との間の情報の非対称性の問題を改善し，プロジェクトが良質なものであるか悪質なものであるかを見極め，ひいては銀行のリスクを低減させる効果を発揮する．このような企業やプロジェクト審査が，銀行の情報機能の基礎であることは疑いないが，内外のマクロ経済動向調査や，環境，地域，各種格差問題などを含む経済社会のサステナビリティに関する調査・研究なども，銀行が金融資本市場にアクセスするうえでは必要不可欠の情報活動となるであろう．

　第2は，投融資手段の充実である．日本の銀行の伝統的な資金提供手段は，シニアローンであり，借り手が財務危機に陥った際には，再交渉して貸出条件が変更されるのが一般的であった．このような伝統的手法は，今後も一定の有効性を有すると判断できるが，加えて，シンジケート・ローン，ストラクチャードファイナンス，アセットファイナンス，資産担保融資などの企業や事業特性に対応した融資商品も，積極的に活用すべきである．また，エクイティ，DIPファイナンス，メザニンファイナンスなどのいわゆるリスクマネーは，新規事業や成長企業支援，事業再生，新製品開発などに有効性を発揮し，また銀行の資金が資本市場にアクセスすることによって，金融資本市場ひいては日本経済の活性化に，大いに効果が期待できる．

金融は，経済社会にとって重要な制度的インフラであり，金融機関の活動は，元来社会性や公共性が高いものである．銀行は，高度な情報生産能力と多様な投融資手段を有効に駆使することによって，実体経済への付加価値を創出するとともに，少子高齢化社会のもとでのサステナブルな発展に，積極的な貢献を施すことが大いに期待される．

参考文献

Allen, Franklin and Douglas Gale (2000), *Comparing Financial Systems*, MIT Press.
Allen, Franklin and Anthony M. Santomero (1998), "The Theory of Financial Intermediation," *Journal of Banking & Finance*, Vol. 21, pp. 1461-1485.
Ando, Albert and Franco Modigliani (1963), "The "Life Cycle" Hypothesis of Saving: Aggregate Implications and Tests," *American Economic Review*, Vol. 53(1), pp. 55-84.
Aoki, Masahiko and Hugh T. Patrick (eds.) (1994), *The Japanese Main Bank System : Its Relevance for Developing and Transforming Economies*, Oxford University Press.
Bosworth, Barry P., Gary Burtless, and John Sabelhaus (1991), "The Decline in Saving: Evidence from Household Surveys," *Brookings Papers on Economic Activity*, No. 1, pp. 183-241, Brookings Institution.
Gurley, John G. and Edward S. Shaw (1960), *Money in a Theory of Finance*, Brookings Institution.（ジョン・G・ガーレイ，エドワード・S・ショー［著］，桜井欣一郎［訳］『貨幣と金融』至誠堂，1963 年）
Hayashi, Fumio (1986), "Why Is Japan's Saving Rate So Apparently High?" Stanley Fischer (ed.), *NBER Macroeconomics Annual*, Vol. 1, MIT Press, pp. 147-234.
Hayashi, Fumio, Albert Ando, and Richard Ferris (1988), "Life Cycle and Bequest Savings: A Study of Japanese and U. S. Households Based on Data from the 1984 NSFIE and the 1983 Survey of Consumer Finances," *Journal of the Japanese and International Economies*, Vol. 2, pp. 450-491.
Hayashi, Fumio, Takatoshi Ito, and Joel Slemrod (1988), "Housing Finance Imperfections, Taxation, and Private Saving: A Comparative Simulation Analysis of the United States and Japan," *Journal of the Japanese and International Economies*, Vol. 2, pp. 215-238.
Horioka, Charles Yuji (1990), "Why Is Japan's Household Saving Rate So High? A Literature Survey," *Journal of the Japanese and International Economies*, Vol. 4(1), pp. 49-92.
Horioka, Charles Yuji (1991), "The Determinants of Japan's Saving Rate: The Impact of the Age Structure of the Population and Other Factors," *Economic Studies Quarterly*,

Vol. 42(3), pp. 237-253.

Hoshi, Takeo and Anil K. Kashyap (2001), *Corporate Financing and Governance in Japan : The Road to the Future*, MIT Press.

池尾和人 (2006)『開発主義の暴走と保身——金融システムと平成経済』NTT 出版.

池尾和人・柳川範之 (2006),「日本の金融システムのどこに問題があるのか——市場型間接金融による克服」池尾和人・財務省財務総合政策研究所［編］『市場型間接金融の経済分析』第 1 章, 3-26 頁, 日本評論社.

花崎正晴 (1996),『アメリカの貿易赤字日本の貿易黒字——金融国際化と不均衡調整問題』東洋経済新報社.

花崎正晴 (2008),『企業金融とコーポレート・ガバナンス——情報と制度からのアプローチ』東京大学出版会.

第 II 部

新しい資産価値評価モデルの構築
——ミクロ金融分野における考察——

第5章
投資行動から構築する金融市場の価格変動モデル
―― 決定論的行動によるランダムな値動きの発生

小林 健太

1. はじめに

　経済活動を数理的な視点から解析することは，現実の経済の世界で起きる諸問題を正しく理解し，また有効な対策を立てる上で非常に重要な課題であると考えられる．しかし，地球規模の経済活動の全体は膨大な要素が極めて複雑に絡み合って形成されているため，解析は非常に難しい．そこで我々は，経済全体の解析はひとまず脇に置き，経済活動をある意味で単純化したものといえる，金融市場のモデル構築と解析を試みた．

　1929年に始まった世界恐慌の際，フーバー大統領は「株価暴落は経済のしっぽであり，ファンダメンタルズ（経済の基礎的条件）は健全で生産活動は順調であるので，問題は無い」と株価の動きを軽視し，かえって傷を深くしてしまった．もともと金融市場は実体経済を映し出す鏡のようなものであったが，取引規模が実体経済を凌駕し，信用創造を通じて金融市場が資金流通を担う血液の役目を担うようになるに従い，逆に金融市場が実体経済に影響を及ぼすことが多くなってきている．その傾向は現在ではますます顕著になっており，バブルの発生や景気の悪化は，金融市場の動向を抜きには語れない状況にある．したがって，金融市場の価格変動の仕組みを解明することは，現代社会においては極めて重要なテーマであると言えるだろう．

＊本研究は，富士通北陸システムズの南保真先氏との共同研究である．

第 II 部　新しい資産価値評価モデルの構築

2. 研究の背景

　経済活動における価格の発見は，アダム・スミスによる「神の見えざる手」に始まり，新古典派経済学においても均衡理論の枠組みで説明されるが，この原理は金融市場の価格形成にはそのままでは適用できない．もし金融市場において価格が均衡によって決まるならば，朝と夕方で円ドルの為替水準が 1% 以上も変動するようなことはめったに起きない筈だからである（1 日で日米の相対的なファンダメンタルズが 1% も変動するなどというのは，そうそうある事ではないと考えられるため）．しかし，実際にはその程度の変動は頻繁に起きている．したがって，金融市場の価格形成には，既存の経済学の枠組みを超えた理論が必要になってくる．実際，金融市場の価格変動モデルについては，現在に至るまで様々なものが提案されてきた．

　確認し得るかぎりで一番初めに非均衡論的な立場から市場変動について仮説を述べたのは，Bachelier (1900) であると思われる．彼は，株価の期待収益率が正規分布に従う，すなわち，株価の動きは幾何 Brown 運動に従うと主張したのである．その後，Working (1934)，Cowles and Jones (1937)，Kendall and Hill (1953)，Granger and Morgenstern (1963)，Fama (1965) らによっても同様の主張がなされている．それらの研究を背景として，Samuelson (1965) と Mandelbrot (1966) は，金融市場の価格変動に関する情報は値段に既に織り込まれており，誰も市場を利用して継続的に利益を得ることは出来ず，過去の値動きは今後の値動きと相関しないという，効率的市場仮説を提唱した．また，1973 年に Black and Scholes (1973) は，市場の動きが幾何 Brown 運動に従うことを前提としてオプションの理論価格を決定する，いわゆる Black-Scholes 方程式を導出した．しかし，期待収益率が正規分布に従うという考え方は，その後のブラックマンデー (1987 年) や，Scholes らも運用に参加した LTCM の破綻 (1998 年) などを経験することにより修正を迫られることになる．ブラックマンデーも LTCM の破綻も，正規分布を前提とするならば数億年に一度も起きることがないような変動であった．

　幾何 Brown 運動に代わり，現在までに様々な市場変動モデルが提案され

ている．ざっと概略を述べるにとどめるが，現在のボラティリティー（価格変動率）が過去の値動きに依存すると仮定した ARCH モデル（Engle 1982），及び改良版の GARCH モデル（Bollerslev 1986），さらにそれを発展させた GJR モデル（Glosten, Jagannathan, and Runkle 1993），また，Levy 過程の枠組みで確率過程を考えた，ジャンプ拡散過程モデル（Merton 1976），VG 過程モデル（Madan and Seneta 1990），安定過程モデル（Fama 1963），CGMY 過程モデル（Carr, Geman, Madan, and Yor 2002）などが提案され（もしくは既に知られていた確率過程が応用され），実際の時系列データと比較検討が行われている．

しかし，ここで強調しておきたいことは，今まで説明したモデルは全て，現実の値動きに上手く当てはまるように事後的に作られたものであり，なぜそのモデルが妥当であるかという点については，明確な説明が無いということである．例えば，ジャンプ拡散過程モデルにおいては，価格変動を幾何 Brown 運動に Poisson 分布するジャンプを加えたもので表現することにより，たまに発生する暴落や暴騰といった正規分布では表現できない変動を上手く表すことができる．しかし，金融市場の価格変動が幾何 Brown 運動にジャンプを加えたもので表されるという，理論的な根拠は無いのである．実際，上で述べた多くのモデルについても，良く当てはまる部分もあればそうでない部分もあり，決定打は無いのが現実である．

以上のような状況に対し，我々は，金融市場のアウトプット（値動き）から市場の仕組みを探ろうとするのではなく，金融市場を形成し得るモデルを構築することによって市場を理解したいと考えた．もし市場の動きを（変動率の分布などの点において）再現するようなモデルが得られたならば，そのモデルは現実の市場の本質に迫っていると考えることができ，そのモデルを改良して現実に近づけることにより，実際の価格変動の仕組みを解明し，実際に金融市場がどのような確率過程に従って動いているのかを理解するきっかけになると思われる．また，市場はカオス的か，市場はどれくらい決定論的か，という議論は昔からなされており，現在でも明確な答えは得られていないが，金融市場の良いモデルが構築できれば，そのような疑問にも答えられる可能性がある．

将来的には，本モデルを金融商品のリスク管理に役立てることも可能であ

第Ⅱ部　新しい資産価値評価モデルの構築

ると考えている．近年において，リーマン・ショック（2008年）や中国ショック（2015年）など，従来のモデルでは捉えきれないような金融市場の大変動が発生しているが，このような変動がどの程度の間隔で起き，どれくらいの大きさになり得るか，という疑問に答えるには，既存の統計データは不十分である．しかし，現実に近い動きをする市場モデルを構築することによって，現実の市場では採取することのできない超長期の時系列データが得られれば，金融商品のリスクをより正確に把握することが可能になると考えられる．さらに，バブル発生のメカニズムを解明して，その特徴的な動きを抽出し，実際の市場がバブル状態にあるかどうかを判定する基準を確立することも，不可能ではないと考えている．

3. モデル着想の経緯

　金融市場には様々な変動要因が考えられるが，市場参加者のポジションそのものに由来する変動要因を，一般に内部要因という（需給などは外部要因といわれる）．筆者は，今まで15年以上にわたって一人の個人投資家として金融市場（株式，指数先物・オプション，商品先物，FX，金利先物，その他）に関わっており，内部要因が市場に与える影響を体感してきた．例えば，以下のような現象は金融市場でよく見られる光景である．

事例A

　明らかに上がり過ぎと思える株があったとする．割高だと考えた小口の空売りがバラバラと入る．それに対して買い方は腰が据わっているものとする．相場が下げないので，痺れを切らした売り方の買い戻しが入り，それが相場を押し上げる．その結果，株価はさらに割高になり，それを見て新たな空売りが入る．その売り方の買い戻しでまた相場が上がる．

　このように，断続的に新規売りという燃料が投入され，同時に下値で売った売り方の買い戻しが続くことで，際限なく相場が上がっていく．このような相場を踏み上げ相場という．最終的に全ての燃料を燃やし尽くし，信用規制で空売りが禁止されたり，恐怖で新規の売りが入らなくなったり

第 5 章　投資行動から構築する金融市場の価格変動モデル

したところで上昇は終わり，暴落となる．

事例 B

　先物市場のある銘柄について，一定範囲で価格が上下するようなレンジ相場が続いているとする．レンジの下の方で買い，レンジの上の方で売るという，逆張り売買で儲かるような時期が続いている．そのような時期が長く続くと，市場参加者の多くが同様の行動を取るようになり，段々と変動の値幅が狭くなり，また市場参加者のかけるレバレッジが上がってくる．

　あるとき相場が大きく動くと，逆張りに慣れた市場参加者の多くが値動きに向かう方向に売買することで，それが燃料となり大相場になる．この大相場で逆張り主体の投資家が損を出して退場し，順張り（相場の動きに沿った売買）主体の投資家が増えてくると，今度は逆に，逆張り有利な値動きになっていく．

　事例 A は，金融市場において，新規売買よりも決済売買，決済売買のうちでも特に損切り売買（損失を確定する売買）の影響力が大きいことを示している．このような現象は古今東西で見られ，例えば，1901 年のノーザンパシフィック鉄道の買収競争では，投資家たちの空売りと踏み上げにより株価は短期間で 10 倍以上に高騰し，資金繰りに窮した投資家たちがノーザンパシフィック鉄道以外の株を売却したため，その他の株が暴落し，恐慌のきっかけとなった（1901 年恐慌）．これほど大規模でなくとも，短期スパンから長期スパンに至るまで，小さな踏み上げと投げ（買いを決済する際の損切り売買）は日常的に発生しており，これらがフラクタル的に相場変動を形作っているとも言われている．

　事例 B は，投資家の内部構成が時間とともに変化するということを示している．金融市場は取引量が有限であるため，一般的には同じタイプの投資家が増えると利幅が減っていくことになる．例えば，個人投資家の間でデイトレードが流行りだすと，最初は多くの利益が得られても，デイトレーダーが増えるにしたがって 1 人当たりの利益は減少し，またトレード自体の難易

度も上がっていく．また，相場には逆張り（相場の動きに向かう売買）が有利な期間と順張り（相場の動きに乗る売買）が有利な期間があり，同じタイプの投資家が増えると相場の動きが変化するとも言われている．近年，トレンドフォロー（順張り）系の戦略を採用するヘッジファンドが増えてきたが，2015年の中国ショックでは損を出したところが多いようで，順張り有利な環境は徐々に終わりつつあるようにも感じる．

　筆者は，金融市場における価格変動の源泉は，事例 A で見られるような新規売買と決済売買の非対称性にあると考え，それを反映する数理モデルを構築しようと考えた．また，そのようなモデルが構築できれば，事例 B に見られるような市場参加者の性質の時間的変化も再現できるのではないかと考えた．筆者のこのアイデアに基づき，共同研究者である南保真先氏が様々な状況設定で数値計算を行い，自律的な価格変動が発生するような計算結果を得ることに成功した．

4. 投資家の性質と投資行動のモデリング

　以後は，金融市場を離散力学系としてモデリングすることを考える．市場については，ひとまず以下のような非常に理想化されたものを考える．

(1) いくらでもポジションを持つことができる（レバレッジは無限大まで可能）．
(2) 取引にかかる手数料は考えないものとする．
(3) 売りでも買いでもポジションを持つことができる．
(4) 一定時間ごとに売り買いが均衡する値段で取引を行う．

　条件（1）は，例えば 100 万円分の株を買うのに 100 万円必要というわけではなく，資金が 0 でも 100 万円分の株を買い持ち（もしくは売り持ち）できるということである．簡単には，買い持ちは資金を借りて買う，売り持ちは株を借りてきて売る，と考えればよい（簡単のため金利や貸株料は 0 とする）．どちらにしても決済した時には，借りたものは返すことになる．この仮定は，

株式現物市場よりも，どちらかといえば株式信用市場や先物市場や外国為替市場に近い設定である．

金融市場の多くでは，ザラバ方式という売買仕法が採用されている．これは，各投資家が好きな時間に注文を出し，売り気配と買い気配の板で順次，取引が成立していくような方式である．しかし，ザラバ方式も時間をミクロに見れば売買は不連続的に成立しているので，条件（4）のように離散的な時間刻みで考えるというのは，それほど現実からは乖離していないと考えられる．ただ，一定時間ごとに取引機会を設けるという点が現実との違いであるが，時間刻みを細かくしていけば本質的な差は無くなると考えるのが自然である．ロンドン金属取引所や日本の穀物取引所では，1日の決まった時間に売買を集約して取引を行っている（いた）が，ある程度長期的なスパンで見ると，ザラバ方式の値動きと比べても特に際立った違いは観察されていない．

次に，投資家の投資行動をモデル化する．実際の市場には様々な思惑により投資判断を下す投資家が存在するが，我々は以下のような投資家のみで構成された市場を考える．

（1） 値段が少し上がれば買い始める．値段が上がるにつれて買いポジションを増やすが，ある程度まで上がると買いポジションを減らし始め，更にある値段以上になると，今度は上がり過ぎと考えて売りポジションを持つ．

（2） 値段が少し下がれば売り始める．値段が下がるにつれて売りポジションを増やすが，ある程度まで下がると売りポジションを減らし始め，更にある値段以下になると今度は下がり過ぎと考えて買いポジションを持つ．

ここで，値段が上がったとか下がったとかの判断には基準が必要である．そこで，各投資家の記憶の中にある平均値段を基準にすることとする．記憶というのは時間と共に薄れていくものなので，過去になるほど重みを少なくした平均である指数平滑化移動平均（EMA）を基準として採用する．具体的には，時間刻みを1とし，時刻iでの株価をp_iとするとき，$r=1/t$と置き，

105

$s_0=p_0$ として，

$$s_i = r(p_i+(1-r)p_{i-1}+(1-r)^2 p_{i-2}+\cdots)$$
$$= (1-r)s_{i-1}+rp_i, \quad i=1,2,3,\cdots$$

により指数平滑化移動平均 s_i を決定する．ここで，t は時定数であり，t の大きな投資家は長い時間スパンで投資をする投資家，t の小さな投資家は短期の上げ下げを狙って投資をする投資家と特徴付けることができる．

　上で述べた投資行動を，以下のように定式化する．すなわち，$x=p_i-s_i$ とし，k を投資家のタイプを決める定数として，各投資家は時刻 i において

$$y_i = a\,v_i\,\varphi\!\left(\frac{x}{k}\right)$$

で表される量のポジションを取るものとする（新規に y_i のポジションを取るのではなく，保有しているポジションの合計が y_i になるように売買するということに注意）．ここで，v_i は時刻 i におけるその投資家が所持している資産の時価評価額，a はその投資家のリスク許容度，$\varphi(x)$ は

$$\varphi(x) = \frac{x(1-x^2)}{1+x^2}$$

で表される関数である（図5-1）．この関数を，投資関数と呼ぶことにする．

　ポジション量 y_i はプラスならば買いを，マイナスならば売りを意味するものとする．投資関数 φ の形状を見るとわかる通り，$x=p_i-s_i$ が正，つまり指数平滑化移動平均より株価が高いと投資家は買いポジションを取ろうとする．しかし，上がりすぎると徐々に買いポジションを減らし，x が k を超えると逆に売りポジションに転換する．x が負の場合はその逆の投資行動を取ることになる．ただし，p_i が変動すれば v_i も s_i も動くので，保有ポジションの増減は φ のグラフほど単純にはならない．例えば，時刻 $i-1$ の時点で売り持ちの状態だったとすると，p_i が上がれば上がるほどポジションは逆行し，資産の時価評価額が減少するので，取れるポジション量は減少する．特に，資産の時価評価額が 0 になるまで逆行すれば，投資家の売り買い

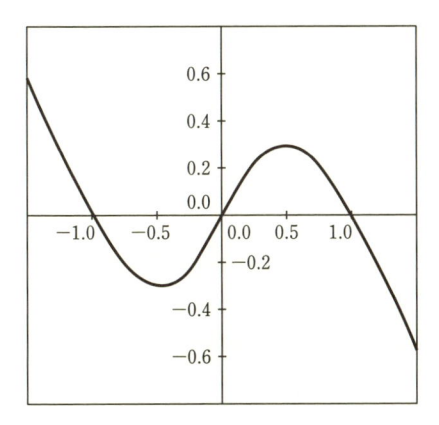

第5章　投資行動から構築する金融市場の価格変動モデル

図 5-1　投資関数 φ の概形

の判断に関わらずポジションは全て決済されることになる．

　ここで，投資家のタイプを決める定数 k の意味について説明しておく．投資家のポジションが買いで，かつ相場が上昇したとき，どこで売りに転じるかのポイントは k の値によって決まるので，k が小さいほど少ない利益で満足する欲の少ない投資家，k が大きいほど大きな値幅を狙う欲張りな投資家と特徴付けることができる．また，リスク許容度 a については，a の大きな投資家は大きなレバレッジをかけるギャンブラー的な投資家で，a の小さな投資家はリスクをあまり取らない堅実な投資家であると特徴付けられる．

　基準として指数平滑化移動平均を用いることや，関数 φ の形状など，モデリングの妥当性については議論の余地が大いにあると思われるが，より現実に近いモデルの構築は今後の課題ということにし，ひとまずは本モデルを前提として話を進めることにする．

5.　約定値の決定

　売り注文と買い注文が均衡する価格で約定値を決定するという売買仕法は，板合わせもしくは板寄せなどと呼ばれ，既に述べたように，ロンドン金属取引所や過去の日本商品取引所で用いられている（いた）．また，日本の証

券市場も，前場寄りと後場寄りは板合わせを行っている．現実の板合わせ取引では，値段の刻み幅（呼値）が決まっているため，一般的に売り注文の量と買い注文の量が完全に一致することはなく，余った注文の処理が必要になるが，今回のモデルでは約定値は実数値を取るものとし，売りと買いが完全に一致する価格を約定値とする．

具体的には以下のようになる．各投資家の時定数を $t^{(m)}$，リスク許容度を $a^{(m)}$，投資タイプを表す定数を $k^{(m)}$ とし，さらに，時刻 i における約定値段を p_i とする．さらに，指数平滑化移動平均を $s_i^{(m)}$，各投資家の資産の時価評価額を $v_i^{(m)}$，ポジションの量を $y_i^{(m)}$（プラスが買いでマイナスが売り）とし，p_i に対して

$$y_i^{(m)} = a^{(m)} \max(v_i^{(m)}, 0) \varphi\left(\frac{p_i - s_i^{(m)}}{k^{(m)}}\right)$$

が満たされるように各投資家のポジションを決める．ここで，$\max(v_i^{(m)}, 0)$ の部分は，資産が 0 以下になった場合にはもはやポジションを取れないということを意味している．また，売り注文と買い注文が均衡するように値段が決まるので，

$$\sum_m (y_i^{(m)} - y_{i-1}^{(m)}) = 0$$

となるように p_i を決定する．つまり，

$$F(p) = \sum_m (y_i^{(m)} - y_{i-1}^{(m)})|_{p_i = p}$$

として，$F(p) = 0$ となる p を求めることになる．$F(p) = 0$ の解を求めるには p_{i-1} を初期値とする Newton 法を用いるが，ここで注意が必要なのは，$F'(p) > 0$ のときには価格が上昇するほど買いが増えることを意味しているので，たとえ $F(p) = 0$ であっても，$F'(p) > 0$ となるような解は不適ということである．例えば，図 5-2 においては，p は点 A ではなく点 B に収束させなければならない．

以上の事情を考慮し，約定値の決定には以下のような反復を用いる．

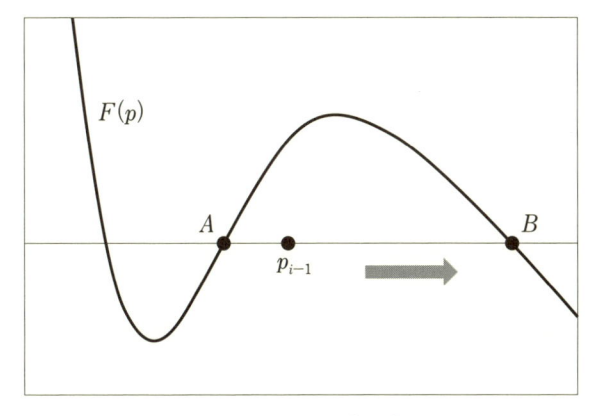

第5章　投資行動から構築する金融市場の価格変動モデル

図5-2　Newton 法の適用

$$x_0 = p_{i-1},$$

$$x_{n+1} = \begin{cases} x_n - \dfrac{F(x_n)}{F'(x_n)}, & F'(x_n)<0 \text{ and } \left|\dfrac{F(x_n)}{F'(x_n)}\right|<\delta \\ x_n + d_n, & F'(x_n)\geq 0 \text{ or } \left|\dfrac{F(x_n)}{F'(x_n)}\right|\geq\delta \end{cases}$$

ここで，$\delta>0$ は小さな定数で，d_n は

$$d_n = \begin{cases} \delta, & F(x_n)\geq 0, \\ -\delta, & F(x_n)<0 \end{cases}$$

で定める．この反復により，$F'(p)>0$ となるような，値段が上がるほど買いが増え，値段が下がるほど売りが増えるような不安定な価格には収束させず，適切な値段に収束させることが可能になる．

$F'(p)$ を求めるには，$y_i^{(m)}$ の p_i による偏微分を計算する必要があるが，$s_i^{(m)}$ も $v_i^{(m)}$ も p_i に依存しているため，少々注意が必要である．具体的には以下のようになる．

109

$$\frac{\partial y_i^{(m)}}{\partial p_i} = \begin{cases} a^{(m)}\left(v_{i-1}^{(m)}\varphi\left(\frac{p_i-s_i^{(m)}}{k^{(m)}}\right)+v_i^{(m)}\varphi'\left(\frac{p_i-s_i^{(m)}}{k^{(m)}}\right)\frac{1-1/t^{(m)}}{k^{(m)}}\right), & v_i^{(m)}>0, \\ 0, & v_i^{(m)}=0 \end{cases}$$

定数 δ は一反復ごとの仮約定値の可動範囲を制限する定数であるが,この定数が大きいと,場合によっては収束すべき仮約定値が発散してしまうことがある.今回の計算では,全てのケースについて $\delta=0.01$ としたが,数値計算上,特に問題は生じなかった.また,Newton 法の反復で $F(p)$ に微分可能性を仮定している都合上,投資行動を決める関数である $\varphi(x)$ にも微分可能性が求められる.ただし,この条件は本質的なものではなく,Newton 法のかわりに二分法を用いるならば,$\varphi(x)$ は連続でありさえすればよい.

6. 計算結果

投資家の数が少ない場合には,単純な発散パターンや振動パターンになることが多いが,ある程度,投資家の数を増やすと,パラメータの値によっては,実際の市場の値動きに似たような動きが見られた.計算例として,時定数 $t^{(m)}$ を 2.0, $2.0\times100^{1/3}$, $2.0\times100^{2/3}$, 200 の 4 通り,リスク許容度 $a^{(m)}$ を 0.1, $0.1\times10^{1/3}$, $0.1\times10^{2/3}$, 1.0 の 4 通り,投資タイプ $k^{(m)}$ を 0.1, $0.1\times10^{1/3}$, $0.1\times10^{2/3}$, 1.0 の 4 通りの,合計 64 人の投資家を設定し,全ての投資家に同じ初期資金を与えてシミュレーションを行った結果を図 5-3 に示す.

本モデルはランダムな要素を含まない決定論的なシステムである.にもかかわらず,図 5-3 のグラフからは,ブラウン運動に似たランダムな動きが見て取れる.モデルにランダムな要素を入れてランダムウォーク的な動きが出るのは,ある意味,当たり前であるが,ランダムな要素を含まない決定論的なシステムでもランダム的な結果が得られるというのは,非常に興味深い結果であると言える.

図 5-4 は図 5-3 の一部を拡大したものであるが,これを見ると,グラフの細部では特徴的な周期的パターンが繰り返されていることがわかる.もし実際の市場でこのような周期的な動きが生じれば,周期の高いところで売って

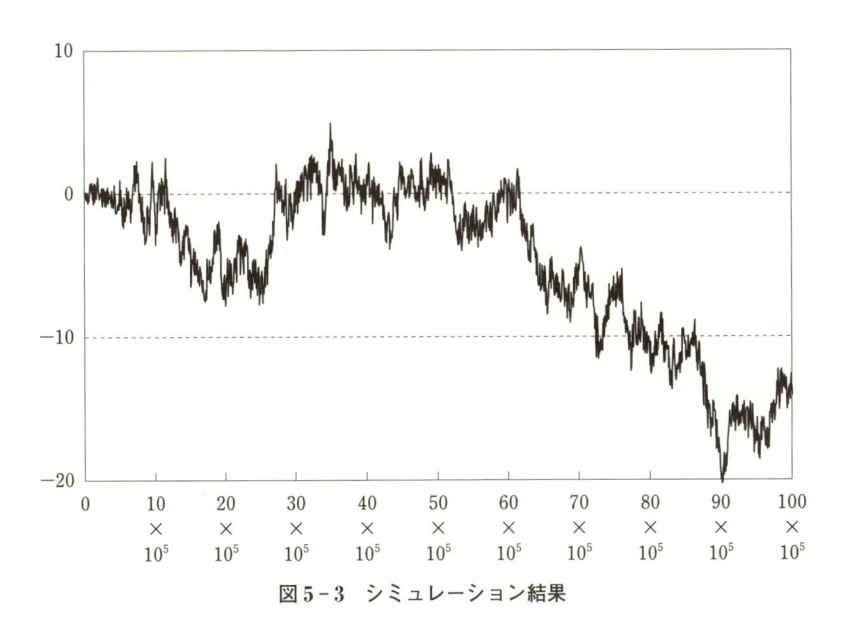

第 5 章　投資行動から構築する金融市場の価格変動モデル

図 5-3　シミュレーション結果

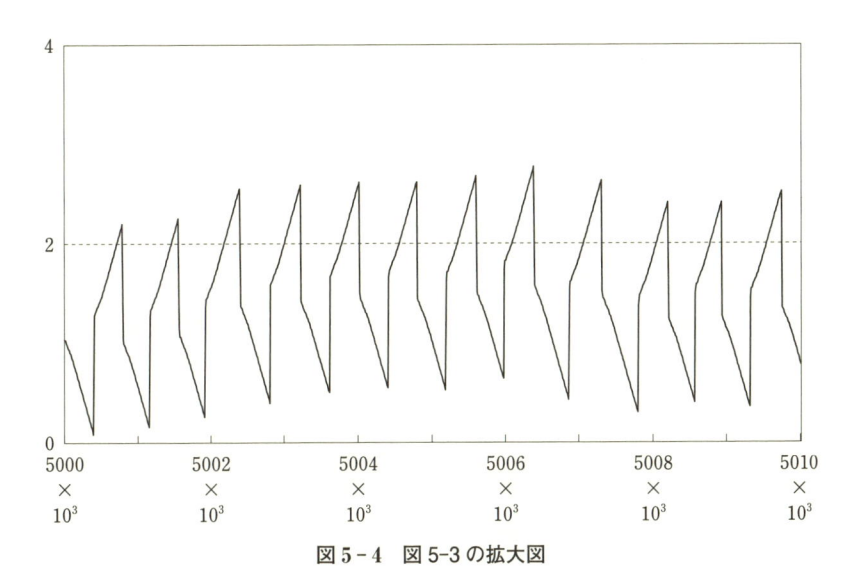

図 5-4　図 5-3 の拡大図

低いところで買うような売買が活発化するため，このような一定のパターンが持続することはない．しかし今回の場合は，この周期に合致するような時定数で売買する投資家がいないので，この周期的な動きが持続している．

7. 初期値鋭敏性の検証

ここでは，本モデルにおいて，初期値鋭敏性がどの程度存在するかを示す．具体的には，反復回数 500,000 回目に，投資家のうち一番資産の多い投資家の資産を，0.0001% だけ増加させるような摂動を加えたケース，及び 0.01% だけ増加させるような摂動を加えたケースについてシミュレーションを行った．その結果，図 5-5 のように，摂動を加えた後の値動きは大きく変化し，カオス現象に見られるような初期値鋭敏性が観察された．

この結果から，本モデルにおけるランダム性の源泉は初期値鋭敏性にあるということがわかる．また，本モデルにおいては，価格の将来予測は困難であるということも言える．

8. 投資家の性質の変化

本章の前半で，現実の市場では逆張りや順張りなど，特定の投資行動を取る投資家の割合が時間とともに変化していくということを述べた．ここでは，図 5-3 で示した計算例について，時間とともに投資家の構成比がどのように変化していくかを示す．

図 5-6 は，時定数ごとに合計した資産額の市場シェアの推移を表したものである．時間とともに，大きな時定数を持つ投資家の資金ほど多くなっていくことがわかる．この図だけでは，最終的に時定数別の市場シェアがどうなるのかはっきりしないが，この 10 倍の期間まで計算したところ，最終時点で，時定数 2.0 の投資家のシェアが約 10%，時定数が $2.0 \times 100^{1/3}$, $2.0 \times 100^{2/3}$, 200 の投資家のシェアがそれぞれ約 30% ずつとなり，いくぶんかの変動はあるものの，この割合は概ね安定状態のように見える．

図 5-7 は，リスク許容度ごとに合計した資産額の市場シェアの推移を表し

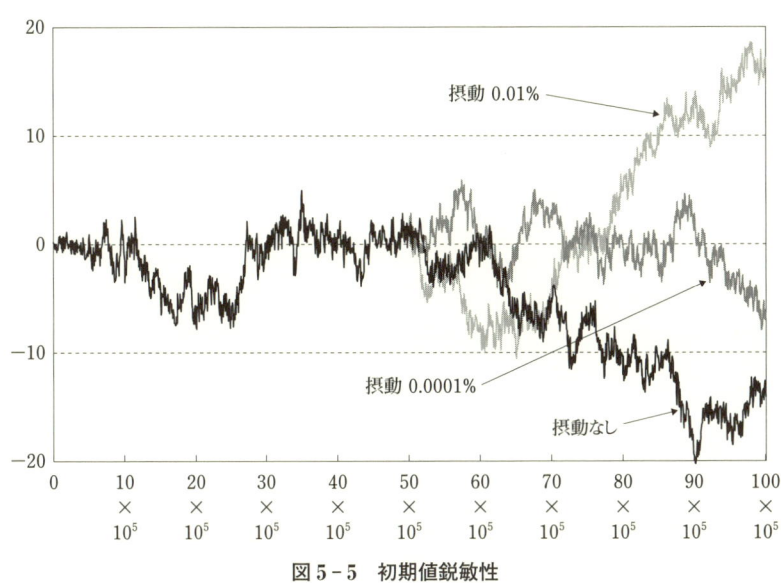

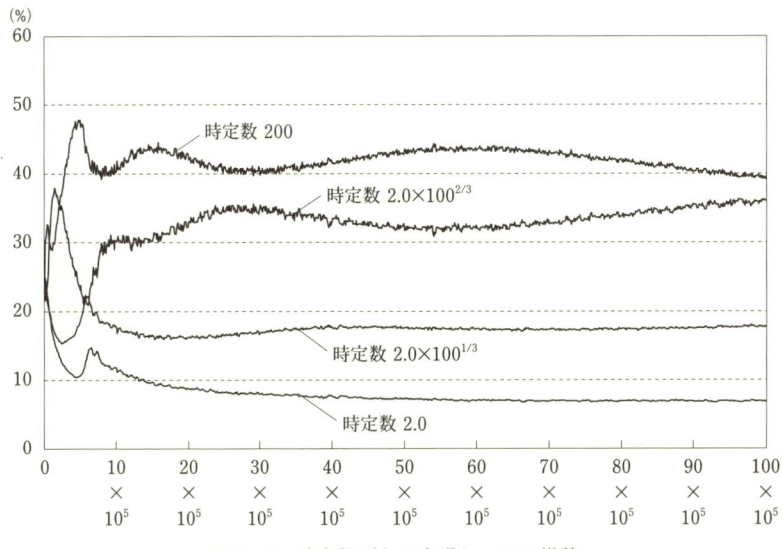

第5章 投資行動から構築する金融市場の価格変動モデル

図5-5 初期値鋭敏性

図5-6 時定数ごとの市場シェアの推移

第 II 部　新しい資産価値評価モデルの構築

図 5-7　リスク許容度ごとの市場シェアの推移

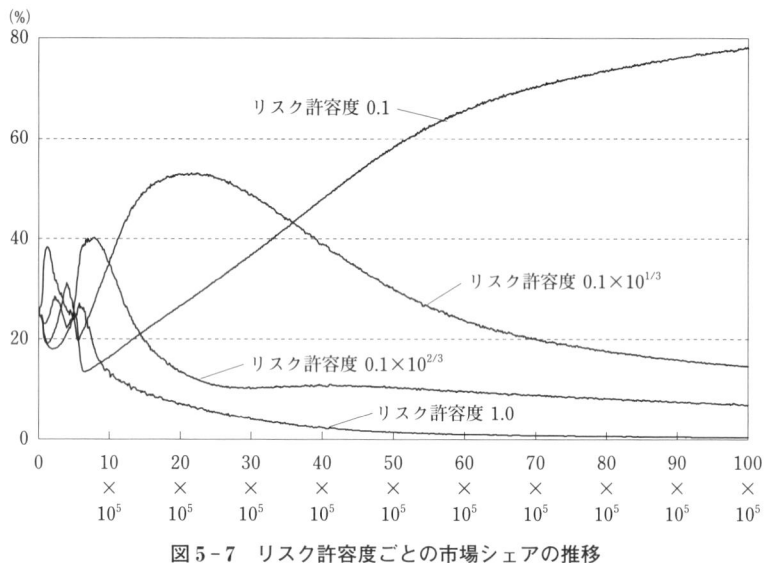

たものである．時間とともに，リスク許容度の一番小さな投資家の資金のみが増加し，リスク許容度の大きな投資家の資金は減少する傾向にある．この 10 倍の期間まで計算したところ，最終時点で，リスク許容度 0.1 の投資家のシェアは約 92% まで増加し，リスク許容度が $0.1 \times 10^{1/3}$ の投資家のシェアは約 7%，リスク許容度が $0.1 \times 10^{2/3}$ 及び 1.0 の投資家のシェアは 1% 以下にまで低下する．この傾向は持続し，十分に長い時間が経てば，リスク許容度の一番小さな投資家が大部分を占めるようになるものと思われる．

図 5-8 は，投資タイプ（定数 k）ごとに合計した資産額の市場シェアの推移を表したものである．$k=0.1$ 及び $k=0.1 \times 10^{1/3}$ の，いわゆる小幅狙いの投資家は早々に絶滅する．この 10 倍の期間まで計算したところ，最終時点で，$k=0.1 \times 10^{2/3}$ の投資家のシェアは約 30%，$k=1.0$ の投資家のシェアは約 70% になり，安定状態に達しているように見える．

以上の結果から，投資家の性質別に合計した市場シェアについて，時間とともにある安定状態に近づいていくような動きが観察された．その安定状態は，時定数に関しては，全ての投資家がそれぞれ一定の割合で共存する状

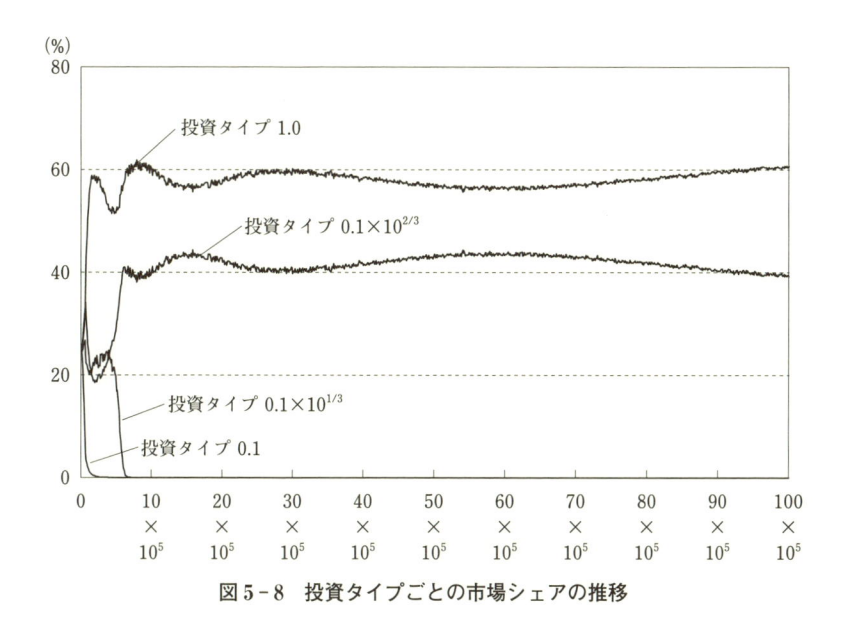

図5-8 投資タイプごとの市場シェアの推移

態，リスク許容度に関しては，最もリスク許容度の低い投資家のみが生き残る状態，投資タイプ k については，最も k の大きい投資家と2番目に k の大きい投資家が一定割合で共存し，残りの投資家は絶滅するような状態であるように思われる．

9. 異なる投資関数を持つ投資家の投入

　今までのシミュレーションで考えてきた投資家は，図5-1の投資曲線の形状を見ればわかる通り，価格が基準価格から大きく乖離した場合には逆張りのポジションを取る．しかし現実世界には，トレンドフォロー系のヘッジファンドのように，価格が上がり続ける間は買いポジションを取り続け，下がり続ける間は売りポジションを取り続けるような投資家も存在する．そこで，本モデルにも，そのようなトレンドフォロー系の投資家を混ぜてシミュレーションを行った．具体的には，

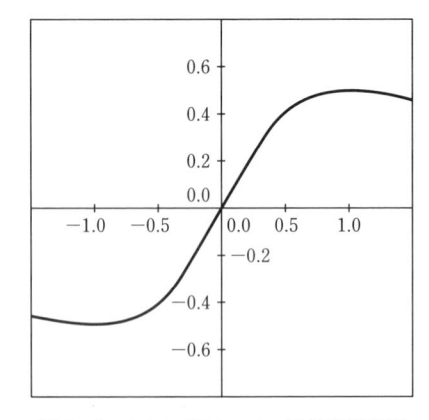

第Ⅱ部 新しい資産価値評価モデルの構築

図5-9 トレンドフォロー系の投資関数

$$\varphi(x) = \frac{x}{1+x^2}$$

となる投資関数（図5-9）を持つ投資家を混ぜて計算を実行した．初期状態におけるトレンドフォロー系の投資家の割合は20%とし，時定数などのその他のパラメータについては，今までのシミュレーションと同様とした．シミュレーションの結果を図5-10に示す．初めのうちは今までのシミュレーション結果と似たような値動きが見られたが，トレンドフォロー系の投資家のシェアが徐々に増加し，市場シェアが80%を超えてしばらく経ったところで突然，値段が発散して市場が崩壊してしまった．様々な初期値で同様のシミュレーションを行ったが，トレンドフォロー系の投資家を含む限り，最終的に必ず市場崩壊が起きるようである．ただ，市場シェアが80%を超えてもなかなか崩壊しないケースも見られた．

現実の市場ではファンダメンタルズによる制約があるため，値段が際限なく一方向に動いて市場が崩壊するということは考え難いが，近年，株式市場等において，アルゴリズム売買の増加によりボラティリティーが上昇しているとも言われており，また，アルゴリズム売買の中にはトレンドフォローを基本とするものもあるため，今回のシミュレーション結果は示唆的と言えるかもしれない．

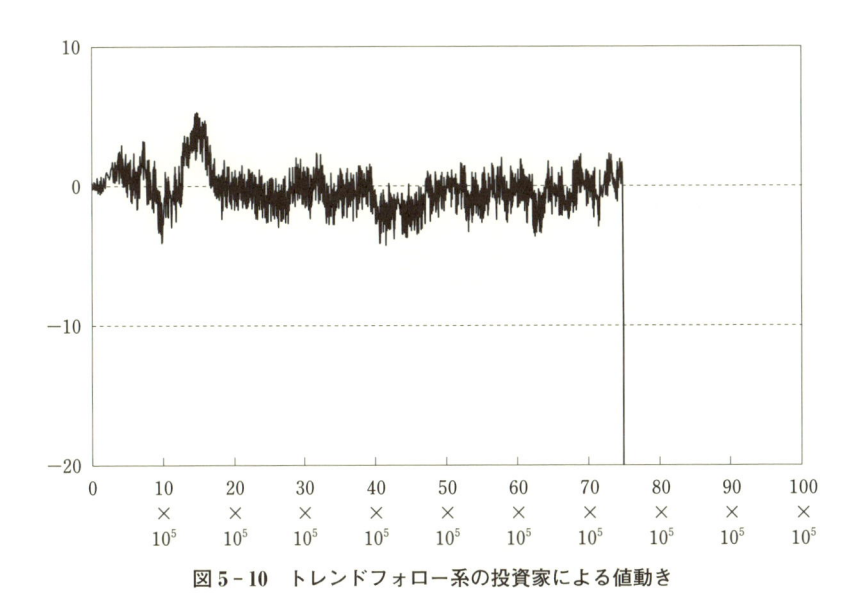

第 5 章 投資行動から構築する金融市場の価格変動モデル

図 5-10 トレンドフォロー系の投資家による値動き

10. 最小モデル

今回紹介したモデルを発展させるには，投資家の数や種類を増やすことも大事であるが，一方で，モデルの本質を捉えるには，どれだけ小さなセットでランダム的な動きが再現できるのか，という点も重要である．そこで，色々と条件を変えてシミュレーションを行った結果，2人の投資家による売買だけでもランダム的な動きが再現できることがわかった．図5-11に，時定数 $t^{(m)}$ を 7.0 と 150 の 2 通り，リスク許容度 $a^{(m)}$ を 1.0，投資タイプ $k^{(m)}$ を 1.0 とした，時定数のみ異なる 2 人の投資家に，同じ初期資金を与えてシミュレーションを行った結果を示す．

このケースは，力学系として考えると，2人の投資家それぞれの資産額と指数平滑化移動平均とポジション量，それに価格自体の，合計7つの変数があるので，7次元の離散力学系となる．ここで，ポジションの合計を0とすると，変数は一つ減って，以下のような6次元の離散力学系となる．

117

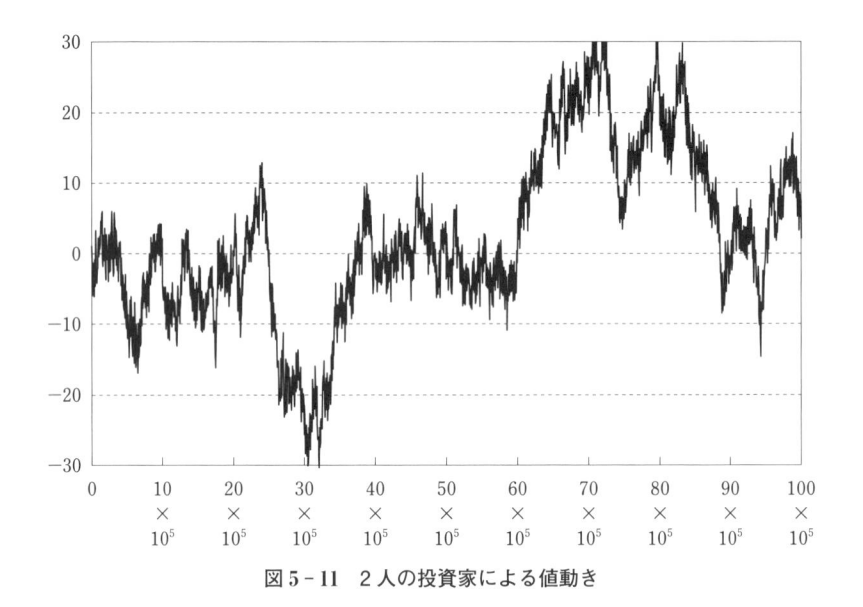

第Ⅱ部　新しい資産価値評価モデルの構築

図 5-11　2人の投資家による値動き

$$\begin{cases} s_i^{(1)} = \left(1 - \frac{1}{7}\right)s_{i-1}^{(1)} + \frac{p_i}{7}, \\ s_i^{(2)} = \left(1 - \frac{1}{150}\right)s_{i-1}^{(2)} + \frac{p_i}{150}, \\ v_i^{(1)} = v_{i-1}^{(1)} + y_{i-1}(p_i - p_{i-1}), \\ v_i^{(2)} = v_{i-1}^{(2)} - y_{i-1}(p_i - p_{i-1}), \\ \quad y_i = v_i^{(1)}\varphi(p_i - s_i^{(1)}), \\ -y_i = v_i^{(2)}\varphi(p_i - s_i^{(2)}), \end{cases}$$

ただし，$a^{(1)} = a^{(2)} = k^{(1)} = k^{(2)} = 1$ とし，また，$y_i^{(1)}$ を y_i とした．現在はまだこの力学系の詳しい解析は行っていないが，将来的には理論的な面からも解析が必要であると考えている．

11. 幾何変動モデル

今回は局所的な近似として，上下に対称なモデルを考えたが，実際の値動きは上下に非対称である．例えば値段は0以下にはならないし，値段が高いほど変動が大きい．また，上げ相場より下げ相場の方が動きが速い．そのような値動きを再現するため，以下のような式に従って各投資家のポジションを決定するモデルを考えた．

$$y_i^{(m)} = \frac{a^{(m)}}{p_i} \max(v_i^{(m)}, 0) \varphi\left(\frac{1}{k^{(m)}} \log \frac{p_i}{s_i^{(m)}}\right)$$

しかしながら，どのようなパラメータを採用しても，価格が正の無限大に発散するような数値計算結果しか得ることができなかった．他にも価格の対数を基準に取るようなポジション決定方法を色々と試してみたが，今のところ，上手く機能するようなものは得られていない．そもそも，今回のように価格自体の絶対的な値を基準とせず，過去の値段と現在の値段の相対的な価格差（もしくは価格比）のみを判断基準とする場合，上下方向どちらかにバイアスがかかっていると，最終的には必ずバイアスのかかっている方向に動くことになる．上式のようなポジション決定式を用いた場合には，価格の対数を取っている時点で上下方向には非対称性が生じており，その非対称性に由来するバイアスが解消されないかぎり，価格は0に収束するか無限大に発散するかのどちらかになる．

将来的にはバブルの発生と崩壊を再現できるようなモデルを構築したいと考えているが，その際には，価格に対する絶対的な基準を導入するか，もしくは上下のバイアスを完全に0にするような修正を加えるか，どちらかの方法を用いる必要があるだろう．

12. おわりに──まとめと今後の課題

複数の投資家がそれぞれの投資関数とパラメータに従って投資を行うことで価格が形成されるシンプルなモデルを考案し，数値シミュレーションの結

果，現実の価格変動に似た計算結果が得られた．この種のシミュレーションにおいて，ランダムな要素を入れてランダムウォーク的な動きが出るのは当たり前だが，今回のように，ランダムな要素の無い決定論的なシステムでもランダム的な値動きが得られるというのは，非常に興味深い結果であると考えられる．このランダム性は，カオス現象などにも見られる初期値鋭敏性に由来している．また，このモデルにおいては，投資家の性質ごとの市場シェアが時間とともに変化していく様子が見られた．さらに，相場が上げている間は買い，下げている間は売り続ける，いわゆるトレンドフォロー系の投資家を混ぜると，ある時点で市場が崩壊することが観察された．この結果は現実の市場との比較の上でも示唆的である．ランダムウォーク的な動きは，投資家の数が2人でも再現することができ，6次元の離散力学系で記述できるということを明らかにした．ただ，この力学系の理論的な解析は今後の課題である．今回は，現実の市場のような，上下の値動きに非対称性のあるモデルについては構築することが出来なかったので，これも今後の課題としたい．

　モデルそのものについては，まだまだ発展の余地があると考えられる．投資家の数を増やした場合に市場がどう変化するかも調べる必要があるし，現在は投資曲線の種類が1種類だが，複数の投資曲線を持つ投資家を混在させることも考えられる．幸いにして，このモデルは並列計算に向いているので，大規模なシミュレーションも比較的容易であると思われる．また，投資家として，価格が行き過ぎたときに介入を行う，政府機関のような主体を参加させ，値動きがどう変化するか観察するのも面白いかもしれない．投資の判断基準として今回は指数平滑化移動平均を用いたが，投資家は通常，取得原価を気にするので，平均取得価格を基準に加えるという方向性も考えられる．

　このモデルの有効性を判断するには，ある程度，大規模なシミュレーションが実行された段階で，シミュレーションによる価格変動と現実の市場で観察される価格変動を，統計的な側面から比較することなども必要になってくるであろう．

第 5 章 投資行動から構築する金融市場の価格変動モデル

参考文献

Bachelier, Louis (1900), 《Theorie de la Speculation (Thesis)》, *Annales Scientifiques de l'École Normale Supérieure*, tome III-17, pp. 21-86. (English Translation : Steven Haberman and Trevor A. Sibbett (eds.), *History of Actuarial Science*, Vol. III, pp. 15-78, 1995)

Black, Fischer and Myron Scholes (1973), "The Pricing of Options and Corporate Liabilities," *Journal of Political Economy*, Vol. 81 (3), pp. 637-654.

Bollerslev, Tim (1986), "Generalized Autoregressive Conditional Heteroskedasticity," *Journal of Econometrics*, Vol. 31 (3), pp. 307-327.

Carr, Peter, Hélyette Geman, Dilip B. Madan, and Marc Yor (2002), "The Fine Structure of Asset Returns : An Empirical Investigation," *Journal of Business*, Vol. 75 (2), pp. 305-332.

Cowles 3rd, Alfred and Herbert E. Jones (1937), "Some A Posteriori Probabilities in Stock Market Action," *Econometrica*, Vol. 5 (3), pp. 280-294.

Engle, Robert F. (1982), "Autoregressive Conditional Heteroscedasticity with Estimates of the Variance of United Kingdom Inflation," *Econometrica*, Vol. 50 (4), pp. 987-1007.

Fama, Eugene F. (1963), "Mandelbrot and the Stable Paretian Hypothesis," *Journal of Business*, Vol. 36 (4), pp. 420-429.

Fama, Eugene F. (1965), "Random Walks in Stock Market Prices," *Financial Analysts Journal*, Vol. 21 (5), pp. 55-59.

Glosten, Lawrence R., Ravi Jagannathan, and David E. Runkle (1993), "On the Relation between the Expected Value and the Volatility of the Nominal Excess Return on Stocks," *Journal of Finance*, Vol. 48 (5), pp. 1779-1801.

Granger, Clive W. J. and Oskar Morgenstern (1963), "Spectral Analysis of New York Stock Market Prices," *Kyklos*, Vol. 16 (1), pp. 1-27.

Kendall, Maurice G. and A. Bradford Hill (1953), "The Analysis of Economic Time-Series-Part I : Prices," *Journal of the Royal Statistical Society*, Series A (General), Vol. 116 (1), pp. 11-34.

Madan, Dilip B. and Eugene Seneta (1900), "The Variance Gamma (V. G.) Model for Share Market Returns," *Journal of Business*, Vol. 63 (4), pp. 511-524.

Mandelbrot, Benoi (1966), "Forecasts of Futures Prices, Unbiased Markets, and "Martingale" Model," *Journal of Business*, Vol. 39 (1), Part 2, pp. 242-255.

Merton, Robert C. (1976), "Option Pricing When Underlying Stock Returns are Discontinuous," *Journal of Financial Economics*, Vol. 3 (1-2), pp. 125-144.

Samuelson, Paul. A. (1965), "Proof that Properly Anticipated Price Fluctuate Randomly," *Industrial Management Review*, Vol. 6 (2), pp. 41-45.

Workinga, Holbrook (1934), "A Random-Difference Series for Use in the Analysis of Time Series," *Journal of the American Statistical Association*, Vol. 29 (185), pp. 11-24.

第6章
モラルハザードの価値評価
―― 強形式による定式化

中 村 恒

1. はじめに

1.1 はじめに

　モラルハザードは金融問題の中で最も深刻な問題の一つと考えられ，最近の金融危機では金融機関のモラルハザードが金融危機の原因の一つとして改めて注目された．従来よりコーポレートファイナンスの分野ではモラルハザードについて数多くの研究が存在する（e.g. Tirole 2006, Section 3.2）．モラルハザードとは，投資家が投資先企業の経営者の経営努力を観察できないとき，企業経営者が自身の私的利得を優先させ企業全体の価値最大化の経営努力を怠り，投資家の利得が損なわれることを指す．投資家は，このモラルハザードによる損失を軽減するため，企業経営者に努力する動機を与えるような契約に融資・投資する．この結果，モラルハザードは最適なリスクシェアリングや最適配分を歪めることが知られている．

　しかし，金融の世界では，このような企業・投資家のミクロレベルの歪みがモラルハザードの引き起こす歪みの全てではない．リスクシェアリングや配分が変化すれば，投資家の限界効用（すなわち状態価格（密度））が変化し，この結果，企業価値のみならず全ての金融資産の価格付けにマクロ的に影響を及ぼし得る．現実に最近の金融危機では，例えば投資銀行が証券化によってローンを売って審査するインセンティブを低下させ，また，ヘッジファン

＊本章は，これまで三隅隆司，高岡浩一郎と私との間で進めてきた共同研究を発展させた研究である．

ドの利己的な投資行動が戦略的倒産を誘発するなど，企業・金融機関の様々な形でのモラルハザードのミクロ的な歪みが，市場全体で累積しマクロ的に金融の不安定化を促したことが注目されている．

そこで，最近になってモラルハザードによるマクロ市場の不安定化を分析する研究が，急速に成長している．しかし，依然としてモラルハザードの資産価値評価式は，資産価格論や金融工学の分野において十分に確立されていない．実際に，投資家は企業経営者のモラルハザードに伴う損失に対して，どれほどの投資収益率を要求するのであろうか．例えば，ヘッジファンドのモラルハザードによる利己的な投資行動が投資収益を歪め得るときに，投資家はどれほどの収益率を要求し，しかも，それが累積して市場全体の投資収益をどれほど歪めるのであろうか．このような疑問に対する解答は，これまで学術上も金融実務上も明確ではなかった．今回のグローバル金融危機を経て，最近になって関連研究文献は急速に成長し始めているものの，債券投資分析や金利期間構造分析を含め，資産価格論や金融工学，保険数理の分野でモラルハザードの価値評価の分析は決して多くはない．

もちろん数少ない例外は存在し，そのなかで特筆に値する研究の一つはOu-Yang (2005) である．Ou-Yang (2005) は，指数型効用関数と外生的な固定無リスク金利を仮定して，モラルハザード下の均衡資産価値評価式を導出した．しかし，指数型効用関数は，数学的な利便性は高いものの，関数の定義域（例えば消費空間）が負の値を取りマイナス無限大まで取り得るなど現実への応用には困難を伴う．Ou-Yang (2005, p.1283) 自身が指摘するように，ベキ乗型効用関数のような，もっと一般的な効用関数を導入することが重要である．また，Ou-Yang (2005) のモデルでは，投資家の効用は終末時点 T のペイオフからのみ得られることもあって，無リスク金利が時間を通じて固定的であるため，金融実務への応用は限定的になっている．

本章の目的は，ベキ乗型効用関数と内生的に変動する無リスク金利を仮定しながら，モラルハザードが存在するときの資産価値評価式を明示的に示すことである．具体的には，連続時間の交換経済の一般均衡モデル（消費ベースの資本資産価格モデル (C-CAPM)）[1]にモラルハザードを導入する．ただし，現実の金融実務で問題になるモラルハザードの形態は様々である．本章で

第6章 モラルハザードの価値評価

は,企業の投資プロジェクトの期待生産性が企業の経営努力に依存するが投資家はその努力水準を直接観察できないことから企業の生産活動がモラルハザードに晒されている状況を考える.このとき金融市場における投資家の最適消費・投資問題を解き,均衡の状態価格密度を明示的に導出する[2].均衡状態価格密度が導出されれば,長期・短期やペイオフの形状に関わらずいかなる種類の証券・ローンもモラルハザード下において価格付けできる.

モデルの概要は以下の通りである.連続時間 $[0, T]$ (有限 $T>0$) を通じて,代表的投資家(以下では投資家と呼ぶ)と代表的企業(このモデルでは企業経営者と同一.以下では企業と呼ぶ)という2人のリスク回避的な経済主体が存在する[3].各経済主体は共通の瞬間的時間選好係数を持ち,時間分離可能な期待効用に基づいて各自の消費過程を評価する.投資家の瞬間的効用関数は相対リスク回避度一定(constant relative risk aversion:CRRA)型であり,企業の瞬間的効用関数は対数型である.企業は投資されれば,時間を通じて1種類の非耐久的な消費財を生産し,投資家との間で毎瞬間その消費財をシェアする.企業の生産過程は賦与(endowment)モデルとして構築され,幾何ブラウン運動によって表される連続のリスクに晒されるが,企業経営者は努力コストをかけて瞬間的な期待生産性(ドリフト項)を引き上げることができると仮定する.瞬間的な期待生産性は,企業経営者の努力水準を表す.生産の時間経路は投資家も企業経営者も観察できるが,努力水準は企業経営者の個人情報であり,投資家には直接観察できない.つまり,企業は自身の努力水準を知りながら現実のショックを観察して現実の生産レベルを観察できる一方で,投資家は生産レベルを観察できても,現実のショックと企業の努力水準

---

1) 例えば Lucas (1978), Breeden (1979), Cox et al. (1985), Dana and Jeanblanc (2007, Ch.7) を参照.
2) 状態価格は,ある状態が実現すると1単位のペイオフを支払い,それ以外の状態では何も支払わないことを約束する証券(アロー・ドブリュー証券)の価格として定義される.とくに連続状態モデルでは状態価格密度がそれに対応する概念である.これは価格カーネル,確率割引ファクターとも呼ばれる.
3) 代表的企業を仮定するのではなく,異質な複数の企業群を仮定することも可能である.例えば,最もシンプルなケースでは,本章で以下に仮定する n 個の独立なブラウン運動のそれぞれが個々の企業の被るショックであると仮定すれば,本章のフレームワークで異質な複数企業モデルでのモラルハザード問題を分析できる.

第Ⅱ部　新しい資産価値評価モデルの構築

を直接観察できない．したがって，この生産過程はモラルハザードに晒される．ここでのモラルハザードは，企業が企業自身の私的利益のために瞬間的期待生産性を決める行為として定義される．このような環境では，投資家は，事前（契約前）には企業のモラルハザードによる怠慢のインセンティブを軽減するように契約をデザインして投資し，一方で，事後（契約成立後）は契約に従いつつ金融市場にアクセスしながら消費や資産を最適化する．

なお，ここでは暗黙に，投資家は企業に対しては事前的には銀行のように振る舞い融資契約をデザインして提示し，企業が受け入れれば融資が実行されると仮定する．そこで直接的には投資家が契約をデザインする形でモデル化する．したがって，均衡は投資家と企業の間のナッシュ均衡であり，かつ市場均衡として定義される．つまり，モラルハザードと金融市場は均衡で相互に連関する．本章では，この連関によってモラルハザードがいかに金融市場において資産価格に影響するのかを解明する．

とくに，この資産価格モデルのもとで状態価格密度過程（ここではΠと表す）を導出する．モラルハザードの状態価格密度過程への影響を厳密解として閉形式（closed form）でマルチンゲールによって特徴付けることができる．そもそも適正に市場価格が形成されるとき，状態価格密度過程は以下の確率微分方程式によって特徴付けられる．

$$d\Pi(t) = \Pi(t)(-r(t)dt - \eta(t)^\top dB(t)), \quad \Pi(0) = 1.$$

ここでBはn次元標準ブラウン運動，rは無リスク金利，ηはリスクの市場価格を表す．本章では，均衡の無リスク金利rとリスクの市場価格ηがモラルハザードの影響を表すマルチンゲールを通じていかに歪むのかについて，経済構造パラメータの関数として明確化する．

分析の結果，主に以下の3つの含意が導かれる．第1に，モラルハザードはシャープ比を引き下げ，リスク資産への投資の魅力を低下させる．第2に，モラルハザードによって，リスクの市場価格ηが投資家の限界効用とは逆方向に歪められ，この歪みはリスクをヘッジする機能を果たす．モラルハザードが存在するとリスクプレミアムが減少することから，モラルハザードは無リスク金利rを上昇させることが示される．この無リスク金利の歪み

を，モラルハザードプレミアムと呼ぶこととする[4]．Ou-Yang (2005) とは対照的に，無リスク金利もリスクの市場価格も，企業の努力の最適な動学的変動に応じて時間的に変動する．また，この結果は，Weil (1989) によって最初に研究されたリスクフリーレート・パズルにおいて，モラルハザードが無リスク金利の理論値と実測値の間の乖離を拡大させることを意味する．モラルハザードが存在するときには，理論値を実測値に向け引き下げるためにいっそう大きなリスク回避度が必要になる．つまり，モラルハザードのもとではリスクフリーレート・パズルは悪化する．

　さらに，第3に，本章ではモラルハザードについて，価値評価への影響のみではなく，実物資源の最適配分への影響についても含意をもたらす．通常のコーポレートファイナンス・モデルのように，投資家が金融市場にアクセスできない場合は，全てのモラルハザードの影響が実物資源配分の歪みにのみ吸収される．これに対し，本章では，投資家が金融市場にアクセスできるので，その影響の一部が金融市場にも吸収され，モラルハザードによる歪みが金融効果と実物効果の2つのチャンネルに分割される．この結果，モラルハザードによる実物資源の最適配分の歪みが，市場効果の分だけ軽減される可能性がある．

1.2　先行研究との関連

　本研究はモラルハザードに関して，（1）資産価格論によるマクロ分析と，（2）連続時間の最適契約論，という2つの分野の接点に位置する研究であることから，それぞれの分野の先行研究に関連づけることができる．

（1）　モラルハザードのマクロ分析の先行研究との関係

　モラルハザードのマクロ分析の研究は，最近の金融危機の経験を踏まえて急速に成長し始めている．モラルハザードは金融実務において様々な形態を取り得るなかで，最近の先行研究のモデルのなかで想定されるモラルハザー

4）　このプレミアムは，モラルハザードが存在しない状態に比べたときのプレミアムとして定義される．

ドの種類を，大きく3つに分類することができる．

第1に，He and Krishnamurthy（2012, 2013）は，金融機関が資産運用を管理する努力を怠りながら私的便益のために収益を横領（diversion）するというモラルハザードを想定した．ここで，モラルハザードを軽減するために自己資本保有に関して制約を加える状況に注目して，資産価格がいかに歪むかを研究した．Brunnermeier and Sannikov（2014）も同様の状況で，金融機関の金融ポジションの資産価格への影響について，とくにKocherlakota（2000）によって指摘されたボラティリティ・パラドクスを分析した．これらの研究は，Biais *et al.*（2007），DeMarzo and Fishman（2007），DeMarzo and Sannikov（2006）の，モラルハザード下の連続時間の最適契約モデルを資産価格モデルに発展させたものである．

第2に，Myerson（2012），Misumi *et al.*（2015）は，企業・金融機関の投資プロジェクトの成功確率が経営者の努力水準に影響され，その努力には経営者にコストがかかり，しかも投資家はその努力を観察できない状況を想定し，モラルハザードのマクロ経済への影響を分析した．このタイプのモラルハザードは，コーポレートファイナンスや最適契約論などのミクロ分析では，モラルハザードの典型モデルとして，教科書レベルから研究文献レベルまで幅広く分析されてきた（例えばTirole 2006, Section 3.2 参照）．最近ではBiais *et al.*（2010）が，企業は下方のジャンプ確率を引き下げるようにコストをかけて努力できるが，投資家はその努力水準を観察できない状況で，モラルハザード下の最適契約を分析した．株主有限責任制度や倒産法のもとでは，企業の資産価値を超えるような大きな下方ジャンプリスクに関して，企業経営者がジャンプ確率を低下させる動機を失うので，最適契約としては，業績が悪いときに報酬を引き下げるという脅しが効くことを示した．さらに，もし業績が過度に低く報酬引下げの脅しの余地が小さい場合には，業績悪化に対して投資規模を削減するという脅しが，最適契約として機能することも示した．

Myerson（2012），Misumi *et al.*（2015）は，このタイプのモラルハザードをマクロ分析に応用した．Myerson（2012）は，長期の金融資産が存在せず，定常的で非確率的な単純なモデルであっても，長期の雇用インセンティブを

与えることによって，モラルハザードが軽減され得ることを示した．とくに，異なる企業年齢の金融機関は，これまで経験してきた景気動向に応じて異なる信頼を蓄積しているので，それらの異質な金融機関が複数共存する状況では，景気動向に応じて世代ごとに雇用形態が変動する．この結果，マクロ経済全体での総和として，複雑に循環的な景気変動が引き起こされることを示した．

Misumi et al. (2015) は，必ずしも企業を金融機関に限定しないものの，企業経営者がブラウン運動に基づく正規分布を変更するだけではなく，下方のジャンプ確率も含め確率測度全体を変更できる状況において，成功確率が下方に長い裾野を持つ分布によって表されるときのモラルハザードに注目した．投資家が金融市場に参加でき，企業のモラルハザード問題を最小化させるような最適契約をデザインするときの金融市場の資産価格動向を分析し，モラルハザード下の資産価値評価式を，閉形式で厳密解として導出した．なお，Biais et al. (2010) と同様にジャンプリスクをモデル化しているものの，株主有限責任制度や企業倒産は最適契約のなかで生じない．

第3に，Ou-Yang (2005) は，企業の生産活動において，期待瞬間生産増加（ドリフト項）の努力が企業にコスト負担を強いるが，投資家はその努力水準を直接観察できない状況を想定する．モラルハザードは，ドリフト項の変化によって特徴付けられる．この文献は Holmstrom and Milgrom (1987)，Schättler and Sung (1993) の連続時間契約モデルを資産価格モデルに応用したものである．本章のモラルハザードは，この種のモラルハザードの範疇に属する．

この序節 4, 5 段落目にも記したように，本章モデルは Ou-Yang (2005) を発展させている．しかし Ou-Yang (2005) のモデルを一般化したわけではなく，むしろ補完的な関係にある．そもそも数学的に見れば，これらの投資家の確率制御問題は2つの状態制約に従う．すなわち，企業の参加制約とモラルハザードに起因するインセンティブ制約である．Yong and Zhou (1999, p.155) が指摘するように，状態制約下の確率制御問題を解くことは，一般には困難を伴うことが知られている．そこで，解析解や数値解を得るために，モデルを経済学的な根拠に基づいて簡略化することが多い．とくに，本章モ

デルは Ou-Yang（2005）に比べて効用関数をベキ乗型に一般化し，無リスク金利も内生化して複雑化しているので，解析的にはもちろん，数値解析的にも解を得ることはいっそう難しくなっている．この困難さを克服するために，本章では Ou-Yang（2005）のモデルに比べ，投資家がデザインする契約の型を制約する．具体的には，契約は線形（すなわち，企業の分け前は生産結果に比例）であり，しかもその比例比率は定常的（すなわち，時間に関して独立で一定）であると仮定する．この契約型を定常線形契約と呼ぶこととする．

この契約の定常線形性の仮定は制約が強いように見えるが，この仮定のもとで得られた本章の解析解は意義深い．第1に，線形性の仮定については，本章モデルの方程式体系が全て線形であることから，最適解を見つける際には制約的ではないと思われる[5]．しかしながら，第2に，契約の定常性の仮定については，本章の有限時間モデルでは最適契約は一般には時間依存型にあることが予想されるので，契約型に定常性を仮定することは制約的である．なお，契約型の制約を緩めて契約の非定常性の影響を追加的に分析するために，定常線形契約の仮定のもとで得られた最適解を，時間に関してテイラー展開で摂動させることができる[6]．つまり，これらの契約型の制約のために，最適解を解析的に厳密解として得てモラルハザードの資産価格への影響を構造的に分析することが可能となり，しかも，定常線形契約型のもとで得られた厳密解は，モデルの仮定を緩めていっそう一般的なモデルを数値分析するためのベンチマークとしても役立つ．

（2） モラルハザードの連続時間の最適契約論の先行研究との関係

モラルハザードの連続時間の最適契約論との関連では，本章はドリフト項制御の問題として Cvitanić et al.（2009），Cvitanić and Zhang（2007），Nakamura and Takaoka（2014）に最も深く関係している[7]．それらの論文は，本

---

[5] 以下の4.2節で詳細に議論するように，例えば企業の効用関数が対数型でない場合には，本章モデルの方程式群が線形ではなくなるので，線形契約の仮定は制約的になる．

[6] 実際に本章の関連論文 Misumi et al.（2015）は，同様の数値解析を行った結果，契約の非定常性はリスクの市場価格に影響しないが，確定的にモラルハザードプレミアムに影響することを示した．

章と同様に，指数型効用関数ではなく一般的な効用関数を仮定し，プリンシパルとエージェントの間のモラルハザード問題下の最適契約を分析する[8]．本章はそれらのプリンシパル＝エージェントモデルが最適契約論の観点からいくつかの点で異なっている．例えば，それらのモデルでは終末時点 T でのみペイオフが発生する一方で，本章モデルでは時間を通じて連続にペイオフが発生する．この構造のため本章では，動学的に時間を通じて確率的に変動する均衡資産価格を分析できる．

また，最も本質的には，確率制御問題の形式が異なる．Cvitanić et al. (2009)，Cvitanić and Zhang (2007)，Nakamura and Takaoka (2014) より前の関連研究では，慣習として，情報優位にあるエージェント（本章では企業）のドリフト項制御問題を弱形式で定式化し，情報劣位にあるプリンシパル（本章では投資家）の最適契約デザイン問題には，誘因両立条件を用いて強形式で定式化することが多い（例えば Holmstrom and Milgrom 1987, Schättler and Sung 1993 等を参照）．これは，エージェントによるドリフト項制御としてモデル化されたモラルハザード行動を，ギルサノフ定理によって測度変換の問題に置き換え，確率解析の手法の利便性を利用し分析するためである．しかし，そのような慣習的な定式化においては，制御されるドリフト項の可測性（すなわちドリフト項がどの情報に基づいてコントロールされるのか）について，2人の経済主体の間で齟齬が生じ得る．詳細は以下の通りである．

モラルハザード問題のもとでは，経済主体がどのような情報を観察して，どのような情報を戦略的に顕示し，あるいは顕示しないのかは繊細な問題である．この繊細な情報問題を数学的に定式化するためには，細心の注意が必要である．連続時間のモラルハザードの文献で，プリンシパル＝エージェント問題の定式化を巡る繊細な情報問題について最初に議論したのは，Cvitanić et al. (2009) である．ここでは Cvitanić et al. (2009) を発射台にして，

---

7) この文献のサーベイについては，Cvitanić and Zhang (2013) の書籍を参照．また，モラルハザードの形態の分類については，本章の上述の該当箇所も参照．

8) Cvitanić and Zhang (2007) は，モラルハザードばかりではなく，逆選択も分析する．また，Nakamura and Takaoka (2014) は，モラルハザードに加え，投資家が生産過程を観察するためにモニタリング費用がかかる状況を分析する．

第II部　新しい資産価値評価モデルの構築

更に議論を発展させ確率制御問題の定式化の数学的側面について整理する[9]。

確率制御問題の強形式では，フィルタ付確率空間 $(\Omega, \mathcal{F}, \mathbb{F}, \mathbb{P})$（ただし，$\mathbb{F}=\{\mathcal{F}(t)\}_{0\leq t\leq T}$）とその空間上の n 次元 $\mathbb{F}$-標準ブラウン運動 B に対して，確率微分方程式，

$$dM(t) := \theta(t)dt + dB(t), \quad M(0)=0, \quad t\in[0, T]$$

（ただし T は有限の正の定数）

について，ドリフト項 θ を B によって生成される情報系（フィルトレーション）$\mathbb{F}$ に適合させながら制御する。一方，弱形式では，θ を情報系 $\mathbb{F}$ に適合させながら，$(\Omega, \mathcal{F}, \mathbb{F}, \mathbb{P}, B(\cdot), \theta(\cdot))$ を制御する。すなわち，弱形式では θ のみならず，フィルタ付確率空間およびブラウン運動も制御される。このとき，注意しなくてはいけないのは，弱形式では必ずしも情報系 $\mathbb{F}$ が B によって生成された情報系の拡張ではないことである。

さらに，生産過程 X は確率測度 $\mathbb{P}$ のもとで，確率微分方程式，

$$\frac{dX(t)}{X(t)} = dG(t) = \nu^G dt + \sigma^G dB(t), \quad X(0)=x>0, \quad t\in[0, T]$$

によって特徴付けられるとする。ここで，

$$\nu^G := \mu^G + \sum_{j=1}^{n} \sigma_j^G \theta_j$$

と定義され，$\mu^G \in \mathbf{R}$ は定数であり，$\sigma^G = (\sigma_1^G, \cdots, \sigma_n^G)$ は n 次元行ベクトルで全ての $j\in\{1,\cdots,n\}$ に対して定数 $\sigma_j^G > 0$ である。つまり，θ および ν^G が企業の経営努力を表す。この確率微分方程式に対して，θ および ν^G を情報系 $\mathbb{F}$ に適合させながら制御して確率制御問題を解く際に，ギルサノフの定理を用いて測度変換を適切に行える環境では，強形式をとることも弱形式をとるこ

---

9)　なお，確率微分方程式の強解・弱解，確率制御の強形式・弱形式の定義については，例えば Karatzas and Shreve（1991）や Yong and Zhou（1999）を参照。

とも技術的には可能である．

　確率制御問題では一般に，強形式は現実世界から見て自然な定式化である一方，弱形式は最終的に強形式（すなわち現実世界）の問題を解くことを目的とする際の補助的モデルとして利便性がある（Yong and Zhou 1999, p. 64）．例えば，通常の金融工学や数理ファイナンスの分野では，測度変換を行い弱形式を用いながら，リスク中立測度のもとで，典型的には完備市場において，金融商品の複製により，他の金融商品の価格付けを行うことが学術的にも実務的にも一般的である．一方で，本章では，弱形式を用いると企業の努力によって確率測度が実際に変換されるので，弱形式は単に強形式の補助的モデルではない．弱形式を選ぶか強形式を選ぶかは，単なる解法の利便性の問題に止まらず，経済モデルの違いを意味する．この意味で本章は，通常の金融工学・数理ファイナンスの設定と異なる．

　また，上述のように弱形式と強形式の間では，制御変数が適合する情報系が異なるので，弱形式で求めた最適制御解は必ずしも強形式の解と同じではない．ここで，企業の確率制御問題のみに注目すると，θ（およびν^G）を適合させる情報系$\mathbb{F}$は，強形式では，Bによって生成される情報系（ここでは$\mathbb{F}^B$と表記）である一方，弱形式では，変換された確率測度のもとで制御される情報系（ここでは$\mathbb{F}^M$と表記）である．なお，変換後の確率測度を$\mathbb{Q}$と表すと，$\mathbb{Q}$はラドン＝ニコディム微分，

$$\frac{d\mathbb{Q}}{d\mathbb{P}} = \prod_{j=1}^{n} \exp\left\{-\int_0^t \theta_j(s)dB_j(s) - \frac{1}{2}\int_0^t (\theta_j(s))^2 ds\right\}$$

によって特徴付けられる．このとき，前出の確率微分方程式，

$$dM(t) = \theta(t)dt + dB(t), \quad M(0) = 0, \quad t \in [0, T]$$

によって特徴付けられるMは，$\mathbb{Q}$のもとで標準ブラウン運動である．弱形式では，企業は変換した確率測度$\mathbb{Q}$のもとでの情報系$\mathbb{F}^M$に適合してθ（およびν^G）を制御するので，θdt（および$\nu^G dt$）とショック$dB(t)$の和である$dM(t)$に基づいて，制御の意思決定を行うこととなる．換言すれば，企業は努力θ（およびν^G）を制御するときに，Bが見えているにも関わらず，直

接的には，過去にどのようなショック B を受けてきたかの情報ではなく，結果である M (したがって X) から得られる情報を使って努力水準 θ (および ν^G) を決めることを意味している．さらに，$\mathrm{d}M(t)=\theta(t)\mathrm{d}t+\mathrm{d}B(t)$ の形状からわかるように，M を観察できているときに B の情報を直接利用しないことは，同時に直接的には θ の情報も使っていないことを意味する．

企業の確率制御問題を弱形式で分析することは，直接的には，企業が自分が過去にどのようなショック B を受けてどのような努力 θ (および ν^G) をしてきたかという情報を忘れ続けながら，M の歴史から得られる情報に基づいて，連続的に努力水準を決定する可能性を意味している．もちろんモデル次第では，弱形式で直接的には M からの情報に基づいて確率制御しても，最適化の結果として，均衡では B の情報も θ の情報も使うことと同値になる可能性は残されており，$\mathbb{F}^M$ の情報が $\mathbb{F}^B$ の情報と一致するかもしれない．しかし，それはモデルごとに証明されるべき結果であり，事前に θ (および ν^G) を $\mathbb{F}^M$ に適合すると仮定することは，経済学・金融論上は制約的と考えられる[10]．一方で，強形式では企業は B によって生成される情報系 $\mathbb{F}^B$ に基づいて，努力水準 θ (および ν^G) を制御する．すなわち，企業はショック B を観察しながら，これまでの努力水準 θ (および ν^G) も記憶し続けて，努力水準 θ (および ν^G) を意思決定する．このように，弱形式と強形式の間では θ (および ν^G) が適合する情報系が異なる限り，最適制御解が等しいとは言えない．つまり，ドリフト項を制御することと確率測度を変換することは，数学上はもちろん，経済学・金融理論上も異なり得る．

さらに，上述のように，Holmstrom and Milgrom (1987) や Schättler and Sung (1993) などの先行研究では，慣習として，2つの経済主体のそれぞれの確率制御問題を，弱形式と強形式で異なって設定し，両経済主体の間での情報系が異なるものとしてモデル設定する．とくに，制御される θ (および ν^G) の可測性に注目すると，企業は弱形式で θ (および ν^G) を $\mathbb{F}^M$ に適合して制御する一方，投資家は，確率微分方程式 $\mathrm{d}W(t):=\mathrm{d}B(t)-\theta\mathrm{d}t$ によって

---

[10] 例えば，企業が B を観察できず，さらに自身のドリフト項の制御結果も完全には観察できないと仮定すれば，弱形式は経済モデルとして正当化される．

第 6 章　モラルハザードの価値評価

特徴付けられるような変換測度のもとでの標準ブラウン運動 W に直面する．すなわち，投資家は誘因両立条件のもとで，標準ブラウン運動 W によって生成される $\mathbb{F}^W$ に適合して θ （および ν^G）のターゲットを決め，確率制御を行う．しかし，$dW(t)=dB(t)-\theta dt$ の構造からわかるように，$\mathbb{F}^W$ は $\mathbb{F}^M$ よりも小さい可能性がある．したがって，企業が弱形式において $\mathbb{F}^M$ に適合して制御した θ （および ν^G）が，投資家が強形式において $\mathbb{F}^W$ に適合しながらターゲットにする θ （および ν^G）の集合の中に入っていない可能性がある．つまり，2 つの確率制御問題の間で，可測性に齟齬が生じ得る．換言すれば，弱形式のなかで企業によって選択される最適な θ （および ν^G）は，強形式での投資家の最適契約デザインによってターゲットにすることができず，誘因両立条件を満たす契約によって遂行（implement）されない可能性がある．

　この問題を回避するためには，一般には 2 人の経済主体の確率制御問題を同じ形式で解くことが適切である．実際に，Cvitanić et al. (2009) では，1 次元標準ブラウン運動のもとでエージェントがドリフト項を制御するとき，モラルハザード問題下での 2 人の経済主体の 2 つの確率制御問題をともに弱形式で解く．しかし，上述したように，2 人の経済主体のドリフト項制御に関する確率制御問題をともに弱形式で分析することは，企業が自分が過去にどのようなショック B を受けて，どのような努力 θ （および ν^G）をしてきたかという情報を忘れ続けながら，M （したがって X）の歴史から得られる情報に基づいて努力水準を決定し続ける可能性を意味している．これは一般に想定される経済環境ではない[11]．

　そこで本章ではモラルハザードについて，2 人の経済主体の 2 つの確率制御問題を，ともに強形式で解く．この定式化は，プリンシパル＝エージェント間の最適契約問題としては，既に Nakamura and Takaoka (2014) のなかで，1 次元標準ブラウン運動と終末時点でのみのペイオフの設定のもとで研究されている．しかし，それを n 次元標準ブラウン運動と連続ペイオフの設定に拡張したことが，本章の特徴である．投資家が，企業の努力水準 θ

---

[11] なお，Misumi et al. (2014) は，Cvitanić et al. (2009) と同様に両経済主体の確率制御問題を弱形式で解くが，この問題を回避するために，ドリフト項でなく確率測度を直接的に制御する形でモラルハザード問題を構築している．

第II部　新しい資産価値評価モデルの構築

(および ν^ρ) を直接的に観察できないときに，強形式で投資家の確率制御問題を解くことについては，情報問題の解法の定跡として本章も誘因両立条件を課すので，ナッシュ均衡を分析する限り困難は生じない．したがって，本章の定式化は情報問題に関する自然な定式化と思われ，現実への応用可能性が高いと考えられる．

本章の残りの構成は，以下の通りである．次節はモデル環境を定義する．3節は企業と投資家の最適化行動を定式化する．4節は市場均衡を定義し均衡を特徴付ける．5節は均衡資産価格を分析し，資産価格理論上の含意を導く．最終節は結論を述べる．

2. モデル環境

2.1 プレーヤーとフィルタ付確率空間

本章は，有限期間 $[0, T]$ において2人の危険回避的な経済主体，すなわち代表的企業と代表的投資家（以下ではそれぞれ企業，投資家と呼ぶ）が生存する連続時間の動学確率経済を考察する．以下では，企業と投資家をそれぞれプレーヤー1，2と番号付けて指し示すこともある．

次に，フィルタ付確率空間 $(\Omega, \mathcal{F}, \mathbb{F} = \{\mathcal{F}(t)\}_{0 \le t \le T}, \mathbb{P})$ を定義する．$\{B_1(t), \cdots, B_n(t)\}_{0 \le t \le T}$ はそれぞれこの確率空間上の n 個の独立な1次元標準 $\mathbb{F}$-ブラウン運動であり，すなわち，$0 \le t \le s$ を満たすような t, s に対して，$j = 1, \cdots, n$ それぞれについて，$B_j(s) - B_j(t)$ は $\mathcal{F}(t)$ から独立であり，$B_j(0) = 0$ である．情報系 $\mathbb{F}$ は，$\{B_j(t); j = 1, \cdots, n\}_{0 \le t \le T}$ によって生成される．表記上の便宜のために，n 次元の確率過程 $B(t) := (B_1(t), \cdots, B_n(t))^\top$ とも書く．

また，確率測度 $\mathbb{Q}$ を，$\mathbb{P}$ に絶対連続な確率測度（$\mathbb{Q} \ll \mathbb{P}$ と表記）と定義する．すなわち，$A \in \mathcal{F}$ に対して $\mathbb{P}(A) = 0$ であれば，$\mathbb{Q}(A) = 0$ である．そして，ラドン=ニコディム微分過程を，以下のように定義する．

$$Z(t) := \left. \frac{d\mathbb{Q}}{d\mathbb{P}} \right|_{\mathcal{F}(t)} = \mathbb{E}_t^{\mathbb{P}} \left[\frac{d\mathbb{Q}}{d\mathbb{P}} \right].$$

マルチンゲール表現定理（cf. Theorem 5.43 of Medvegyev 2007）によって，

$$dZ(t) = Z(t)\left\{\sum_{j=1}^{n} u_j(t) dB_j(t)\right\} \tag{2.1}$$

であるような $\mathbb{F}$-適合過程 $u = (u_1, \cdots, u_n)$（ただし，全ての $j=1, \cdots, n$ について $\int_0^T (u_j(t))^2 dt < \infty$ である）が存在する．なお，それぞれの $j=1, \cdots, n$ に対して，

$$\widetilde{B}_j(t) := B_j(t) - \int_0^t u_j(s) ds$$

は $\mathbb{Q}$-ブラウン運動である．式 (2.1) に伊藤の公式を応用すると（例えば Theorem 11.6.9 of Shreve 2004, p. 503 参照），

$$Z(t) = \prod_{j=1}^{n} \exp\left\{\int_0^t u_j(s) dB_j(s) - \frac{1}{2}\int_0^t (u_j(s))^2 ds\right\}.$$

2.2 生　産

企業は1種類の非耐久の（すなわち，貯蔵できない）消費財を生産する．この生産量は X で表され，確率測度 $\mathbb{P}$ のもとで以下の確率微分方程式によって特徴付けられる．

$$\begin{aligned} dX(t) = X(t) dG(t) &:= X(t)\left(\nu^G(t) dt + \sum_{j=1}^{n} \sigma_j^G dB_j(t)\right) \\ &= X(t)\left\{\left(\mu^G + \sum_{j=1}^{n} \sigma_j^G \theta_j(t)\right) dt + \sum_{j=1}^{n} \sigma_j^G d\widetilde{B}_j(t)\right\}, \\ X(0) &= x_0 > 0. \end{aligned} \tag{2.2}$$

ここで $\mu^G, \sigma_j^G, \forall j$ は所与の定数であり，かつ $\sigma_j^G > 0 \forall j$ である．なお，表記上の便宜から n 次元行ベクトル $\sigma^G := (\sigma_1^G, \cdots, \sigma_n^G)$ とも書く．生産性 $\dfrac{dX}{X}$ の確率過程のドリフト項（すなわち瞬間期待生産性）について，企業は各 t に対して $\nu^G(t) = \mu^G + \sum_{j=1}^{n} \sigma_j^G \theta_j(t)$ であるように $\theta = (\theta_1, \cdots, \theta_n)$ を制御することにより，ドリフト項を変更できる．ここで，θ（およびドリフト項 ν^G）を企業努力

と呼ぶこととする．高い（低い）努力水準は，高い（低い）瞬間的な期待生産性をもたらす．企業の努力過程 θ は $\mathbb{F}$-適合的でありかつ有界であると仮定する．すなわち，企業は努力水準 θ を，有界のままで情報系 $\mathbb{F}$ に適合させながら制御する．このモデルでは生産資源は投入されないので，生産は一種の賦与 (endowment) と捉えることができ，ここでは代表的企業を想定しているので，生産（賦与）過程 X は実質国民総生産を表している．

なお，努力水準 θ は $\mathbb{F}$-適合なので，$\mathbb{Q}$ をラドン＝ニコディム微分，

$$\frac{d\mathbb{Q}}{d\mathbb{P}} := \varepsilon\left(-\int \theta^\top dB\right)_T \tag{2.3}$$

によって定義する．ここで，

$$\varepsilon\left(\int \theta^\top dB\right)_t := \exp\left(\int_0^t \theta(s)^\top dB(s) - \frac{1}{2}\int_0^t \sum_{j=1}^n (\theta_j(s))^2 ds\right)$$

である．θ は有界なので，ノビコフ条件が満たされる．したがって，$\mathbb{Q}$ は確率測度である．また，

$$B^\theta(t) := B(t) + \int_0^t \theta(s) ds \tag{2.4}$$

と定義すれば，B^θ は確率測度 $\mathbb{Q}$ のもとでドリフト無しのブラウン運動である．

2.3　モラルハザード

企業は努力水準を制御するために，以下のような効用コスト $\Gamma(\theta)$ を負担する．

$$\Gamma(\theta) := \mathbb{E}^\mathbb{P}\left[\int_0^T g(\theta(t)) dt\right] := \mathbb{E}^\mathbb{P}\left[\frac{1}{2}\int_0^T \sum_{j=1}^n (\theta_j(t))^2 dt\right].$$

この努力コスト $\Gamma(\theta)$ は，以下に定義する消費からの効用に対して，線形加法的に負担される．企業は努力コスト $\Gamma(\theta)$ を勘案しながら，自らの期待効用を最大化するように努力水準 θ （瞬間期待生産性 ν^G）を制御する．

企業の努力水準 θ は企業の私的情報であり，投資家は企業の努力水準 θ を直接観察することはできないと仮定する．一方，モラルハザードの先行文献で標準的なように，X の生産結果自体については，企業はもちろん投資家にとっても観察可能であると仮定する．σ^G も公開情報である．したがって，投資家は高生産（好景気）を観察したときに，それが偶然なショック（ブラウン運動）の結果なのか，あるいは企業努力の成果なのかを直接観察できない．

一方で，もし仮想的に企業努力を直接観察できるとすれば，企業のペイオフのみならず企業と投資家の期待効用（ここでは代表的投資家・代表的企業を仮定しているので，国民全体の経済厚生でもある）を最大化するような努力水準が存在するとする．このような努力水準を $\bar{\theta}$ として外生的に与え，ファーストベスト努力水準と呼ぶこととする．$\bar{\theta}$ はモラルハザードのもとで，企業が選択する努力水準よりは十分に大きいと仮定する．

このように，本章モデルの生産過程は，モラルハザード問題に晒されている．なお，投資家は，企業の努力水準を直接観察できないものの，企業の最適行動を予測して適切な契約をデザインすれば，企業の最適な努力水準 θ を検証できる（verifiable）かもしれない．

2.4　消　費

経済主体は $[0, T]$ を通じて生産された消費財を，毎瞬間分け合って消費する．$S=\{S(t)\}_{0 \leq t \leq T}$ と $C=\{C(t)\}_{0 \leq t \leq T}$ は，企業と投資家それぞれの消費過程を表す．$\mathcal{H}$ は，以下のような性質をもった全ての実数値適合過程である．$Y, Z \in \mathcal{H}$ に対して内積，

$$(Y|Z) := \mathbb{E}^{\mathbb{P}}\left[\int_0^T Y(t)Z(t)\mathrm{d}t + Y(T)Z(T)\right]$$

を有し，

$$\mathbb{E}^{\mathbb{P}}\left[\int_0^T Y(t)^2 \mathrm{d}t + Y(T)^2\right] < \infty$$

である．$\mathcal{H}_+$ は $\mathcal{H}$ のなかで全ての非負過程を表す．C, S は，$\mathcal{H}_+$ のなかにあ

る．また，式(2.2)によって特徴付けられる生産過程 X は，$\mathcal{H}_+$ のなかにある．消費財は貯蔵できないので，消費の終末時点 T のストックはゼロ，すなわち $C(T)=S(T)=0$ である．

消費財は，企業と投資家の間で0時点で結ばれる契約条項にしたがって，$[0,T]$ を通じて配分される．本章では S を契約とも呼ぶ．企業への配分 S は，企業の消費を表す一方で，C は投資家の配分 $X-S$ のなかから投資家が選択した消費量であり，その差分 $X-S-C$ は，次の2.5節に示すように，金融市場への投資に回すことができる．ここでは暗黙の仮定として，投資家は企業に対しては事前的には銀行のように振る舞い，融資契約をデザイン・提示し，企業が受け入れれば融資する状況を想定する．そこで直接的には，投資家が契約をデザインする形でモデル化する．具体的には，0時点において，投資家が契約 $\{S(t)\}_{0\leq t\leq T}$ を起草し，企業に提示し，それに対し企業が契約を受諾するか断るかを決める．再交渉の機会は存在しない．なお，C,S の集合に関する数学的制約は後述する．

2.5 金融市場

金融市場は投資家のみがアクセス可能であり，企業はアクセスできないと仮定する[12]．市場には，無リスク資産と d 個のリスク資産が存在する．なお，$d\leq n$ とする．各資産の市場全体での正味の供給量は，ともにゼロとする．価格 $\{P_0(t)\}_{0\leq t\leq T}$ を有した無リスク資産の収益過程は以下のように特徴付けられる．

$$\frac{dP_0(t)}{P_0(t)}=r(t)dt.$$

ここで，$r(t)$ は実質の無リスク金利であり，市場の中で均衡において内生的に決定される．$r(t)$ は負の値も取り得，$\int_0^T |r(t)|dt<\infty,\text{a.s.}$ であると仮定す

---

[12] 企業が市場にアクセスできると仮定すれば，モラルハザードは市場を通じて企業にも影響し得る．このとき企業は努力することで高い市場収益を得るので，モラルハザード問題が軽減し得る．

る．一方，d個のリスク資産の超過収益率を$\mathrm{d}R$で表し，以下のような確率微分方程式によって特徴付けられる．

$$\mathrm{d}R(t) = \mu^R \mathrm{d}t + \sum_{j=1}^{n} \sigma_j^R \mathrm{d}B_j(t).$$

ここで確率過程 $x: \Omega \times [0, T] \to S$ の集合に対して，$p=1$ or 2 について，集合 $L_p(S)$ を，全ての $t \in [0, T]$ について $\int_0^T |x(t)|^p \mathrm{d}t < \infty$, a.s. であるような集合と定義すると，$\mu^R \in L_1(\mathbf{R}^d)$, $\sigma_j^R \in L_2(\mathbf{R}_{++}^d) \forall_j$ である．なお，$(d \times n)$ 行列 $\sigma^R := (\sigma_1^R, \cdots, \sigma_n^R)$ とも表記する．市場機会に関して以下のような仮定を置く．

仮定 2.1 σ^R の d 行は線形独立である．

市場は完備ではないかもしれないが，この仮定のために，価格が適正に形成され得る．なお，簡単化のために，金融市場は生産と同じ確率測度のもとにあると仮定している[13]．

投資家の資産は確率過程 W で表され，初期時点での資産はゼロである（$W(0)=w_0=0$）．投資家は，有限期間 $[0, T]$ を通じて金融資産のポートフォリオを動学的に形成して資産運用する．なお，投資家は正負の金融資産ポジションをとることができるが，以下で定義するように，均衡では市場がクリアするのでゼロポジションをとる．資産価格を適切に定義するため，Cox et al. (1985) のように，資産過程は均衡経路外では負の値もとることができると仮定する．リスク資産への投資比率は $\mathbf{R}^d$ 値適合過程 β によって表され，以下のように定義される．

定義 2.1 集合 $\mathcal{B}$ は以下の条件を満たす $\mathbb{F}$-適合過程 β の集合である．$\beta \in L_2([0,1]^d)$ であり，μ^R, σ^R に対して，

---

[13] これは強い仮定であるかもしれない．代わりに，企業が確率測度の一部分を制御できると仮定することも可能であるが，これは将来の研究課題である．

$$\int_0^T |\beta(t)^\top \mu^R| \mathrm{d}t < +\infty, \quad \int_0^T |\beta(t)^\top \sigma^R|^2 \mathrm{d}t < +\infty \quad \text{a.s.}$$

である.

リスク資産以外への投資は無リスク資産に投資される.したがって,資産過程 W は以下のような確率微分方程式で特徴付けられる.

$$\mathrm{d}W(t) = W(t)r(t)\mathrm{d}t + W(t)\beta(t)^\top \mathrm{d}R(t) + (X(t) - C(t) - S(t))\mathrm{d}t,$$
$$W(0) = w_0 \tag{2.5}$$

なお,

$$\beta(t)^\top \mathrm{d}R(t) = \sum_{k=1}^d \beta_k(t)\left(\mu_k^R \mathrm{d}t + \sum_{j=1}^n \sigma_{k,j}^R \mathrm{d}B_j(t)\right)$$
$$= \sum_{k=1}^d \beta_k(t)\mu_k^R \mathrm{d}t + \sum_{j=1}^n \left\{\sum_{k=1}^d \beta_k(t)\sigma_{k,j}^R\right\} \mathrm{d}B_j(t)$$

は適切に定義される.

2.6 効 用

2人の経済主体は,消費と資産を時間分離可能な効用によって評価する.彼らの効用は,共通の一定の瞬間的割引率 $\delta > 0$ と異なる瞬間的効用関数によって特徴付けられる.$k \in \{1,2\}$ に対して,$f_k: \mathbf{R}_{++} \to \mathbf{R} \cup \{-\infty\}$ はプレーヤー k の自身の消費からの瞬間的効用関数を表す.とくに,消費 $x > 0$ に対して,

$$f_1(x) = a \log x, \quad f_2(x) = \frac{x^{1-\gamma}}{1-\gamma}$$

である.ここで a, γ は正の定数であり,$0 < \gamma < 1$ である.すなわち,投資家は企業よりもリスク回避的でない.明らかに $k = 1, 2$ に対しては効用関数 f_k は非減少であり,凹性を有し,その効果的な領域 $\mathrm{dom}\, f_k := \{x \in \mathbf{R} | f_k(x) > -\infty\}$ において連続微分可能である.さらに,T 時点に投資家は保有資産 $W(T)$ から線形効用を得る一方で,企業は資産から効用を得ない.

したがって，企業の行動評価基準は以下のように書ける．制御されたドリフト項 θ と消費 $\{S(t)\}_{0\leq t\leq T}$ に対して，$U_1(\theta;S)$ が企業の努力コスト $\Gamma(\theta)$ を考慮した期待効用を表すとすると，

$$U_1(\theta;S) = \mathbb{E}^{\mathbb{P}}\left[\int_0^T e^{-\delta u} a \log S(u) \mathrm{d}u\right] - \Gamma(\theta) \tag{2.6}$$

である．企業は初期時点において，留保効用（reservation utility）$\rho \in \mathbf{R}$ を外生的な定数として得る機会を有している．もし投資家が企業に留保効用 ρ よりも低い期待効用を保証するような契約を企業に提示したら，企業はその契約を受け入れない．この契約関係を有効にするために，以下のような仮定をおく．

仮定 2.2 $\rho < \mathbb{E}^{\mathbb{P}}\left[\int_0^T e^{-\delta u} a \log X(u) \mathrm{d}u\right]$.

後述するように，少なくともこの仮定が満たされていないと留保効用が高すぎることから，企業が契約に参加する余地はない．

次に，投資家の行動評価基準を記述する．ターゲットとなる企業努力 θ，消費 $\{C(t)\}_{0\leq t\leq T}$，終末時点 T での資産 $W(T)$ に対して，投資家の期待効用を $U_2(C,W(T);\theta)$ によって表すと，

$$U_2(C,W(T);\theta) = \mathbb{E}^{\mathbb{P}}\left[\int_0^T e^{-\delta u} \frac{C(u)^{1-\gamma}}{1-\gamma} \mathrm{d}u + e^{-\delta T} W(T)\right] \tag{2.7}$$

である．

2.7 制御変数の数学的制約

各経済主体の行動評価基準が適切に定義されるように，企業の制御変数 θ と投資家の制御変数 $(S,C,\beta) \in \mathcal{H}_+ \times \mathcal{H}_+ \times \mathcal{B}$ について，数学的性質を定義する．まず企業の制御変数については，上述したように，

定義 2.2 A_1 は $\mathbb{F}$-適合的で有界な努力 θ の集合である．

次に投資家の制御変数については，

定義 2.3 $\mathcal{A}_2$ は $(S, C, \beta) \in \mathcal{H}_+ \times \mathcal{H}_+ \times \mathcal{B}$ の集合として以下のように定義される．
- （ⅰ） $0 < S(t) \leq X(t) \forall [0, T)$ a.s. であり，$S(t) = 0$．
- （ⅱ） S はマルコフ型，すなわち，ある確定（deterministic）関数 $\tilde{s}$ に対して $S(t) := \tilde{s}(t, X(t))$ と表される．とくに，その契約型を以下のように制約する．ある定数 $s \in (0, 1) \subset \mathbf{R}_{++}$ に対して $S(t) = sX(t) \forall t \in [0, T)$ a.s. である．この契約は線形（すなわち生産量に比例）であり，その比例比率は一定（時間独立）である．この契約型を定常線形契約と呼ぶこととする．
- （ⅲ） $\mathbb{P}\left[\int_0^T e^{-\delta u} \log S(u) \mathrm{d}u > -\infty\right] > 0$．
- （ⅳ） $0 < C(t) \leq X(t) \forall [0, T)$ a.s. であり，$C(T) = 0$．
- （ⅴ） C はマルコフ型，すなわち，ある確定関数 $\tilde{c}$ に対して $C(t) := \tilde{c}(t, X(t), W(t))$ である．
- （ⅵ） β はマルコフ型，すなわち，ある確定関数 $\tilde{b}$ に対して $\beta(t) := \tilde{b}(t, X(t), W(t))$ である．
- （ⅶ） 式(2.5)によって生成される資産過程 W は $\mathbb{E}^{\mathbb{P}}[(W(T))^2] < \infty$ を満たす．

マルコフ制御であるので，動的計画法における制御の可測性の問題を回避できる（例えば Pham 2009, p. 42 を参照）．定義 2.3（ⅱ）については，このモデルでは方程式群全体が線形なので，最適契約も線形であることが予想されることから，線形性の仮定は制約的ではないと考えられる[14]．他方，定常性の仮定は，このモデルが有限期間モデルであることから，制約が強いと考えられる．しかし，本章では厳密解を明示的に導出するために，契約の形状にこれ

---

14) ただし，もしモデルを変化させれば，方程式群は非線形になり得る．方程式群が非線形である場合は，この予想は相応しくない．例えば，後述するように，もし企業の瞬間効用関数が対数型でない場合は，方程式群は線形ではなくなる．

らの制約を課す．なお，定常性の仮定を緩めて，契約が非定常であるときの資産価格に与える影響については，本章の関連論文 Misumi et al. (2015) が定常性の制約のもとで求めた厳密解の周りで時間に関して，テイラー展開することにより非定常性の影響を数値解析的に検証しているので，そちらを参照してほしい．まとめると，一般的に，モラルハザード下の最適消費・投資問題は，このような契約や経済構造に関して制約を課さない環境では，解析的にも数値解析的にも解を求めることは難しい．それに対し，本章は，定常線形契約の制約を課すことによって，最適解を解析的に厳密解として得て，モラルハザードの資産価格への影響を構造的に分析することが可能となり，しかも，Misumi et al. (2015) の非定常性に関する数値解析のように，より一般的な環境における均衡解を数値解析するためのベンチマークとして利用可能である．

ここで，U_1 と U_2 の可積分性を確認する．確率過程 X は，式(2.2)によって特徴付けられ可積分である．したがって，定義 2.3 (i) によって S もまた可積分である．f_1 の凹性によって $U_1 < +\infty$．他方，定義 2.3 (iii) は $U_1 < -\infty$ を必ずしも保証しない．しかし企業は，留保効用 $\rho \in \mathbf{R}$ の機会を有しているので，U_1 は均衡では適切に定義されている．U_2 については，X が可測でありかつ定義 2.3 (iv) であるので，$U_2 < +\infty$．さらに $f_2 \geq 0$ であるので $U_2 \geq 0$．つまり，U_2 は適切に定義されている．

3. 最適化

3.1 企業の最適化問題

A_2 と整合的な契約 S に対して，企業の努力の最適制御を検証する．最適化された期待効用を V_1 と表すと，

$$V_1 := \sup_{\theta \in A_1} U_1(\theta\,;S).$$

Nakamura and Takaoka (2014) を応用して[15]，以下の命題が得られる．

命題 3.1 $\mathcal{A}_2$ に整合的な S に対して,企業の最適化問題 $\sup_{\theta \in \mathcal{A}_1} U_1(\theta; S)$ が唯一の最適制御解 $\theta^* \in \mathcal{A}_1$ を得る.ここで,

$$B^{\theta^*}(t) := B(t) + \int_0^t \theta^*(u) \mathrm{d}u$$

を定義すれば,確率測度 $\mathbb{Q}^*$ を以下のラドン゠ニコディム微分によって特徴付けられる.

$$\frac{\mathrm{d}\mathbb{Q}^*}{\mathrm{d}\mathbb{P}} := \varepsilon\left(-\int (\theta^*)^\top \mathrm{d}B^{\theta^*}\right)_T = \frac{1}{\varepsilon\left(\int (\theta^*)^\top \mathrm{d}B^{\theta^*}\right)_T}.$$

ここで企業の最適効用 V_1 は

$$V_1 = \log \mathbb{E}_t^{\mathbb{Q}^*}[e^{\int_0^T e^{-\delta u} a \log(sX(u)) \mathrm{d}u}]$$

と表せる.また,$\theta^*(t)$ は,以下のような時刻 t の関数 $h(t)$ を用いて,

$$\theta^*(t)^\top = \frac{\mathbb{E}^{\mathbb{Q}^*}[D_t(e^{\int_0^T e^{-\delta u} a \log(sX(u)) \mathrm{d}u}) | \mathcal{F}^{B^{\theta^*}}(t)]}{\mathbb{E}^{\mathbb{Q}^*}[e^{\int_0^T e^{-\delta u} a \log(sX(u)) \mathrm{d}u} | \mathcal{F}^{B^{\theta^*}}(t)]} = h(t) := a \frac{e^{-\delta t} - e^{-\delta T}}{\delta} \sigma^G$$

と表され,

$$e^{\int_0^T e^{-\delta u} a \log(sX(u)) \mathrm{d}u} = \mathbb{E}^{\mathbb{Q}^*}[e^{\int_0^T e^{-\delta u} a \log(sX(u)) \mathrm{d}u}] \varepsilon\left(\int (\theta^*)^\top \mathrm{d}B^{\theta^*}\right)_T$$

を満たす.さらに,$\mathbb{F}^{B^{\theta^*}} = \mathbb{F}^B$ である.

証明 補論を参照.

系 3.1

$$\frac{\mathrm{d}\mathbb{P}}{\mathrm{d}\mathbb{Q}^*} = e^{-V_1} e^{\int_0^T e^{-\delta u} a \log(sX(u)) \mathrm{d}u} \tag{3.1}$$

---

15) Nakamura and Takaoka(2014)では 1 次元ブラウン運動を仮定し,ペイオフは終末時点 T でのみ生じることを仮定している.

投資家は企業の努力水準 θ を直接観察することはできないが，式(3.1)を満たすように契約をデザインすることによって，企業にとって最適な θ^* をターゲットにすることができる．式(3.1)を誘因両立条件と呼ぶ．また，企業が契約に参加することを保証するために参加条件を置く．

$$V_1 \geq \rho. \tag{3.2}$$

3.2 投資家の最適化問題

次に投資家の最適化問題をみる．投資家は，命題 3.1 によって特徴付けられる企業の最適行動（とくに誘因両立条件式(3.1)）と企業の参加条件式(3.2)を与件としながら，投資家自身の効用を最大化するように 0 時点直前に契約 S をデザインし，契約後は契約 S に従いながら消費・投資 C, β を制御する．$\{V_2(t)\}_{0 \leq t \leq T}$ を投資家の最適な期待割引効用を表すとすると，投資家の最適化問題は以下のように表すことができる．

$$V_2(0) = \sup_{(S,C,\beta) \in A_2} U_2(C, W(T); \theta^*) \tag{3.3}$$

s.t. $\mathrm{d}W(t) = W(t)r(t)\mathrm{d}t + W(t)\beta(t)^\top \mathrm{d}R(t) + (X(t) - C(t) - S(t))\mathrm{d}t,$
$W(0) = w_0,$

$\mathrm{d}R(t) = \mu^R \mathrm{d}t + \sum_{j=1}^{n} \sigma_j^R \mathrm{d}B_j(t),$

$\mathrm{d}X(t) = X(t)\left(v^G(t)\mathrm{d}t + \sum_{j=1}^{n} \sigma_j^G \mathrm{d}B_j(t)\right), \quad X(0) = x_0,$

$\dfrac{\mathrm{d}\mathbb{P}}{\mathrm{d}\mathbb{Q}^*} = e^{-V_1} e^{\int_0^T e^{-\delta u} a \log s(u) \mathrm{d}u},$ （式(3.1)より）

$V_1 = \log \mathbb{E}^{\mathbb{Q}^*}\left[e^{\int_0^T e^{-\delta u} a \log s(u) \mathrm{d}u}\right] \geq \rho.$ （式(3.2)より）

なお上述のように，

$$U_2(C, W(T); \theta) = \mathbb{E}^{\mathbb{P}}\left[\int_0^T e^{-\delta u} \frac{C(u)^{1-\gamma}}{1-\gamma} \mathrm{d}u + e^{-\delta T} W(T)\right]$$

である．

定義 3.1 式 (3.3) を最大化する制御変数 $(S, C, \beta) \in \mathcal{A}_2$ が存在すれば，その (S, C, β) は最適であると言う．

命題 3.1 によって $\mathbb{F}^{B^{\theta^*}} = \mathbb{F}^B$ であるから，企業によって制御されおよび投資家によってターゲットにされる企業の努力水準 θ^* が適合する 2 つの情報系の間に，離齬は生じない．したがって，強形式で定義した投資家の確率制御問題を測度変換して弱形式で表しても，2 人の経済主体の間で可測性の差異の問題は生じず，投資家がターゲットにする θ^* は，企業が最適制御する努力水準として契約によって遂行（implement）できる．したがって，式 (3.3) を測度変換させながら，以下のようにラグランジアンを書くことができる．

$$\sup_{(S,C,\beta)\in\mathcal{A}_2} \mathbb{E}^{\mathbb{P}}\left[\int_0^T e^{-\delta u}\frac{C(u)^{1-\gamma}}{1-\gamma}du + e^{-\delta T}W(T) + \chi\right] \quad (3.4)$$

$$= \sup_{(S,C,\beta)\in\mathcal{A}_2} \mathbb{E}^{\mathbb{Q}^*}\left[\frac{d\mathbb{P}}{d\mathbb{Q}^*}\int_0^T e^{-\delta u}\frac{C(u)^{1-\gamma}}{1-\gamma}du + e^{-\delta T}W(T) + \chi\right]$$

$$= \sup_{(S,C,\beta)\in\mathcal{A}_2} e^{-V_1}\mathbb{E}^{\mathbb{Q}^*}\left[e^{\int_0^T e^{-\delta u}a\log(sX(u))du}\left(\int_0^T e^{-\delta u}\frac{C(u)^{1-\gamma}}{1-\gamma}du + e^{-\delta T}W(T) + \chi\right)\right]$$

s.t. $dW(t) = W(t)r(t)dt + W(t)\beta(t)^\top dR(t) + (X(t) - C(t) - S(t))dt$,
$W(0) = w_0$,

$dR(t) = \left(\mu^R - \sum_{j=1}^n \sigma_j^R \theta_j^*\right)dt + \sum_{j=1}^n \sigma_j^R dB_j^{\theta^*}(t)$,

$dX(t) = X(t)\left(\mu^G dt + \sum_{j=1}^n \sigma_j^G dB_j^{\theta^*}(t)\right), \quad X(0) = x_0.$

ここで χ は，参加条件式 (3.2) に関係するラグランジアン乗数である．また，$\tilde{\mu}^R := \mu^R - \sum_{j=1}^n \sigma_j^R \theta_j^*$ とおけば，$\tilde{\mu}^R$ は適切に定義される．

4. 市場均衡

4.1 定　義

市場均衡は以下のように定義される．

定義 4.1 $\theta^* \in \mathcal{A}_1$ および $(S, C, \beta) \in \mathcal{A}_2$ は,以下の全ての条件を満たしているとき市場は均衡していると言う.

（ⅰ） θ^* は命題 3.1 によって特徴付けられる.
（ⅱ） 投資家の制御変数 $(S, C, \beta) \in \mathcal{A}_2$ は最適である.
（ⅲ） 財市場は清算される.すなわち,全ての t に対して $C(t) = X(t) - S(t)$ である.
（ⅳ） 金融資産市場は清算される.すなわち,全ての t に対して $\beta(t) = 0$ である.

4.2 市場均衡の特徴

この節では均衡の特徴を厳密解として求める.しかし,前節のラグランジアン式 (3.4) からわかるように,これは弱形式の問題と同様である.したがって解の導出方法については,本章の関連論文である Misumi *et al.* (2015) に比べて新しい点は多くない.そこで証明等の多くは Misumi *et al.* (2015) に譲るが[16],論文として完結させるために導出結果を記述する.定常線形契約のもとで,ラグランジアンは以下のように変形できる.

$$\sup_{(S,C,\beta) \in \mathcal{A}_2} \mathbb{E}^{\mathbb{Q}^*}\left[\frac{e^{\int_0^T e^{-\delta u} a \log X(u) du}}{\mathbb{E}^{\mathbb{Q}^*}[e^{\int_0^T e^{-\delta u} a \log X(u) du}]}\left(\int_0^T e^{-\delta u}\frac{C(u)^{1-\gamma}}{1-\gamma}du + e^{-\delta T}W(T) + \chi\right)\right]$$

$$= \sup_{(S,C,\beta) \in \mathcal{A}_2} \begin{pmatrix} \mathbb{E}^{\mathbb{Q}^*}[e^{\int_0^T e^{-\delta u} a \log X(u) du}]^{-1} \cdot \\ \mathbb{E}^{\mathbb{Q}^*}\left[\int_0^T e^{-\delta u}\mathbb{E}_u^{\mathbb{Q}^*}[e^{\int_u^T e^{-\delta u} a \log X(u) du}]\frac{C(u)^{1-\gamma}}{1-\gamma}du \\ + e^{\int_0^T e^{-\delta u} a \log X(u) du}(e^{-\delta T}W(T) + \chi)\right]\end{pmatrix} \quad (4.1)$$

---

16) Misumi *et al.* (2015) のモデルではジャンプ項も含んでいるが,本モデルに応用するときにはジャンプ項は無視すればよい.

第II部　新しい資産価値評価モデルの構築

s.t. $\mathrm{d}W(t) = W(t)r(t)\mathrm{d}t + W(t)\beta(t)^\top \mathrm{d}R(t) + (X(t)-C(t)-S(t))\mathrm{d}t,$
$W(0) = w_0,$

$\mathrm{d}R(t) = \bar{\mu}^R \mathrm{d}t + \sum_{j=1}^n \sigma_j^R \mathrm{d}B_j^{\theta*}(t),$

$\mathrm{d}X(t) = X(t)\left(\mu^G \mathrm{d}t + \sum_{j=1}^n \sigma_j^G \mathrm{d}B_j^{\theta*}(t)\right), \quad X(0) = x_0.$

ここで,

$$Y(t) := \mathbb{E}_t^{\mathbb{Q}*}[e^{a\int_0^T e^{-\delta u}\log X(u)\mathrm{d}u}] \tag{4.2}$$

と定義する．式(4.1)にみられるように，$Y(t)$ は $[0, T]$ の全期間を通じた生産過程 X によって引き起こされる t 時点における確率測度の歪みである．この数式から明らかなように，もし確率過程 Y が存在しなければ（すなわちモラルハザードがなければ），この問題は標準的な C-CAPM である．

Y について以下の補題を得る．

補題 4.1

$$Y(t) = \exp\left(a\begin{pmatrix}\int_0^t e^{-\delta u}\log X(u)\mathrm{d}u + \dfrac{e^{-\delta t}-e^{-\delta T}}{\delta}\log X(t) \\ + e^{-\delta t}\left(\mu^G - \dfrac{1}{2}\sum_{j=1}^n(\sigma_j^G)^2\right)\dfrac{1-e^{-\delta(T-t)(1+\delta(T-t))}}{\delta^2} \\ + \sum_{j=1}^n \dfrac{(ae^{-\delta t}\sigma_j^G)^2}{2}\dfrac{1}{\delta^2}\int_0^{T-t}(e^{-\delta u}-e^{-\delta(T-u)})^2\mathrm{d}u\end{pmatrix}\right).$$

証明 Misumi *et al.* (2015) を参照．

さらに，次の補題では $Y(t)$ の確率微分方程式を得る．$Y(t)$ はマルチンゲールであるから,

補題 4.2 マルチンゲール $Y(t)$ は，

$$\mathrm{d}Y(t) = Y(t)\left(a\frac{e^{-\delta t}-e^{-\delta T}}{\delta}\sum_{j=1}^{n}\sigma_j^G \mathrm{d}B_j^{\theta *}(t)\right)$$

を満たす．

証明 Misumi *et al.*（2015）を参照．

なお，このように Y の厳密解や，明示的に確率微分方程式を得ている理由の一つは，企業が対数型効用を有していることである．企業が対数型以外の効用関数を持つ場合，たとえベキ乗型であっても，Y の動学はこのように閉形式で特徴付けられない．

投資家の最適化問題（4.1）について適切な s を所与とし，X, Y, W を状態変数として，古典的な動的計画法を用いて解く（この解法の数学的詳細は例えば Pham 2009, Theorem 3.5.2, p.47 を参照）．2 回連続微分可能な関数 $h(t, X(t), Y(t), W(t)) \in C^{1,2,2,2}$ に対して $(t, X(t), Y(t), W(t))$ のジェネレータを以下のように定義する．

$$\mathcal{L}^{C,\beta}h(t, X(t), Y(t), W(t)) \tag{4.3}$$
$$:= h_t + \mu^G X(t)h_x + (rW(t) + \beta(t)^\top \bar{\mu}^R W(t) + ((1-s)X(t) - C(t)))h_w$$
$$+ \frac{1}{2}\sum_{j=1}^{n}\left\{(\sigma_j^G)^2 X(t)^2 h_{xx} + (\beta(t)^\top \sigma_j^R)^2 W(t)^2 h_{ww} + \left(a\frac{e^{-\delta t}-e^{-\delta T}}{\delta}\sigma_j^G\right)^2 Y(t)^2 h_{yy}\right\}$$
$$+ \sum_{j=1}^{n}\left\{\begin{array}{l}(\beta(t)^\top \sigma_j^R \sigma_j^G)X(t)W(t)h_{xw} + \left(a\dfrac{e^{-\delta t}-e^{-\delta T}}{\delta}(\sigma_j^G)^2\right)X(t)Y(t)h_{xy} \\ + \left(a\dfrac{e^{-\delta t}-e^{-\delta T}}{\delta}\beta(t)^\top \sigma_j^R \sigma_j^G\right)Y(t)W(t)h_{yw}\end{array}\right\}.$$

ここで，

$$h_t := \frac{\partial h}{\partial t}, h_x := \frac{\partial h}{\partial X(t)}, h_y := \frac{\partial h}{\partial Y(t)}, h_w := \frac{\partial h}{\partial W(t)},$$

$$h_{xx} := \frac{\partial^2 h}{\partial X(t)^2}, h_{yy} := \frac{\partial^2 h}{\partial Y(t)^2}, h_{ww} := \frac{\partial^2 h}{\partial W(t)^2},$$

$$h_{xy} := \frac{\partial^2 h}{\partial X(t)\partial Y(t)}, h_{yw} := \frac{\partial^2 h}{\partial Y(t)\partial W(t)}, h_{xw} := \frac{\partial^2 h}{\partial X(t)\partial W(t)}$$

は連続である．表記上の便宜のため，

$$K := \frac{1}{Y(0)} = \frac{1}{\mathbb{E}^{\mathbb{Q}^*}[e^{\int_0^T e^{-\delta u} a \log X(u) \mathrm{d}u}]}$$

と定義すると，補題 4.1 によって K は閉形式で表現できる．verification 定理によって，もし所与の s と $J(t, X(t), Y(t), W(t)) \in C^{1,2,2,2}$ に対し，

$$0 = \sup_{C(t), \beta(t)} \left[KY(t) \frac{C(t)^{1-\gamma}}{1-\gamma} + \mathcal{L}^{C,\beta} J(t, X(t), Y(t), W(t)) \right] \quad (4.4)$$

が成立すれば，$V_2(t) = J(t, X(t), Y(t), W(t))$ である．これらの式より，投資家にとっては低い s ほど望ましいので，参加条件は等号が成立する．したがって最適な $s \in (0, 1)$ は参加条件から決定され，この最適な s を s^* と表す．HJB 方程式 (4.4) から，最適条件は以下の通りである．

$[C(t)]$ $KY(t)C(t)^{-\gamma} = J_w > 0,$

$[\beta(t)]$ $W(t)J_w(\tilde{\mu}^R)^\top + W(t)^2 J_{ww} \beta(t)^\top \sigma^R (\sigma^R)^\top + W(t)X(t)J_{xw}\sigma^G(\sigma^R)^\top$

$\qquad + W(t)Y(t)J_{wy}\sigma^G(\sigma^R)^\top a \dfrac{e^{-\delta t} - e^{-\delta T}}{\delta} = 0.$

したがって，

$$\tilde{\mu}^R = -\sigma^R(\sigma^G)^\top \frac{X(t)J_{xw} + Y(t)J_{wy}a\dfrac{e^{-\delta t} - e^{-\delta T}}{\delta}}{J_w}. \quad (4.5)$$

また，

$$C^*(t) = (1-s^*)X(t), \tag{4.6}$$
$$S^*(t) = s^*X(t). \tag{4.7}$$

さらに均衡資産過程 W^* について，$W^*(t) = 0 \,\forall t$ a.s. である．したがって，均衡の価値関数は $J(t, X(t), Y(t), 0)$ を考えれば十分である．式 (4.3) に $h = J$ を代入すると，J_w 項は均衡では消える．したがって，$J^*(t, X(t), Y(t)) := J(t, X(t), Y(t), 0)$ と表せば，式 (4.4) によって，$x = X(t), y = Y(t)$ に対して，

$$0 = K(1-s^*)^{1-\gamma} y \frac{x^{1-\gamma}}{1-\gamma} + J_t^* + \mu^G x J_x^*$$
$$+ \frac{1}{2} \sum_{j=1}^{n} \left\{ (\sigma_j^G)^2 x^2 J_{xx}^* + \left(a \frac{e^{-\delta t} - e^{-\delta T}}{\delta} \sigma_j^G \right)^2 y^2 J_{yy}^* \right\} + \sum_{j=1}^{n} a \frac{e^{-\delta t} - e^{-\delta T}}{\delta} (\sigma_j^G)^2 xy J_{xy}^*.$$

ここで，ある確定関数 $p = p(t)$ (ただし $p(T) = 0$) に対して，$J^*(t, x, y) = py \frac{x^{1-\gamma}}{1-\gamma}$ を試すと，

$$p' + pL(t) = -K(1-s^*)^{1-\gamma} ; p(T) = 0.$$

ただし，

$$L(t) := (1-\gamma)\mu^G - (1-\gamma)\sigma^G(\sigma^G)^\top \left(\frac{\gamma}{2} - a\frac{e^{-\delta t} - e^{-\delta T}}{\delta} \right).$$

したがって，

$$p(t) = \frac{K(1-s^*)^{1-\gamma}}{L(t)} \left(\frac{L(t)\exp\left\{-\int L(t)\mathrm{d}t\right\}}{L(T)\exp\left\{-\left(\int L(t)\mathrm{d}t\right)_{t=T}\right\}} - 1 \right).$$

ただし，

$$L(T) = (1-\gamma)\mu^G - \frac{\gamma(1-\gamma)}{2}\sigma^G(\sigma^G)^\top,$$

$$\left(\int L(t)\mathrm{d}t\right)_{t=T} = \left((1-\gamma)\mu^G - (1-\gamma)\sigma^G(\sigma^G)^\top\left(\frac{\gamma}{2} + \frac{a}{\delta}e^{-\delta T}\right)\right)T$$
$$- (1-\gamma)\sigma^G(\sigma^G)^\top \frac{a}{\delta^2}e^{-\delta T}.$$

つまり $J^*(t, x, y)$ の厳密解が得られる．

5. 均衡資産価格

この節では市場均衡における資産価格の動向を明らかにする．まず，式(4.5)に均衡価値関数を代入すると，$\bar{\mu}^R = \mu^R - \sigma^R\theta^*$ であるから，均衡シャープ比は，

$$\mu^R = \sigma^R\left\{\theta^* + (\sigma^G)^\top\left(\gamma - a\frac{e^{-\delta t} - e^{-\delta T}}{\delta}\right)\right\}$$

によって特徴付けられる．つまり，モラルハザードは資産価格と実体経済の関連性を弱め，σ^G の全ての要素は正であるので，シャープ比は低下する．なお，この低下は，後述するように，モラルハザードによるリスクの市場価格の歪みに対応している．また，そもそも本章では，θ^* はモラルハザード問題のもとで各 $j \in \{1, 2, \cdots, n\}$ に対してゼロよりも大きく，かつファーストベスト $\bar{\theta}$ よりも低い状況を想定していることから，シャープ比はファーストベストよりは $(\bar{\theta} - \theta^*)$ の分だけ低下する．したがってモラルハザードは，リスク資産への投資の魅力を下げる．

次に，投資家の消費・資産の配分は契約締結後に行われるので，式(4.7)によって定義された最適契約 S^* を与件として，均衡資産価格動向をさらに仔細に観察する．表記上の便宜のため，投資家の消費と T 時点の資産の確率過程を $\phi \in \mathcal{H}_+$ と表し，以下のように定義する．

$$\phi(t) := \begin{cases} C(t) & \text{for } 0 \le t < T \\ W(T) & \text{for } t = T \end{cases}$$

S^* は W, β から独立なので ϕ は契約 S^* を与件として $\mathcal{A}_2$ のなかで適切に定義できる．そこで，$\Phi(S^*)$ を $(S^*, C, \beta) \in \mathcal{A}_2$ に対応した (ϕ, β) の集合として定義し，(ϕ, β) を事後的制御と呼ぶ．

5.1 状態価格密度

$\Pi \in \mathcal{H}_+$ は状態価格密度を表し，その確率過程は n 次元確率過程 η に対して以下の確率微分方程式で特徴付けられる．

$$d\Pi(t) = \Pi(t)(-r(t)dt - \eta(t)^\top dB^{\theta^*}(t)), \quad \Pi(0) = 1 \tag{5.1}$$

ここで r は無リスク金利，η はリスクの市場価格を表す．

定義 5.1 Π について，ある事後的制御 $(\phi, \beta) \in \Phi(S^*)$ に対して，$(\phi + h, \beta') \in \Phi(S^*)$ であるような全ての $h \in \mathcal{H}$ に対して $(\Pi|h) \le 0$ であるとき，Π はその事後的制御 $(\phi, \beta) \in \Phi(S^*)$ において状態価格密度であると言う．

伊藤の公式によって，

$$\begin{aligned} d(\Pi(t)W(t)) &= W(t)d\Pi(t) + \Pi(t)dW(t) + d\Pi(t)dW(t) \\ &= \begin{cases} -\Pi(t)(C(t) + S^*(t) - X(t)) \\ +\Pi(t)W(t)\beta(t)^\top \tilde{\mu}^R - \Pi(t)W(t)\beta(t)^\top \sigma^R \eta(t) \end{cases} dt + \cdots dB^{\theta^*}(t). \end{aligned}$$

ここで，以下の補題が得られる．

補題 5.1 式 (4.7) により定義される S^* に対し，事後的制御 $(\phi, \beta) \in \Phi(S^*)$ が $\mathbb{E}^\mathbb{P}[\sup_t \Pi(t)W(t)] < \infty$ を満たすとき，Π はその (ϕ, β) において状態価格密度である．

証明 Misumi *et al.* (2015) を参照．

5.2 最適な事後的制御と均衡状態価格密度

式(4.7)によって定義される $S=S^*$ のもとで,参加条件式(3.2)の等号が成立しているときに,$\widehat{\mathbb{Q}}^*$ は式(3.1)によって定義される最適確率測度を表すとする.すなわち,

$$\frac{\mathrm{d}\mathbb{P}}{\mathrm{d}\widehat{\mathbb{Q}}^*}=e^{-\rho}e^{\int_0^T e^{-\delta u}a\log S^*(u)\mathrm{d}u}=e^{-\rho}e^{\frac{1-e^{-\delta T}}{\delta}a\log s^*}e^{\int_0^T e^{-\delta u}a\log X(u)\mathrm{d}u}.$$

$\{\widehat{U}_2(t)\}_{0\leq t\leq T}$ が式(3.2)の等号が成立しているときの投資家の効用過程を表すとすれば,式(2.7)より,

$$\widehat{U}_2(t):=e^{\delta t}\mathbb{E}_t^{\widehat{\mathbb{Q}}^*}\left[\int_t^T e^{-\delta u}\mathbb{E}_u^{\widehat{\mathbb{Q}}^*}\left[\frac{\mathrm{d}\mathbb{P}}{\mathrm{d}\widehat{\mathbb{Q}}^*}\right]\frac{C(u)^{1-\gamma}}{1-\gamma}\mathrm{d}u+e^{-\delta T}\frac{\mathrm{d}\mathbb{P}}{\mathrm{d}\widehat{\mathbb{Q}}^*}W(T)\right].$$

ここで,

$$e^{-\delta t}\widehat{U}_2(t)+\int_0^t e^{-\delta u}\mathbb{E}_u^{\widehat{\mathbb{Q}}^*}\left[\frac{\mathrm{d}\mathbb{P}}{\mathrm{d}\widehat{\mathbb{Q}}^*}\right]\frac{C(u)^{1-\gamma}}{1-\gamma}\mathrm{d}u$$

は,

$$e^{-\delta t}\widehat{U}_2(t)+\int_0^t e^{-\delta u}\mathbb{E}_u^{\widehat{\mathbb{Q}}^*}\left[\frac{\mathrm{d}\mathbb{P}}{\mathrm{d}\widehat{\mathbb{Q}}^*}\right]\frac{C(u)^{1-\gamma}}{1-\gamma}\mathrm{d}u$$
$$=\mathbb{E}_u^{\widehat{\mathbb{Q}}^*}\left[\int_0^T e^{-\delta u}\mathbb{E}_u^{\widehat{\mathbb{Q}}^*}\left[\frac{\mathrm{d}\mathbb{P}}{\mathrm{d}\widehat{\mathbb{Q}}^*}\right]\frac{C(u)^{1-\gamma}}{1-\gamma}\mathrm{d}u+e^{-\delta T}\frac{\mathrm{d}\mathbb{P}}{\mathrm{d}\widehat{\mathbb{Q}}^*}W(T)\right]$$

が成り立つので,$\widehat{\mathbb{Q}}^*$-マルチンゲールである.したがって,マルチンゲール表現定理より,以下のような $\mathbb{F}$-適合な Θ_j が存在する.$\int_0^T(\Theta_j(t))^2\mathrm{d}t<\infty$ であり,また,

$$e^{-\delta t}\widehat{U}_2(t) + \int_0^t e^{-\delta u}\mathbb{E}_u^{\widehat{\mathbb{Q}}*}\left[\frac{\mathrm{d}\mathbb{P}}{\mathrm{d}\widehat{\mathbb{Q}}*}\right]\frac{C(u)^{1-\gamma}}{1-\gamma}\mathrm{d}u$$
$$= \mathbb{E}^{\widehat{\mathbb{Q}}*}\left[\int_0^T e^{-\delta u}\mathbb{E}_u^{\widehat{\mathbb{Q}}*}\left[\frac{\mathrm{d}\mathbb{P}}{\mathrm{d}\widehat{\mathbb{Q}}*}\right]\frac{C(u)^{1-\gamma}}{1-\gamma}\mathrm{d}u + e^{-\delta T}\frac{\mathrm{d}\mathbb{P}}{\mathrm{d}\widehat{\mathbb{Q}}*}W(T)\right] + \int_0^T\sum_{j=1}^n\Theta_j(u)\mathrm{d}B_j^{\theta*}(u)$$

である．すなわち，以下のような $\mathbb{F}$-適合過程 Σ が存在する．
$$\mathrm{d}\widehat{U}_2(t) = -\widehat{F}(t,\phi(t),\widehat{U}_2(t);\widehat{\mathbb{Q}}*)\mathrm{d}t + \Sigma(t)\mathrm{d}B^{\theta*}(t),$$
$$\widehat{U}_2(T) = \widehat{F}(T,\phi(T),\widehat{U}_2(T);\widehat{\mathbb{Q}}*).$$

ここで，
$$\widehat{F}(t,\phi(t),\widehat{U}_2(t);\widehat{\mathbb{Q}}*)$$
$$:= \begin{cases} e^{-\rho}e^{\frac{1-e^{-\delta T}}{\delta}a\log s*}Y(t)\frac{C(t)^{1-\gamma}}{1-\gamma} - \delta\widehat{U}_2(t) & \text{for } 0 \le t < T, \\ e^{-\rho}e^{\frac{1-e^{-\delta T}}{\delta}a\log s*}Y(T)W(T) & \text{for } t = T. \end{cases}$$

表記上の便宜のため，
$$\widehat{F}_u(t) := \frac{\partial\widehat{F}(t)}{\partial\widehat{U}_2(t)}, \quad \widehat{F}_c(t) := \frac{\partial\widehat{F}(t)}{\partial C(t)}, \quad \widehat{F}_{cc}(t) := \frac{\partial^2\widehat{F}(t)}{\partial C(t)^2}$$

と定義する．$\widehat{F}$ は $(\phi,\widehat{U}_2)$ に対して凹的である．また，以下のように確率過程 Λ を定義する．
$$\Lambda(t) := \varepsilon(t)\widehat{F}_\phi(t) := \begin{cases} \varepsilon(t)\widehat{F}_c(t) & \text{for } t \in [0,T), \\ \varepsilon(T)e^{-\rho}e^{\frac{1-e^{-\delta T}}{\delta}a\log s*}Y(T) & \text{for } t = T. \end{cases}$$

ここで，
$$\varepsilon(t) := e^{-\delta t}, \widehat{F}_c(t) = e^{-\rho}e^{\frac{1-e^{-\delta T}}{\delta}a\log s*}Y(T)C(t)^{-\gamma}$$

である．

補題 5.2 式 (4.7) に定義される $S*$ のもとでの $(\phi,\beta) \in \Phi(S*)$ について，

157

第Ⅱ部　新しい資産価値評価モデルの構築

$(\phi+h, \beta') \in \Phi(S^*)$ であるような全ての $h \in \mathcal{H}$ に対して，

$$\widehat{U}_2(\phi+h, S^*) \leq \widehat{U}_2(\phi, S^*) + (\Lambda|h)$$

が成立する．

証明　Misumi *et al.*（2015）を参照．

そこで，本章の第1の主要な結果は以下の通りである．

命題 5.1　仮定 2.1 のもとで，式(4.7)で定義される最適契約 S^* に対して，$\Pi = \Lambda = \varepsilon \widehat{F}_\phi$ は，

$$\phi(t) = \begin{cases} C^*(t) & \text{for } 0 \leq t < T, \\ 0 & \text{for } t = T \end{cases}$$

$$\beta(t) = 0 \qquad \text{for } 0 \leq t \leq T$$

において状態価格密度である．なお，C^* は式(4.6)によって定義される．

証明　Misumi *et al.*（2015）を参照．

すなわち，$\Pi = \Lambda = \varepsilon \widehat{F}_\phi$ が成立しているとき，事後制御は効用を最大化し，$\Pi = \Lambda = \varepsilon \widehat{F}_\phi$ は状態価格密度としてそのときの資産価格を特徴付ける．さらに，命題 5.1 の結果は 4 節で得られた市場均衡と一致している．このため，命題 5.1 の状態価格密度は市場均衡であり，均衡状態価格密度と呼ぶこととする．

$$\Pi(t) = \Lambda^*(t) := \varepsilon(t) F_c^*(t) \quad \text{for } 0 \leq t < T. \tag{5.2}$$

ここで，

$$F_c^*(t) := \widehat{F}_c(t)|_{C(t)=C^*(t)} = e^{-\rho} e^{\frac{1-e^{-\delta T}}{\delta} a \log s^*} (1-s^*)^{-\gamma} Y(t) X(t)^{-\gamma}$$

である．また，$\Pi(T) = \varepsilon(T) F_\phi^*(T)$ である．

5.3 均衡における無リスク金利とリスクの市場価格

5.2節の結果から，均衡における無リスク金利とリスクの市場価格の動向を検証する．式(5.1)，(5.2)によって，

$$\frac{d\Pi(t)}{\Pi(t)} = -r(t)dt - \eta(t)^\top dB^{\theta^*}(t)$$
$$= \frac{d\Lambda^*(t)}{\Lambda^*(t)} = -\delta\, dt + \frac{dF_c^*(t)}{F_c^*(t)}, \quad \text{with} \quad \Pi(0) = \Lambda(0) = 1 \quad (5.3)$$

において $\dfrac{dF_c^*(t)}{F_c^*(t)}$ に伊藤の公式を応用し式(5.3)に代入すれば，第2の主要な結果を得る．

命題 5.2 命題5.1の経済環境において，モラルハザードが存在しない状況，すなわち，ファーストベストな努力水準が実行された状況では，均衡の無リスク金利とリスクの市場価格は，それぞれ r^s, η^s によって表すと，

$$r^s = \delta + \gamma \mu^G - \frac{\gamma(\gamma+1)}{2} \sum_{j=1}^{n} (\sigma_j^G)^2, \quad (5.4)$$
$$\eta_j^s = \gamma \sigma_j^G \quad \text{for } j = 1, \cdots, n$$

である．一方，モラルハザードのもとでは，均衡の無リスク金利とリスクの市場価格は，

$$r(t) = r^s + \left(\gamma a \frac{e^{-\delta t} - e^{-\delta T}}{\delta}\right) \sum_{j=1}^{n} (\sigma_j^G)^2$$
$$= \delta + \gamma \mu^G + \left(\gamma a \frac{e^{-\delta t} - e^{-\delta T}}{\delta} - \frac{\gamma(\gamma+1)}{2}\right) \sum_{j=1}^{n} (\sigma_j^G)^2,$$
$$\eta_j(t) = \eta_j^s - a \frac{e^{-\delta t} - e^{-\delta T}}{\delta} \sigma_j^G = \left(\gamma - a \frac{e^{-\delta t} - e^{-\delta T}}{\delta}\right) \sigma_j^G$$
$$\text{for} \quad j = 1, \cdots, n$$

であり，これらは時間とともに変動し，終末時点 T において r^s, η^s に収束する．

証明 Misumi *et al.*（2015）を参照．

なお，定常線形契約のもとでは，努力水準ゼロでも $\bar{\theta}$ でも無リスク金利とリスクの市場価格の挙動は変わらない．

モラルハザードの均衡無リスク金利への影響 $(r(t)-r^s)$ をモラルハザードプレミアムと呼ぶと，

$$r(t)-r^s = \left(\gamma a \frac{e^{-\delta t}-e^{-\delta T}}{\delta}\right)\sum_{j=1}^{n}(\sigma_j^G)^2 \tag{5.5}$$

である．また，リスクの市場価格のモラルハザードによる歪みは，

$$\eta_j(t)-\eta_j^s = -a\frac{e^{-\delta t}-e^{-\delta T}}{\delta}\sigma_j^G \leq 0 \tag{5.6}$$

$$\text{with equality if } t=T \text{ for } j=1,\cdots,n$$

である．

以上の結果，モラルハザードの資産価格への含意をまとめると，以下の通りである．第1に，モラルハザードは努力水準とリスクの市場価格の低下を通じてシャープ比を低下させ，リスク資産への投資の魅力を下げる．第2に，式(5.6)より，リスクの市場価格は $\dfrac{dY(t)}{Y(t)}$ の分だけモラルハザードによって歪む．$Y(t)$ は t における確率測度のモラルハザードによる歪みであり，σ^G の各要素は正なので，モラルハザードはリスクの市場価格を引き下げる．正（負）のショックは確率測度を改善（悪化）させ，状態価格密度は低く（高く）なる．ただし，この歪みは時間とともに減退し，終末時点 T に消滅する．

さらに，無リスク金利に加わるモラルハザードプレミアムは正である．モラルハザードによるリスクの市場価格への影響は，限界効用とは逆方向に動きリスクをヘッジする方向に作用することから，リスクプレミアムを $\left(\gamma a \dfrac{e^{-\delta t}-e^{-\delta T}}{\delta}\right)\sum_{j=1}^{n}(\sigma_j^G)^2$ だけ減少させる．つまり，モラルハザードが存在

しない場合に比べれば，無リスク金利は上昇する．モラルハザードが，リスクの市場価値を通じてシャープ比を低下させることとは対照的である．この歪みは，リスクの市場価格の歪みと並行して，時間とともに減少し終末時点 T に消滅する．

　この結果は，Weil (1989) によって最初に指摘されたリスクフリーレート・パズルに新しい洞察を導く．モラルハザードによるリスクプレミアムの減少は，$r(t)$ の $\sum_{j=1}^{n}(\sigma_j^G)^2$ に対するマイナスの反応度 $-\dfrac{dr(t)}{d(\sum_{j=1}^{n}(\sigma_j^G)^2)}$ を，$\dfrac{\gamma(\gamma+1)}{2}$ から $\gamma a\dfrac{e^{-\delta t}-e^{-\delta T}}{\delta}$ 分だけ引き下げることを意味し，リスク中立の場合の無リスク金利 $\delta+\gamma\mu^G$ を出発点に考えて，理論値を実測値まで引き下げるためには，いっそう大きなリスク回避度が必要となる[17]．この結果は，モラルハザードのもとではリスクフリーレート・パズルが悪化することを意味する．

　第3に，本章ではモラルハザードについて，価値評価への影響のみではなく，実物資源の最適配分への影響についても含意をもたらす．通常のコーポレートファイナンスでのモラルハザード分析では，投資家は金融市場にアクセスすることを想定しないため，全てのモラルハザードの影響が，実物資源配分の歪みのみによって吸収されなければならない．一方，対照的に本章モデルでは，投資家が金融市場にアクセスできることから，モラルハザードによる歪みが金融市場と実物市場の2つのチャンネルに分割される．このため，通常のコーポレートファイナンス分析とは異なり，モラルハザードの影響の一部は金融市場にも吸収され，モラルハザードによる実物資源の最適配分の歪みが軽減され得る．

6. おわりに

　本章はモラルハザードが存在するときの資産価値評価式を厳密解として示

---

[17]　ただし数学的制約から $0<\gamma<1$ を仮定している．

し，モラルハザードの均衡資産価格への影響を明らかにした．とくに，モラルハザードはシャープ比を引き下げてリスク資産への投資の魅力を低下させ，同時に無リスク金利を上昇させることがわかった．

しかし，このモデルにはいくつかの限界もある．第1に，本章では効用関数を指数型からベキ乗型に一般化したものの，依然として時間分離可能な効用関数を仮定している．悪化したリスクフリーレート・パズルに対する一つの改善案としては，確率微分効用（再帰的効用）や習慣形成型効用など，より動学的に一般的な効用関数を導入することが考えられる．

第2に，本章は定常線形契約型に注目している．しかし，契約型を一般化するとどのように均衡資産価格が変わるのかは興味深い．本章の関連論文 Misumi et al. (2015) では，非定常的な線形契約の影響を数値的に検証している．さらに，生産結果が部分的にしか見えないケースやモニタリングコストがかかるケース等を想定することにより，最適契約のなかで破産が生じ得るなどいっそう一般的な経済状況を考えて，他の形態のモラルハザードを検討することも可能である．

第3に，上述のように効用関数が変わるだけ最適契約の形状は変わる．例えば本論でも議論したように，企業が対数型以外の効用関数を持つ場合，たとえベキ乗型であっても Y の動学を閉形式で特徴付けることは難しく，均衡に関して本章のような解析的な厳密解を得られない可能性がある．このとき，Misumi et al. (2015) で示したように，本章での厳密解をベンチマークにして近似を行い，数値解析的に分析することは可能である．この意味で，本章の厳密解はいっそう一般的な経済環境下でのモラルハザードの数値分析に有用なベンチマークを提供している．

最後に，本章は理論モデルであり，将来的には数値解析や実証分析により，現実データで検証する必要がある．このためには，本章モデルを現実的に発展させることも必要である．例えば，市場のショックと実体経済のショックを異なるように設定することが考えられる．さらに，本章は代表的企業を想定したが，本章モデルを複数企業モデルに拡張して，複数の異質な企業のもとでのモラルハザード問題を解くことも考えられる．

補　論

命題 3.1 の証明

式 (2.4) にあるように，$\theta \in \mathcal{A}_1$ に対して，$B^\theta(t) = B(t) + \int_0^t \theta(s) \mathrm{d}s$ であり，ラドン＝ニコディム微分式 (2.3) によって定義された確率測度 $\mathbb{Q}$ のもとで，B^θ はドリフト無しのブラウン運動である．ここでマルチンゲール，

$$M^\theta(t) := \mathbb{E}^\mathbb{Q}[e^{\int_0^T e^{-\delta u} a \log(sX(u)) \mathrm{d}u} | \mathcal{F}^{B^\theta}(t)], \quad t \in [0, T]$$

と定義すると，マルチンゲール表現定理によって，以下のような $\mathbb{F}^{B^\theta}$-適合過程 H^θ が存在する．

$$M^\theta(t) = M^\theta(0) + \int_0^t H^\theta(s) \mathrm{d}B^\theta(s), \quad t \in [0, T] \text{a.s.}$$

また，

$$\gamma^\theta(t) := \frac{H^\theta(t)}{M^\theta(t)} (t \in [0, T])$$

として γ^θ を定義すると，

$$\int \gamma^\theta \mathrm{d}B^\theta = \int \frac{\mathrm{d}M^\theta}{M^\theta}$$

であるから，

$$M^\theta = M^\theta(0) \varepsilon\left(\int \gamma^\theta \mathrm{d}B^\theta\right)$$

I.e., $\quad e^{\int_0^T e^{-\delta u} a \log(sX(u)) \mathrm{d}u} = \mathbb{E}^\mathbb{Q}[e^{\int_0^T e^{-\delta u} a \log(sX(u)) \mathrm{d}u}] \varepsilon\left(\int \gamma^\theta \mathrm{d}B^\theta\right)_T. \quad$ (A.1)

ここで，クラーク＝オコーンの公式を $e^{\int_0^T e^{-\delta u} a \log(sX(u)) \mathrm{d}u}$ に応用すると，

$$H^\theta(t) = \mathbb{E}^\mathbb{Q}[D_t(e^{\int_0^T e^{-\delta u} a \log(sX(u)) \mathrm{d}u}) | \mathcal{F}^{B^\theta}(t)].$$

第Ⅱ部　新しい資産価値評価モデルの構築

ここで D_t は微分オペレータを表す[18]．B^θ は確率測度 $\mathbb{Q}$ のもとでドリフト無しのブラウン運動であるから，$\mathcal{F}^{B^\theta}(t)$ の条件付きで $B^\theta(T) \sim \mathcal{N}(B^\theta(t), T-t)$ である．ここで $a \in \mathbb{R}, b>0$ に対して $\mathcal{N}(a, b^2)$ は平均 a, 分散 b^2 の標準正規分布を表している．したがって，

$$\gamma^\theta(t) = \frac{\mathbb{E}^\mathbb{Q}[D_t(e^{\int_0^T e^{-\delta u} a \log(sX(u)) du})|\mathcal{F}^{B^\theta}(t)]}{\mathbb{E}^\mathbb{Q}[e^{\int_0^T e^{-\delta u} a \log(sX(u)) du}|\mathcal{F}^{B^\theta}(t)]}. \tag{A.2}$$

式(2.2)より，

$$dX(t) = X(t_-)\left(\mu^G dt + \sum_{j=1}^n \sigma_j^G dB_j^\theta(t)\right), \quad X(0) = x_0 > 0$$

であるから，

$$\log \frac{X(t)}{x_0} = \left(\mu^G - \sum_{j=1}^n \frac{(\sigma_j^G)^2}{2}\right)t + \sum_{j=1}^n \sigma_j^G B_j^\theta(t). \tag{A.3}$$

式(A.3)を $e^{\int_0^T e^{-\delta u} a \log(sX(u)) du}$ に代入すれば，t 項は簡単に求まる．次に，B_j^θ 項 $(j=1, \cdots, n)$ をみると，ある定数 c に対して，伊藤の公式により，

$$-\frac{e^{-\delta T}}{\delta} B_j^\theta(T) = \int_0^T e^{-\delta t} B_j^\theta(t) dt - \int_0^T \frac{e^{-\delta t}}{\delta} dB_j^\theta(t) \quad (\because dB_j^\theta(t) dt = 0). \tag{A.4}$$

I.e., $\int_0^T e^{-\delta t} B_j^\theta(t) dt$

$$= -\frac{e^{-\delta T}}{\delta} B_j^\theta(T) + \frac{1}{\delta}\int_0^T e^{-\delta t} dB_j^\theta(t)$$

$$= -\frac{e^{-\delta T}}{\delta} \int_0^T dB_j^\theta(t) + \frac{1}{\delta}\int_0^T e^{-\delta t} dB_j^\theta(t) \tag{A.5}$$

$$= \frac{1}{\delta}\int_0^T (e^{-\delta t} - e^{-\delta T}) dB_j^\theta(t) \sim \mathcal{N}\left(0, \frac{1}{\delta^2}\int_0^T (e^{-\delta t} - e^{-\delta T})^2 dt\right).$$

---

[18] クラーク＝オコーンの公式はマリアヴァン・フレシェ微分によって表現される．適切な数学的条件等を含め数学的定式化の詳細は，例えば Ocone and Karatzas (1991)，Revuz and Yor (1999)，Rogers and Williams (2000) を参照．

なお，

$$\mathbb{E}^{\mathbb{Q}}[e^{c\int_0^T e^{-\delta t}B_t^\theta \mathrm{d}t}] = e^{\frac{c^2}{2}\frac{1}{\delta^2}\int_0^T (e^{-\delta t}-e^{-\delta T})^2 \mathrm{d}t}$$

である．ここで式(A.2)の分母をみると，

$$\log \widetilde{X}(u) = \log X(0) + \left(\mu^G - \frac{1}{2}\sum_{j=1}^n (\sigma_j^G)^2\right)(u+t) + \sum_{j=1}^n \sigma_j^G B_j^\theta(u+t)$$

と定義すれば，式(A.3)より，$\widetilde{X}(0) = X(t)$ に対して，

$$e^{\int_0^T e^{-\delta u}a\log X(u)\mathrm{d}u} = e^{a\int_0^t e^{-\delta u}\log X(u)\mathrm{d}u}\{e^{ae^{-\delta t}\int_0^{T-t} e^{-\delta u}a\log \widetilde{X}(u)\mathrm{d}u}\}$$

である．さらに，式(A.2)の分子をみると，

$$D_t(e^{\int_0^T e^{-\delta u}a\log(sX(u))\mathrm{d}u})$$
$$= e^{\int_0^T e^{-\delta u}a\log(sX(u))\mathrm{d}u}D_t\left(\int_0^T e^{-\delta u}a\log X(u)\mathrm{d}u\right)$$
$$= e^{\int_0^T e^{-\delta u}a\log(sX(u))\mathrm{d}u}D_t\left(\int_0^T e^{-\delta u}a\left(\log x_0 + \left(\mu^G - \frac{1}{2}\sum_{j=1}^n (\sigma_j^G)^2\right)u + \sum_{j=1}^n \sigma_j^G B_j^\theta(u)\right)\mathrm{d}u\right)$$
$$= e^{\int_0^T e^{-\delta u}a\log(sX(u))\mathrm{d}u}D_t\left(\int_0^T e^{-\delta u}a\sum_{j=1}^n \sigma_j^G B_j^\theta(u)\mathrm{d}u\right).$$

この式中の $D_t\left(\int_0^T e^{-\delta u}a\sum_{j=1}^n \sigma_j^G B_j^\theta(u)\mathrm{d}u\right)$ について，

$$D_t\left(\int_0^T e^{-\delta u}a\sum_{j=1}^n \sigma_j^G B_j^\theta(u)\mathrm{d}u\right) = a\sigma^G \int_0^T e^{-\delta u}\chi_{[0,s]}(t)\mathrm{d}u$$
$$= a\sigma^G \int_t^T e^{-\delta u}\mathrm{d}u = a\frac{e^{-\delta t}-e^{-\delta T}}{\delta}\sigma^G.$$

したがって，式(A.2)は以下のように時間 t の関数 h を用いて，

$$\gamma^\theta(t) = \frac{\mathbb{E}^{\mathbb{Q}}[D_t(e^{\int_0^T e^{-\delta u}a\log(sX(u))\mathrm{d}u})|\mathcal{F}^{B^\theta}(t)]}{\mathbb{E}^{\mathbb{Q}}[e^{\int_0^T e^{-\delta u}a\log(sX(u))\mathrm{d}u}|\mathcal{F}^{B^\theta}(t)]} = h(t) := a\frac{e^{-\delta t}-e^{-\delta T}}{\delta}\sigma^G$$

と表せる[19]．つまり γ^θ は時間のみに依存し有界である．式(A.1)の両辺に自然対数をとると，

$$\int_0^T e^{-\delta u} a \log(sX(u)) \mathrm{d}u$$
$$= \log \mathbb{E}^{\mathbb{Q}}\left[e^{\int_0^T e^{-\delta u} a \log(sX(u)) \mathrm{d}u}\right] + \int_0^T \gamma^\theta(u) \mathrm{d}B^\theta(u) - \frac{1}{2}\int_0^T |\gamma^\theta(u)|^2 \mathrm{d}u$$
$$= \log \mathbb{E}^{\mathbb{Q}}\left[e^{\int_0^T e^{-\delta u} a \log(sX(u)) \mathrm{d}u}\right] + \int_0^T \gamma^\theta(u) \mathrm{d}B(u) - \frac{1}{2}\int_0^T \{|\gamma^\theta(u)|^2 - 2\gamma^\theta(u)\theta(u)\} \mathrm{d}u.$$

両辺から $\frac{1}{2}\int_0^T |\theta(u)|^2 \mathrm{d}u$ を引き,確率測度 $\mathbb{P}$ のもとで期待値をとると,

$$\mathbb{E}^{\mathbb{P}}\left[\int_0^T e^{-\delta u} a \log(sX(u)) \mathrm{d}u - \frac{1}{2}\int_0^T |\theta(u)|^2 \mathrm{d}u\right]$$
$$= \log \mathbb{E}^{\mathbb{Q}}\left[e^{\int_0^T e^{-\delta u} a \log(sX(u)) \mathrm{d}u}\right] - \frac{1}{2}\mathbb{E}^{\mathbb{P}}\left[\int_0^T |\gamma^\theta(u)^\top - \theta(u)|^2 \mathrm{d}u\right] \quad \text{(A.6)}$$
$$\leq \log \mathbb{E}^{\mathbb{Q}}\left[e^{\int_0^T e^{-\delta u} a \log(sX(u)) \mathrm{d}u}\right].$$

式 (A.6) 右辺の $\log \mathbb{E}^{\mathbb{Q}}\left[e^{\int_0^T e^{-\delta u} a \log(sX(u)) \mathrm{d}u}\right]$ は θ から独立であるので,$(\gamma^\theta)^\top = \theta \in \mathcal{A}_1$ のとき,θ が唯一の最適解である.確かにこの θ は $\mathcal{A}_1$ にある.この最適な θ を θ^* と表せば,

$$B^{\theta^*}(\cdot) = B(\cdot) + \int_0^{\cdot} h(u)^\top \mathrm{d}u \quad \text{(A.7)}$$

が成立する.このときの $\mathbb{Q}$ を $\mathbb{Q}^*$ と表す.さらに,明らかなように,

$$\mathrm{d}B^{\theta^*}(t) = \mathrm{d}B(t) + h(t)^\top \mathrm{d}t, \quad B^{\theta^*}(0) = 0$$

は唯一の強解 B^{θ^*} を有する[20].ゆえに $\mathbb{F}^{B^{\theta^*}} = \mathbb{F}^B$ である.

---

19) なお,企業の瞬間的効用関数に関して対数型でなく一般的な型を仮定すれば,必ずしも γ^θ は $\gamma^\theta = h(t) = a\dfrac{e^{-\delta t} - e^{-\delta T}}{\delta}\sigma^G$ のように時間 t のみの関数としては特徴付けられない.

20) この証明の自明さは h が時間の関数であることに依存している.しかし,たとえ脚注 19 のように h が時間の関数でなくとも,$\gamma^\theta = h(B^\theta(t), t)$ のように $B^\theta(t), t$ の関数として表すことができれば,Zvonkin (1974)(詳しくは Karatzas and Shreve 1991, Chapter 5, Notes, p. 396 を参照)によって,最適制御 θ^* のもとでの確率微分方程式 (A.7) は唯一の強解を得る.詳細は Nakamura and Takaoka (2014) を参照.

第6章 モラルハザードの価値評価

参考文献

Biais, Bruno, Thomas Mariotti, Guillaume Plantin, and Jean-Charles Rochet (2007), "Dynamic Security Design : Convergence to Continuous Time and Asset Pricing Implications," *Review of Economic Studies*, Vol. 74(2), pp. 345-390.

Biais, Bruno, Thomas Mariotti, Jean-Charles Rochet, and Stéphane Villeneuve (2010), "Large Risks, Limited Liability, and Dynamic Moral Hazard," *Econometrica*, Vol. 78(1), pp. 73-118.

Breeden, Douglas (1979), "An Intertemporal Asset Pricing Model with Stochastic Consumption and Investment Opportunities," *Journal of Financial Economics*, Vol. 7 (3), pp. 265-296.

Brunnermeier, Markus K. and Yuliy Sannikov (2014), "A Macroeconomic Model with a Financial Sector," *American Economic Review*, Vol. 104(2), pp. 379-421.

Cox, John, Jonathan Ingersoll, and Stephen Ross (1985), "An Intertemporal General Equilibrium Model of Asset Prices," *Econometrica*, Vol. 53(2), pp. 363-384.

Cvitanić, Jakša, Xuhu Wan, and Jianfeng Zhang (2009), "Optimal Compensation with Hidden Action and Lump-Sum Payment in a Continuous-Time Model," *Applied Mathematics and Optimization*, Vol. 59(1), pp. 99-146.

Cvitanić, Jakša and Jianfeng Zhang (2007), "Optimal Compensation with Adverse Selection and Dynamic Actions," *Mathematics and Financial Economics*, Vol. 1(1), pp. 21-55.

Cvitanić, Jakša and Jianfeng Zhang (2013), *Contract Theory in Continuous-Time Models*, Springer.

Dana, Rose-Anne and Monique Jeanblanc-Picqué (2007), *Financial Markets in Continuous Time*, Springer.

DeMarzo, Peter and Michael Fishman (2007), "Optimal Long-Term Financial Contracting," *Review of Financial Studies*, Vol. 20(6), pp. 2079-2128.

DeMarzo, Peter and Yuliy Sannikov (2006), "Optimal Security Design and Dynamic Capital Structure in a Continuous-Time Agency Model," *Journal of Finance*, Vol. 61(6), pp. 2681-2724.

He, Zhiguo and Arvind Krishnamurthy (2012), "A Model of Capital and Crises," *Review of Economic Studies*, Vol. 79(2), pp. 735-777.

He, Zhiguo and Arvind Krishnamurthy (2013), "Intermediary Asset Pricing," *American Economic Review*, Vol. 103(2), pp. 732-770.

Holmstrom, Bengt and Paul Milgrom (1987), "Aggregation and Linearity in the Provision of Intertemporal Incentives," *Econometrica*, Vol. 55(2), pp. 303-328.

Karatzas, Ioannis and Steven E. Shreve (1991), *Brownian Motion and Stochastic Calculus*, Second Edition, Springer.

Kocherlakota, Narayana R. (2000), "Creating Business Cycles through Credit Constraints,"

Federal Reserve Bank of Minneapolis Quarterly Review, Vol. 24, pp. 2-10.

Lucas, Robert E., Jr. (1978), "Asset Prices in an Exchange Economy," *Econometrica*, Vol. 46(6), pp. 1429-1445.

Medvegyev, Peter (2007), *Stochastic Integration Theory*, Oxford University Press.

Misumi, Takashi, Hisashi Nakamura, and Koichiro Takaoka (2014), "Optimal Risk Sharing in the Presence of Moral Hazard under Market Risk and Jump Risk," *Japanese Journal of Monetary and Financial Economics*, Vol. 2(1), pp. 59-73.

Misumi, Takashi, Hisashi Nakamura, and Koichiro Takaoka (2015), "Moral Hazard Premium: Valuation of Moral Hazard under Diffusive and Jump Risks," mimeo.

Myerson, Roger B. (2012), "A Model of Moral-Hazard Credit Cycles," *Journal of Political Economy*, Vol. 120(5), pp. 847-878.

Nakamura, Hisashi and Koichiro Takaoka (2014), "A Continuous-Time Optimal Insurance Design with Costly Monitoring," *Asia-Pacific Financial Markets*, Vol. 21(3), pp. 237-261.

Ocone, Daniel L. and Ioannis Karatzas (1991), "A Generalized Clark Representation Formula, with Application to Optimal Portfolios," *Stochastics and Stochastic Reports*, Vol. 34(3-4), pp. 187-220.

Ou-Yang, Hui (2005), "An Equilibrium Model of Asset Pricing and Moral Hazard," *Review of Financial Studies*, Vol. 18(4), pp. 1253-1303.

Pham, Huyên (2009), *Continuous-time Stochastic Control and Optimization with Financial Applications*, Springer.

Revuz, Daniel and Marc Yor (1999), *Continuous Martingales and Brownian Motion*, Third Edition, Springer.

Rogers, L. Chris G. and David Williams (2000), *Diffusions, Markov Processes and Martingales: Volume 2, Itô Calculus*, Second Edition, Cambridge University Press.

Schättler, Heinz and Jaeyoung Sung (1993), "The First-Order Approach to the Continuous-Time Principal-Agent Problem with Exponential Utility," *Journal of Economic Theory*, Vol. 61(2), pp. 331-371.

Shreve, Steven E. (2004), *Stochastic Calculus for Finance II: Continuous-Time Models*, Springer.

Tirole, Jean (2006), *The Theory of Corporate Finance*, Princeton University Press.

Weil, Philippe (1989), "The Equity Premium Puzzle and the Risk-Free Rate Puzzle," *Journal of Monetary Economics*, Vol. 24(3), pp. 401-421.

Yong, Jiongmin and Xun Yu Zhou (1999), *Stochastic Controls: Hamiltonian Systems and HJB Equations*, Springer.

Zvonkin, Alexander K. (1974), "A Transformation of the State Space of A Diffusion Process that Removes the Drift," *Math. USSR (Sbornik)*, No. 22, pp. 129-149.

第7章
流動性の不足と信用リスクの分析
―― 流動性デフォルトリスクの構造型アプローチに関する一考察

高岡 浩一郎

1. はじめに

　確率過程を用いた信用リスク分析の手法は，構造モデル（structural models）と誘導モデル（reduced-form models）に大別される．このうち構造モデルとは，企業価値を原資産とするプットオプションのショートポジションとして社債を捉え，オプション価格付け理論を援用して，証券価格や信用リスクを統合的に分析する手法である．一方，誘導モデルは，デフォルト強度を直接モデル化する手法と言える．

　構造モデルの嚆矢となる Merton モデル（Merton 1974）では，企業価値は拡散過程に従い，すべての社債は同一満期でクーポン支払いは無く，満期において企業価値が社債額面を下回ればデフォルトとみなすという設定を考えることにより，企業の流動性デフォルト（liquidity default）を分析している．そして Black and Cox モデル（Black and Cox 1976）では，一時点のみならず様々な時刻でのデフォルトを表現できるように，ある境界への企業価値の初到達時刻をデフォルト時刻とみなしている．これは流動性リスクではなく，安全条項（safety covenant）に基づく清算（liquidation）をモデル化していることになる．またこの論文では，債権の優先劣後構造も考慮に入れている．その後，Bielecki and Rutkowski（2002）のように他の種類の安全条項をモデル化するものや，Longstaff and Schwartz（1995）のように無リスク利子率を確率過程とするなど現実的な設定をおくモデル，Duffie and Lando（2001）のように情報の非対称性を考慮に入れたモデル，Nakamura（2012）のように会社更生を考慮に入れコーポレートファイナンスの議論に結びつけたモデルな

ど，様々なモデルが提唱されている．レビュー論文としては Sundaresan (2013) などが挙げられる．

このうち，Leland (1994) や Leland and Toft (1996) では，無限満期の設定下で，倒産コストと節税効果を考慮に入れた最適な内生的倒産 (endogenous bankruptcy) のタイミングを分析することにより，最適レバレッジなども定量的に分析している．この Leland アプローチも，様々な一般化モデルが提唱されている．そのうちの一つとして，Ziegler (2004) は，永久債発行企業の最適な内生的倒産タイミングを考察している．この Ziegler モデルでは，企業価値が幾何 Brown 運動に従うとモデル化するが，資産は分割・代替されず，永久債クーポン支払いは，新株発行によってファイナンス可能とモデル化しているため，逆に，Merton モデルのような流動性デフォルトは起こらない設定になっている．

本章では，債券発行済み企業の流動性デフォルトリスクを，完全情報下の構造型アプローチで分析する一般的フレームワークを論じ，さらにそれを永久債発行企業に適用する．上記の Ziegler モデルとは異なり，本章のモデルでは，企業価値が永久債クーポン支払い額だけ目減りしていく形になっている．このモデルに基づき，株主価値や債券価格の新しい解析解を導出する．

2. 一般的フレームワーク

連続時間で無限満期の設定を考え，企業は各時点における資産全額を，ある取引可能かつ分割可能なリスク資産に投資しているとする．ここで，リスク資産 1 単位あたりの価値 S_t は値が正の確率過程とする．経路は連続でもジャンプがあってもよい．数学的に正確に述べると，S_t はあるフィルター付き確率空間上のセミマルチンゲールであり，確率 1 で，すべての時刻 $t \geq 0$ に対して $S_t > 0$ かつ，すべての時刻 $t > 0$ に対して $S_{t-} > 0$ であると仮定する．

また，この企業は債券（1 種類でも複数種類でもよい）を発行済みで，時刻ゼロの直後から t までに支払う額面やクーポンの累積額を C_t と記す．C_t は決定論的である必要はなく，適合的な確率過程と考える．その経路は時間につ

いて非減少かつ右連続で，$C_0=0$ となる．ある時刻 $t>0$ において，額面やクーポンの支払い額が正の場合は，その時刻で支払い額分だけ C_t は上方にジャンプする．また，連続的に支払われる場合は，C_t は連続的に増加する．

そして，新規債券や新株は発行しないと仮定するとき，額面・クーポン支払い後の企業価値 V_t は，

$$dV_t = V_{t-}\frac{dS_t}{S_{t-}} - dC_t \qquad (1)$$

という確率微分方程式に従う．ここで，途中の各時刻 $0<u\leq t$ で支払われる額面・クーポンを，すべてリスク資産で再運用したときの時刻 t での価値に V_t を加えた

$$V_t + \int_0^t \frac{S_t}{S_u} dC_u$$

は，初期時点から V_0 を全額リスク資産で運用したときの時刻 t での価値 $V_0 \frac{S_t}{S_0}$ と等しくなる．ただし $V_0>0$ とする．これを整理すると，

$$V_t = S_t\left(\frac{V_0}{S_0} - \int_0^t \frac{dC_u}{S_u}\right) \qquad (2)$$

となる．なお，線形確率微分方程式(1)の唯一解が(2)式であることは，伊藤の公式を用いて数学的にも証明できる．本章末の数学的付録に載せたので，参照して頂きたい．

また，流動性デフォルト時刻 τ は，

$$\tau = \inf\{t \geq 0 | V_t < 0\} \qquad (\text{ただし } \inf \emptyset = \infty)$$

と定式化できるが，これは(2)式より，

$$\tau = \inf\left\{t \geq 0 \left| \frac{V_0}{S_0} < \int_0^t \frac{dC_u}{S_u}\right.\right\} \qquad (3)$$

171

とも等しい．

なお，以上の定式化において，情報の非対称性は考えない．また，デフォルトの種類として流動性デフォルトのみに焦点を当てるため，ここでは倒産コストや節税効果は考えないこととする．

Merton モデルは，以下のように考えることによって上のフレームワーク内で論じることができる．有限満期時刻 T までの企業価値 S_t が拡散過程に従うと仮定し，満期 T における企業価値 S_T が社債額面 K（予め定めた正定数）を下回れば流動性デフォルトが起きたとモデル化するのが Merton モデルであるが，確率過程 S_t の時刻 T 以降の値が S_T と等しいと定義することにより無限満期の確率過程と考え直したものを改めて S_t と記し，C_t は，

$$C_t = \begin{cases} 0 & (t<T \text{のとき}) \\ K & (t \geq T \text{のとき}) \end{cases}$$

と定義する．そして $V_0 = S_0$ とおくと，上記の一般的なフレームワーク内に入っていることが確認できる．

3. 永久債発行企業の流動性デフォルトリスク

本節では，Merton モデルとは対照的な設定として，各時点で連続的に一定のクーポンを満期なしに払い続け，額面の償還は行わない永久債を発行済みの企業の流動性デフォルトリスクを考察する．クーポン率は正定数 c と記し，（1）式における S_t は幾何 Brown 運動，

$$dS_t = S_t(\mu\,dt + \sigma\,dW_t) \qquad (4)$$

に従うと仮定する．ただし，W_t は1次元 Brown 運動（Wiener 過程）である．μ と σ は，それぞれリスク資産の瞬間的収益率およびボラティリティを表す定数（ただし $\sigma>0$）である．このとき，前節の一般的な式（1）～（3）は，本節の設定下ではそれぞれ以下と等しくなる．

第7章 流動性の不足と信用リスクの分析

$$dV_t = V_t(\mu\,dt + \sigma\,dW_t) - c\,dt, \tag{5}$$

$$V_t = e^{\sigma W_t + \left(\mu - \frac{\sigma^2}{2}\right)t}\left(V_0 - \int_0^t \frac{c\,du}{e^{\sigma W_u + \left(\mu - \frac{\sigma^2}{2}\right)u}}\right), \tag{6}$$

$$\tau = \inf\left\{t \geq 0 \,\middle|\, V_0 < \int_0^t \frac{c\,du}{e^{\sigma W_u + \left(\mu - \frac{\sigma^2}{2}\right)u}}\right\}. \tag{7}$$

なお,V_t自体は幾何 Brown 運動とモデル化していないので,本節のモデルは Ziegler(2004)とは異なるモデルである.Ziegler モデルは,企業価値が幾何 Brown 運動に従うとしてモデル化し,資産は分割されず,永久債クーポン支払いは新株発行によってファイナンス可能と仮定している.

ここで無リスク利子率を正定数 r と仮定し,オプション価格理論を用いて本モデルにおける現在の株主価値と債券価値を求める.計算の方針としては,正の時刻 T をとりあえず固定し,T 時点まで一定のクーポン率 c で払い続けて額面償還は行わない年金型の債券を発行した場合の株主価値と債券価値を求め,最後に $T \to \infty$ の極限を考えることとする.(6)式より,T 時点での株主の取り分は,

$$e^{\sigma W_T + \left(\mu - \frac{\sigma^2}{2}\right)T}\left(V_0 - \int_0^T \frac{c\,du}{e^{\sigma W_u + \left(\mu - \frac{\sigma^2}{2}\right)u}}\right)^+ \tag{8}$$

(ただし $x^+ = \max\{x, 0\}$)であるが,この第1因子の存在を勘案すると,リスク中立化法による無裁定価格の計算時に,通常のように安全債券 e^{rt} を基準財に選ばず,リスク資産 $e^{\sigma W_t + \left(\mu - \frac{\sigma^2}{2}\right)t}$ を基準財に選んで計算するほうが,最後に $T \to \infty$ の極限を考えるときに計算しやすく便利である.このときには,同値マルチンゲール測度の下で安全債券価格をリスク資産価格で除した,

$$\frac{e^{rt}}{e^{\sigma W_t + \left(\mu - \frac{\sigma^2}{2}\right)t}} = e^{-\sigma W_t + \left(r - \mu + \frac{\sigma^2}{2}\right)t}$$

がマルチンゲールになる,つまり,

第Ⅱ部　新しい資産価値評価モデルの構築

$$\widetilde{W}_t = -W_t + \frac{r-\mu+\sigma^2}{\sigma}t$$

を（ドリフトなし）Brown 運動にする確率 $\widetilde{P}$ が，リスク資産を基準財に選ぶときの同値マルチンゲール測度である．もとの確率 P についての Radon-Nikodym 微分は，

$$\left.\frac{\mathrm{d}\widetilde{P}}{\mathrm{d}P}\right|_{\mathcal{F}_T} = \exp\left\{\frac{r-\mu+\sigma^2}{\sigma}W_T - \frac{1}{2}\left(\frac{r-\mu+\sigma^2}{\sigma}\right)^2 T\right\}$$

であり，そして（8）式の現在価値は，この式を $e^{\sigma W_T + \left(\mu - \frac{\sigma^2}{2}\right)T}$ で除して確率 $\widetilde{P}$ の下での期待値をとった，

$$\widetilde{E}\left[\left(V_0 - \int_0^T \frac{c\,\mathrm{d}u}{e^{\sigma W_u + \left(\mu - \frac{\sigma^2}{2}\right)u}}\right)^+\right] = \widetilde{E}\left[\left(V_0 - c\int_0^T e^{\sigma \widetilde{W}_u - \left(r + \frac{\sigma^2}{2}\right)u}\mathrm{d}u\right)^+\right] \quad (9)$$

である．そして $T \to \infty$ の極限を考えた，

$$\widetilde{E}\left[\left(V_0 - c\int_0^\infty e^{\sigma \widetilde{W}_u - \left(r + \frac{\sigma^2}{2}\right)u}\mathrm{d}u\right)^+\right] \quad (10)$$

が，永久債発行済み企業の現在の株主価値となり，これを V_0 から減じた，

$$\widetilde{E}\left[\min\left\{V_0, c\int_0^\infty e^{\sigma \widetilde{W}_u - \left(r + \frac{\sigma^2}{2}\right)u}\mathrm{d}u\right\}\right] \quad (11)$$

が，永久債の現在価値となる．

なお，$T \to \infty$ の極限を考える前の(9)式は，Black-Scholes モデルの下でのアジアン・オプション価格と同じ形の数式なので，解析解が求まらないが，$T \to \infty$ の極限を考えた(10)や(11)式は解析解が求まる．なぜなら，Dufresne の公式（Dufresne 1990）より，一般に 2 つの正定数 a と b に対して確率変数

$$\frac{a^2}{2}\int_0^\infty e^{a\widetilde{W}_u - bu}du$$

は逆ガンマ分布に従う．つまり，この確率変数の逆数がパラメータ $\frac{2b}{a^2}$, 1 のガンマ分布に従うことが知られているからである（Yor 2001 等も参照）．この Dufresne の公式より，現在の株主価値(10)式は，

$$\int_{\frac{2c}{\sigma^2 V_0}}^{\infty}\left(V_0 - \frac{2c}{\sigma^2 x}\right)\frac{1}{\Gamma\left(\frac{2r}{\sigma^2}+1\right)} x^{\frac{2r}{\sigma^2}} e^{-x} dx$$

となり，整理すると，

$$\frac{V_0 \Gamma\left(\frac{2r}{\sigma^2}+1, \frac{2c}{\sigma^2 V_0}\right) - \frac{2c}{\sigma^2}\Gamma\left(\frac{2r}{\sigma^2}, \frac{2c}{\sigma^2 V_0}\right)}{\Gamma\left(\frac{2r}{\sigma^2}+1\right)} \quad (12)$$

となる．ただし，この式の分子に2つある $\Gamma(a,x)$ の形の式は，第2種の不完全ガンマ関数

$$\Gamma(a,x) = \int_x^\infty y^{a-1} e^{-y} dy$$

である．また，V_0 から(12)式を減じた，

$$\frac{V_0 \gamma\left(\frac{2r}{\sigma^2}+1, \frac{2c}{\sigma^2 V_0}\right) + \frac{2c}{\sigma^2}\Gamma\left(\frac{2r}{\sigma^2}, \frac{2c}{\sigma^2 V_0}\right)}{\Gamma\left(\frac{2r}{\sigma^2}+1\right)} \quad (13)$$

が，永久債の現在価値(11)式と等しくなる．ただし，この式の分子の $\gamma(a,x)$ の形の式は，第1種の不完全ガンマ関数

$$\gamma(a,x) = \int_0^x y^{a-1} e^{-y} dy$$

である．

$\gamma(a,x)$ および $\Gamma(a,x)$ をそれぞれ $\Gamma(a)$ で除した regularized gamma func-

第Ⅱ部　新しい資産価値評価モデルの構築

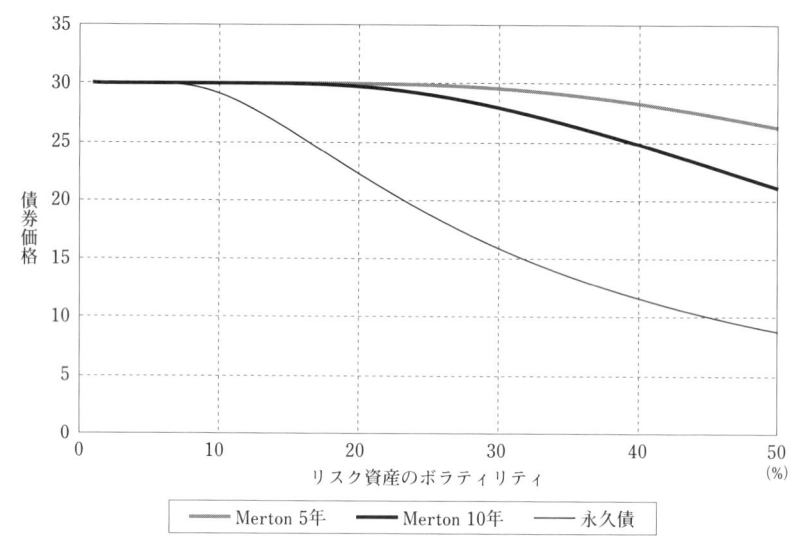

図7-1　債券価格の比較

tion

$$P(a, x) = \frac{\gamma(a, x)}{\Gamma(a)},$$

$$Q(a, x) = \frac{\Gamma(a, x)}{\Gamma(a)}$$

を考え，さらに $a>0$ のときは $\Gamma(a+1)=a\Gamma(a)$ が成り立つことに注意すると，(12)(13)式はそれぞれ以下のように書き表すこともできる．

$$V_0 Q\left(\frac{2r}{\sigma^2}+1, \frac{2c}{\sigma^2 V_0}\right) - \frac{c}{r} Q\left(\frac{2r}{\sigma^2}, \frac{2c}{\sigma^2 V_0}\right), \tag{14}$$

$$V_0 P\left(\frac{2r}{\sigma^2}+1, \frac{2c}{\sigma^2 V_0}\right) + \frac{c}{r} Q\left(\frac{2r}{\sigma^2}, \frac{2c}{\sigma^2 V_0}\right). \tag{15}$$

ここで，regularized gamma function $P(a, x)$ と $Q(a, x)$ がそれぞれガンマ分布の下側と上側の累積分布を表しており，また，(14)(15)式の第2項の $\frac{c}{r}$ は，信用リスクが無いときの永久債の現在価値を表していることに注意する．

第7章 流動性の不足と信用リスクの分析

本モデルの永久債価格式(15)を Merton モデルにおける割引債価格式と比較するため，数値計算を行った結果が図7-1である．ここで，Merton モデルは，満期が5年と10年のモデルの両方を計算対象とした．計算に用いたモデルパラメータは $V_0=100$, $r=0.01$ であり，信用リスクが無いときの各債券の現在価値が30になるように，割引債の額面や永久債のクーポンを定めた．

4. おわりに

本章では，債券発行済み企業の流動性デフォルトリスクを分析するための一般的な数理フレームワークを論じ，さらにそれを永久債発行企業に適用することによって，株主価値や債券価格の新しい解析解を導出した．

今回得られた解析解について，比較静学の考察が課題として残っている．また，今回はデフォルトの種類として流動性デフォルトのみに焦点を当てたが，倒産コストと節税効果を考慮に入れることにより，Leland モデルのような内生的デフォルトも表現できるようなモデルも今後考えていきたい．

数学的付録

確率微分方程式(1)の解について

確率微分方程式(1)の唯一解が(2)式であることを，伊藤の公式を用いて数学的に証明する．まず伊藤の公式より，

$$\frac{V_t}{S_t} = \frac{V_0}{S_0} + \int_{0+}^{t} \frac{\mathrm{d}V_u}{S_{u-}} - \int_{0+}^{t} \frac{V_{u-}}{S_{u-}^2} \mathrm{d}S_u - \int_{0+}^{t} \frac{\mathrm{d}[V,S]_u^c}{S_{u-}^2} + \int_{0+}^{t} \frac{V_{u-}}{S_{u-}^3} \mathrm{d}[S,S]_u^c$$
$$+ \sum_{0<u\leq t} \left\{ \Delta\left(\frac{V}{S}\right)_u - \frac{\Delta V_u}{S_{u-}} + \frac{V_{u-}}{S_{u-}^2}\Delta S_u \right\} \tag{16}$$

が成り立つ．なお，式中に右上添字として小さく c が書かれている箇所は「連続部分」を表す．確率過程にジャンプがあるときの伊藤の公式について

は,Rogers and Williams (1994) など確率解析のテキストブックを参照して頂きたい.

そして V_t が(1)式を満たすとき,(16)式に(1)式やそのジャンプ部分の式

$$\Delta V_t = V_{t-}\frac{\Delta S_t}{S_{t-}} - \Delta C_t$$

を代入して整理すると,多くの項がキャンセルアウトして,

$$\frac{V_t}{S_t} = \frac{V_0}{S_0} - \int_{0+}^{t}\frac{\mathrm{d}C_u}{S_{u-}} + \sum_{0<u\leq t}\left(\frac{1}{S_{u-}} - \frac{1}{S_u}\right)\Delta C_u \qquad (17)$$

と簡略化され,さらに次のように変形できる.

$$\begin{aligned}
(17)\text{式} &= \frac{V_0}{S_0} - \int_{0+}^{t}\frac{\mathrm{d}C_u^c}{S_{u-}} - \sum_{0<u\leq t}\frac{\Delta C_u}{S_{u-}} + \sum_{0<u\leq t}\left(\frac{1}{S_{u-}} - \frac{1}{S_u}\right)\Delta C_u \\
&= \frac{V_0}{S_0} - \int_{0+}^{t}\frac{\mathrm{d}C_u^c}{S_{u-}} - \sum_{0<u\leq t}\frac{\Delta C_u}{S_u} \\
&= \frac{V_0}{S_0} - \int_{0+}^{t}\frac{\mathrm{d}C_u^c}{S_u} - \sum_{0<u\leq t}\frac{\Delta C_u}{S_u} \\
&= \frac{V_0}{S_0} - \int_{0+}^{t}\frac{\mathrm{d}C_u}{S_u}.
\end{aligned}$$

これで(2)式が証明される.

参考文献

Bielecki, Tomasz R. and Marek Rutkowski (2002), *Credit Risk : Modeling, Valuation and Hedging*, Springer.

Black, Fischer and John C. Cox (1976), "Valuing Corporate Securities : Some Effects of Bond Indenture Provisions," *Journal of Finance*, Vol. 31(2), pp. 351-367.

Duffie, Darrell and David Lando (2001), "Term Structures of Credit Spreads with Incomplete Accounting Information," *Econometrica*, Vol. 69(3), pp. 633-664.

Dufresne, Daniel (1990), "The Distribution of a Perpetuity, with Applications to Risk

第 7 章　流動性の不足と信用リスクの分析

Theory and Pension Funding," *Scandinavian Actuarial Journal*, Vol. 1990(1), pp. 39-79.
Leland, Hayne E. (1994), "Corporate Debt Value, Bond Covenants, and Optimal Capital Structure," *Journal of Finance*, Vol. 49(4), pp. 1213-1252.
Leland, Hayne E. and Klaus B. Toft (1996), "Optimal Capital Structure, Endogenous Bankruptcy, and the Term Structure of Credit Spreads," *Journal of Finance*, Vol. 51 (3), pp. 987-1019.
Longstaff, Francis A. and Eduardo S. Schwartz (1995), "A Simple Approach to Valuing Risky Fixed and Floating Rate Debt," *Journal of Finance*, Vol. 50(3), pp. 789-819.
Merton, Robert C. (1974), "On the Pricing of Corporate Debt: the Risk Structure of Interest Rates," *Journal of Finance*, Vol. 29(2), pp. 449-470.
Nakamura, Hisashi (2012), "A Continuous-Time Analysis of Optimal Restructuring of Contracts with Costly Information Disclosure, " *Asia-Pacific Financial Markets*, Vol. 19 (2), pp. 119-147.
Rogers, L. Chris G. and David Williams (1994), *Diffusions, Markov Processes and Martingales : Volume 2, Itô Calculus*, Second Edition, Wiley.
Sundaresan, Suresh (2013), "A Review of Merton's Model of the Firm's Capital Structure with Its Wide Applications," *Annual Review of Financial Economics*, Vol. 5, pp. 21-41.
Yor, Marc (2001), *Exponential Functionals of Brownian Motion and Related Processes*, Springer.
Ziegler, Alexandre (2004), *A Game Theory Analysis of Options : Corporate Finance and Financial Intermediation in Continuous Time*, Second Edition, Springer.

第 8 章
金利ボラティリティの予測
―― イールドカーブに内在する情報を用いた時系列モデルの構築

高見澤 秀幸

1. はじめに

　金融危機を自然現象と捉える人はいないであろうから，それは多かれ少なかれ人為による危機と言えそうである．それゆえ，もし金融危機を事前に予測することできれば，人為によって回避することもできるかもしれない．ところが，現実には金融危機は度々起きている．2008 年のリーマンブラザーズの経営破綻がもたらした金融危機は記憶に新しいところであるが，過去 20 年を振り返ってみても，アジア通貨危機（1997 年），ロシア経済危機（1998 年），IT バブルの崩壊（2000～2001 年）などが挙げられる．これらの歴史的事実が示しているのは，金融危機を事前に予測することは困難であるということである．

　そもそも金融危機は何もないところに発生するわけではないので，その前には多くの問題が底流にあるはずである．それらが危機として一気に表面化するには，何らかの大きなショックが引き金となることが多い．この大きなショックは，予期せぬものか，予期していたとしてもタイミングを事前に捉えることが難しいものである（だから，ショックと呼ぶのであるが）．例えば，大手投資銀行であるリーマンブラザーズの経営破綻を，誰が想像したであろうか．金融危機の予測が難しいのは，その引き金となるような大きなショックの予測が難しいからである．

　＊本章は，掲載誌の許諾の下に，Takamizawa（2015）の一部を加筆・修正したものである．また，本研究は，小川科研の他に公益財団法人清明会並びに公益財団法人野村財団の研究助成を受けている．この場を借りて御礼申し上げる．

しかし，底流にある問題の深刻さ，あるいは危機の土壌のようなものを，あらかじめ把握しておくことは可能である．その土壌の状態を定量的に測る手段の1つが，ボラティリティ（資産価格の変動の程度）である．例えば，日経平均先物のオプション価格から計算されるボラティリティ指数は，危機発生時には一気に通常時の数倍に跳ね上がるが，危機発生前から既にじわじわと上昇していることが多い．このようなボラティリティの動きは，株，債券，通貨などあらゆる金融資産に共通しており，さらにはオプション価格から計算されるインプライド・ボラティリティにも時系列データから計算されるヒストリカル・ボラティリティにも，共通している．つまり，資産や計算方法に依らず，ボラティリティの動きは似ているのである．では，ボラティリティの動きは予測できるのかというと，過去の膨大な研究成果からの答えは概ね肯定的である．ボラティリティを予測することは，金融危機を未然に防ぐ手立てを講じたり，それに備えたりすることに役立つのである．

本章は，2008年の金融危機前後の観測値を含んだ米国データを用いて，金利ボラティリティの予測可能性を検証するものである．予測を行う際に，イールドカーブの情報を用いることが本研究の特徴である．イールドカーブには，投資家の金利，延いては経済状態に対する将来見通しが反映されている．このフォワードルッキングな情報に，ボラティリティ予測にとって有用な情報が含まれているかを明らかにすることが，本研究の目的である．

イールドカーブとボラティリティを結び付けるアイデアは，新しいものではない．理論研究からは，Brown et al.（1994），Christiansen and Lund（2005），Joslin（2010），Litterman et al.（1991），Phoa（1997）らが，イールドカーブの曲率とボラティリティとの関係を論じている．さらに，長期間にわたる米国金利を用いた実証研究からは，Andersen and Lund（1997），Ball and Torous（1999），Chan et al.（1992），Durham（2003），Gallant and Tauchen（1998）らが，金利水準が高いときにボラティリティが高いという関係を見出している．

その一方で，より最近のデータからは，この関係を見出せないのも事実である．図8-1は，金利水準を表すイールドカーブの第一主成分（水準ファクター）と，第一主成分の実現ボラティリティをプロットしたものである．これ

第8章　金利ボラティリティの予測

A　第一主成分（水準ファクター）

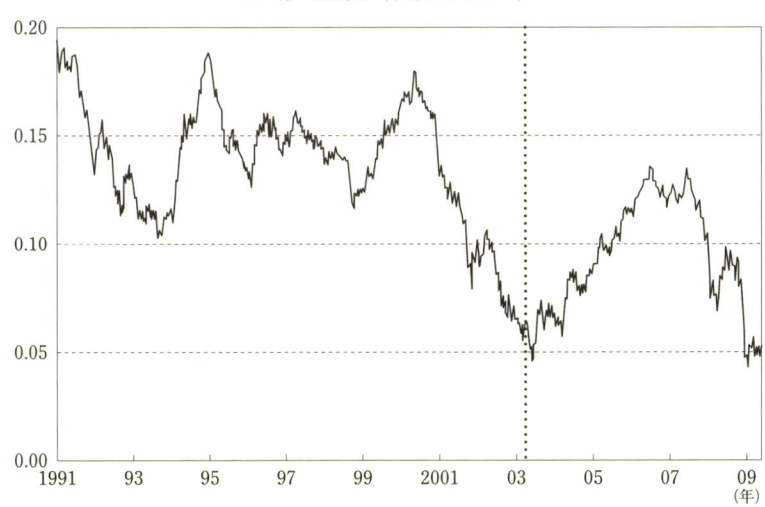

B　実現ボラティリティ

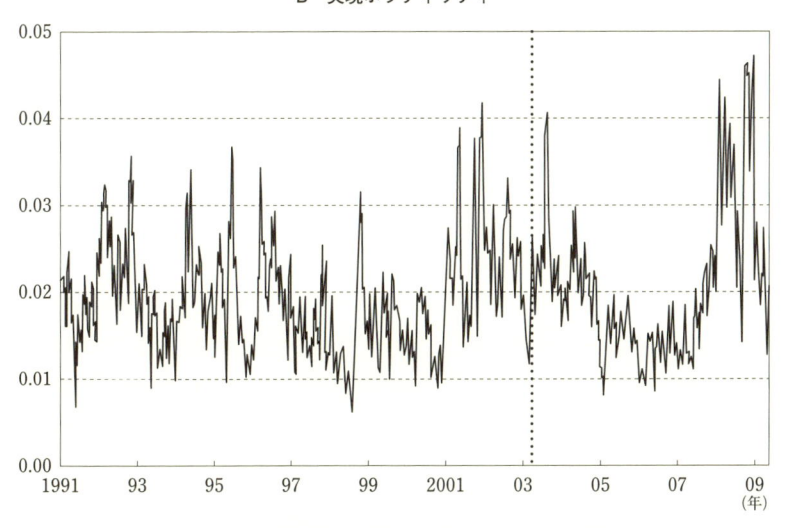

図8−1　米国金利の水準とボラティリティの推移

注）パネルAは米国のLIBORとスワップ金利から抽出した第一主成分の推移を表し，パネルBはこの第一主成分の実現ボラティリティの推移を表している．ただし，実現ボラティリティは，4週分の日次データの差分について二乗和をとってから年率換算し（4/52で割り），最後に平方根をとった値である．2003年付近に描かれた垂直の点線は，内挿期間と外挿期間の境界を示す．

を見ると，2001年から2003年にかけてと，2008年から2009年にかけてのボラティリティの急上昇は，むしろ金利の低下局面で生じていることがわかる．このような観測事実とも相まって，より最近の研究は，イールドカーブにボラティリティ予測に有用な情報があるという考えに否定的である（例えば，Andersen and Benzoni 2010, Collin-Dufresne et al. 2009, Jacobs and Karoui 2009 を参照）．

しかし，これらの研究は，ボラティリティ予測を向上させる可能性のある，次の2つのアプローチを十分に議論していない．一つは，イールドカーブの情報のみではなく，それと時系列データの情報を組み合わせるアプローチである．もう一つは，イールドカーブとボラティリティとの関係を，アフィンモデルが想定するような線形ではなく，非線形に拡張するアプローチである．本研究は，この2つのアプローチを同時に採用する．具体的には，イールドカーブの情報を，ボラティリティをイールドカーブ上に回帰したモデルではなく，イールドカーブの時系列データを記述した動学モデルの中に取り込む．これによって，時系列の情報との組み合せを実現する．さらに，イールドカーブとボラティリティの非線形関係を実現するために，この動学モデルの分散・共分散行列がイールドカーブ（正確にはイールドカーブを駆動するファクター）の非線形関数となるようにモデル化する．このように，イールドカーブの情報は，ボラティリティを直接抽出するためではなく，それを定式化するために用いられる．

本研究の貢献は，このような動学モデルを用いて，ボラティリティ予測にとって有用な情報がイールドカーブに内在するかを解明することである．さらに，ボラティリティ予測に寄与する動学モデルは，価格付けやリスク管理の問題にも活用できる．従って，本研究の第2の貢献は，世界金融危機後の新しい金利モデルを構築するために有用な含意を提供することである．

2. データ

米国のLIBORとスワップレートから構成されるイールドカーブのデータを用いる．標本期間は1991年1月2日から2009年5月27日までで，観測

頻度は週次（水曜日）である[1]．観測期間を，推定のための内挿期間と，予測のための外挿期間とに分ける．内挿期間は 2003 年 4 月 9 日までで，標本サイズは 641，外挿期間の標本サイズは 340 である．

本研究は動学モデルを用いるため，あらかじめ変数を絞った方がモデルの推定や結果の解釈が容易になる．そのため，イールドカーブのデータに主成分分析をかけて，その変動要因（ファクター）を取り出す．ファクター数は，先行研究に従い，3 とした（例えば，Litterman and Scheinkman 1991 を参照）．この 3 ファクターは，イールドカーブの変動の 98.5% を説明し，影響力の大きい順に「水準」「傾き」「曲率」と解釈することができる[2]．

予測対象となる金利ファクターのボラティリティは，日次データを用いて計算した[3]．時点 t における第 i ファクターを $x_{t,i}$ と表す．ただし，$i=1$ が水準，$i=2$ が傾き，$i=3$ が曲率に対応する．1 週先の実現分散は，次の通り計算される．

$$RV_{t,t+\Delta,i} = \sum_{k=1}^{m_{t+\Delta}} \left(x_{t+\frac{\Delta}{m_{t+\Delta}}k,i} - x_{t+\frac{\Delta}{m_{t+\Delta}}(k-1),i}\right)^2 \quad (i=1,2,3) \tag{1}$$

ここで，Δ は週の間隔（$\Delta=1/52$），m_t は時点 t で終わる 1 週間に観測された x の数（通常は $m_t=5$）を表す．h 週先の実現分散は，次の通り計算される．

$$RV_{t,t+h\Delta,i} = \sum_{j=1}^{h} RV_{t+(j-1)\Delta,t+j\Delta,i} \tag{2}$$

この $RV_{t,t+h\Delta,i}$ を $h\Delta$ で割れば，実現分散の年率換算値を得る．予測期間の h は，4，8，16，32（週）とした．

---

1) 水曜日に欠損値があれば，木曜日のデータを，さらに木曜日にも欠損値があれば，火曜日のデータを用いた．
2) イールドカーブをファクターに変換する行列は，内挿期間における金利差分の分散・共分散行列から計算した．外挿期間のファクターを得る際も内挿期間と同じ変換行列を用いて，2 つの期間でファクターの解釈が変わらないようにした．
3) 日次データでイールドカーブをファクターに変換する際，内挿期間の週次データから推定した変換行列を用いた．これは，ファクターの解釈が週次と日次とで変わらないようにするためである．

第Ⅱ部　新しい資産価値評価モデルの構築

3. モデル

3.1 ボラティリティがイールドカーブに依存する動学モデル

　本研究は，先行研究が十分に議論していない次の2つのポイントを考慮した上で，金利ボラティリティの予測を行う．2つのポイントとは，（a）イールドカーブと時系列の情報の組み合わせ，（b）イールドカーブとボラティリティの非線形関係，である．（a）を考慮するために，金利ファクターの動学モデルを用いる．（b）を考慮するために，以下の動学モデルを提案する．

　$x'_t = (x_{t,1}\ x_{t,2}\ x_{t,3})$ とし，その連続的な変動を次の通りモデル化する．

$$dX_t \sim N[(K_0 + K_1 X_t)dt, \Sigma_t dt] \quad (3)$$

ここで，平均が X_t の線形関数となっているが，これは当モデルのボラティリティ予測力をアフィンモデルのそれと比較する際に，平均の関数形を同じにしてその影響をコントロールするためである．

　イールドカーブの情報は，分散・共分散行列 Σ_t の定式化に用いられる．具体的には，Σ_t を X_t の関数として定式化する．ただし，Σ_t は正定値行列であるため，定式化には工夫が必要である．その一つの工夫の仕方として，まず Σ_t を次の通り固有値分解する．

$$\Sigma_t = P L_t P' \quad (4)$$

ただし，L_t は固有値を対角要素に持つ対角行列で，P は対応する固有ベクトルからなる行列である．先行研究に従い，L_t は可変的とし，P は固定する（例えば，Fan *et al.* 2003, Han 2007, Jarrow *et al.* 2007, Longstaff *et al.* 2001, Pérignon and Villa 2006 を参照）．L_t の対角要素である各固有値を $L_i(X_t)$ （$i=1,2,3$）と表すと，任意の X_t について $L_i(X_t) > 0$ となるように $L_i(X_t)$ を与えれば，正定値の条件は満たされる．そこで，$L_i(X_t)$ を次の通り定式化する．

$$L_i(X_t) = c_i + X'_t \Gamma^i X_t \quad (i=1,2,3) \quad (5)$$

ただし,$c_i>0$ で,Γ^i は半正定値行列である.便宜上,(3)〜(5)式で与えたモデルを,SVQ (Stochastic Volatility with Quadratic specification) と呼ぶ.

3.2 競合モデル

分散・共分散行列が3ファクターの非線形関数で与えられたSVQモデルのボラティリティ予測力を客観的に評価するために,以下の競合モデルを考える.

Gaussian or $A_0(3)$ モデル

X_t の連続的な変動は(3)式に従うが,Σ_t が Σ(定数行列)に置き換わったモデルが Gaussian モデルである.予測期間 h を所与とすると,Gaussian モデルのボラティリティ予測値は,X_t の値に依存せず一定であるため,「何もしない」当モデルは一つのベンチマークになる.これは,金利水準を予測する際に,「何もしない」ランダムウォークが一つのベンチマークになることと同様である.

この Gaussian モデルは,アフィンモデルの一つである.Dai and Singleton (2000) が提案したアフィンモデルの表記法に従い,Gaussian モデルを $A_0(3)$ と表す.大文字の A は,Affine の略.カッコ内の数はファクター数(3個),下添え字の数は3ファクターのうち Σ_t を駆動するファクター数をそれぞれ表す.Gaussian モデルは Σ_t が定数行列であるため,下添え字の数が0となっている.

$A_1(3)$ モデル

$A_1(3)$ モデルは,3ファクターを持つアフィンモデルで,内1ファクターが Σ_t を駆動するものである.X_t の連続的な変動を(3)式で与え,Σ_t の対角要素(これを $\Sigma_{t,i}$ と表す)を次の通り定式化する[4].

$$\Sigma_{t,i} = \sigma_1 x_{t,1} \qquad (6)$$

---

4) Σ_t の非対角要素は,統計的に有意に推定されなかったため,あらかじめゼロと置いた.

第Ⅱ部　新しい資産価値評価モデルの構築

$$\Sigma_{t,i} = \sigma_1 x_{t,1} + c_i \quad (i=2,3) \tag{7}$$

Σ_t を駆動するファクターとして $x_{t,1}$ を選択したのは，$x_{t,1}$ が非負の値をとる水準ファクターだからである．傾きファクターや曲率ファクターは正負どちらの値も取りうるため，ボラティリティを駆動するファクターとしては適さない．このような $A_1(3)$ モデルの定式化は制約的に見えるかもしれない．しかし，すべてのファクターを潜在変数とし，イールドカーブから同定するアプローチを採った場合でも，結果的にボラティリティを駆動するファクターは水準ファクターと高い相関を示すことが知られている（例えば，Jacobs and Karoui 2009 を参照）．

$A_1(3)$ モデルを選んだ理由は，$A_1(3)$ モデルにはない，SVQ モデルが持つ次の2つの特徴が，ボラティリティ予測に有用であるかを確かめるためである．1つは水準ファクターが分散と非線形な関係にあること，もう1つはすべてのファクターが分散の変動に寄与することである．

GARCH（1, 1）モデル

GARCH モデルは，ボラティリティの変動を記述した代表的なモデルである．Engle（1982）が提案した ARCH モデルを Bollerslev（1986）が拡張し，以後様々な拡張が試みられている．本研究は，GARCH モデルの中でも最も簡便な GARCH(1, 1) を採用する．これは，より複雑なモデルを考えたとしても，外挿期間で予測が改善するとは限らないからである（例えば，Hansen and Lunde 2005 を参照）．GARCH(1, 1) は，次の通り定式化される．

$$x_{t+\Delta,i} = \alpha_i + \beta_i x_{t,i} + \sqrt{h_{t+\Delta,i}} z_{t+\Delta,i} \tag{8}$$

$$h_{t+\Delta,i} = \omega_i + \phi_i h_{t,i} z_{t,i}^2 + \rho_i h_{t,i} \tag{9}$$

ただし，$z_{t,i} \sim i.i.d. N(0,1)(i=1,2,3)$ とし，$z_{t,i}$ と $z_{t,j}(j \neq i)$ は無相関であるとする．この GARCH(1, 1) モデルを，Diebold and Mariano（DM）（1995）が提案した予測に関する統計的検定のベンチマークに用いる．

これまでのモデルはすべてファクターの変動を記述したものであり，その

パラメータは内挿期間におけるファクターの週次データを用いて疑似最尤法により推定される.

HAR-RV モデル

予測対象である実現ボラティリティの変動を記述したモデルも考える. 具体的には，Andersen and Benzoni (2010) の中で考察された，HAR-RV モデルを採用する.

$$\text{HAR-RV}: \sqrt{\frac{RV_{t,t+h\Delta,i}}{h\Delta}} = a_{h,i} + \sum_{j=\{4,8,16,32\}} b_{h,i,j} \sqrt{\frac{RV_{t-j\Delta,t,i}}{j\Delta}} + u_{t+h\Delta,i} \quad (10)$$

HAR-RV モデルは，予測対象の系列に直接フィットするため，その予測力は本研究が扱うモデルの中で最も高くなることが予想される. このモデルを採用する理由は，予測力の 1 つの上限を与えるためである. HAR-RV モデルのパラメータは，内挿期間における実現ボラティリティのデータを用いて最小二乗法により推定される.

4. 実証結果

予測対象は，年率換算された実現ボラティリティ（標準偏差）である. 予測精度は，平均平方誤差の平方根（Root Mean Squared Error：RMSE）で評価する. h 週先の予測誤差は，次の式で与えられる.

$$e_{t+h\Delta,i} = \sqrt{\frac{RV_{t,t+h\Delta,i}}{h\Delta}} - \sqrt{\frac{\text{var}_t[x_{t+h\Delta,i}]}{h\Delta}} \quad (i=1,2,3) \quad (11)$$

ただし，$\text{var}_t[\cdot]$ はモデルの予測値を表す.

モデルの予測力についての直感的な理解を得るために，図 8-2 にボラティリティの 4 週先の予測値（太線）と，4 週後の実現値（細線）を描いた. SVQ モデルの結果は左列に，GARCH モデルの結果は右列にある. 各パネルにある垂直な点線は，内挿期間と外挿期間の境界を表す. 外挿期間の予測値を計算する際，モデル・パラメータは内挿期間で推定された値に固定されてい

第II部 新しい資産価値評価モデルの構築

A 水準ファクター:SVQ モデル　　　　B 水準ファクター:GARCH モデル

C 傾きファクター:SVQ モデル　　　　D 傾きファクター:GARCH モデル

E 曲率ファクター:SVQ モデル　　　　F 曲率ファクター:GARCH モデル

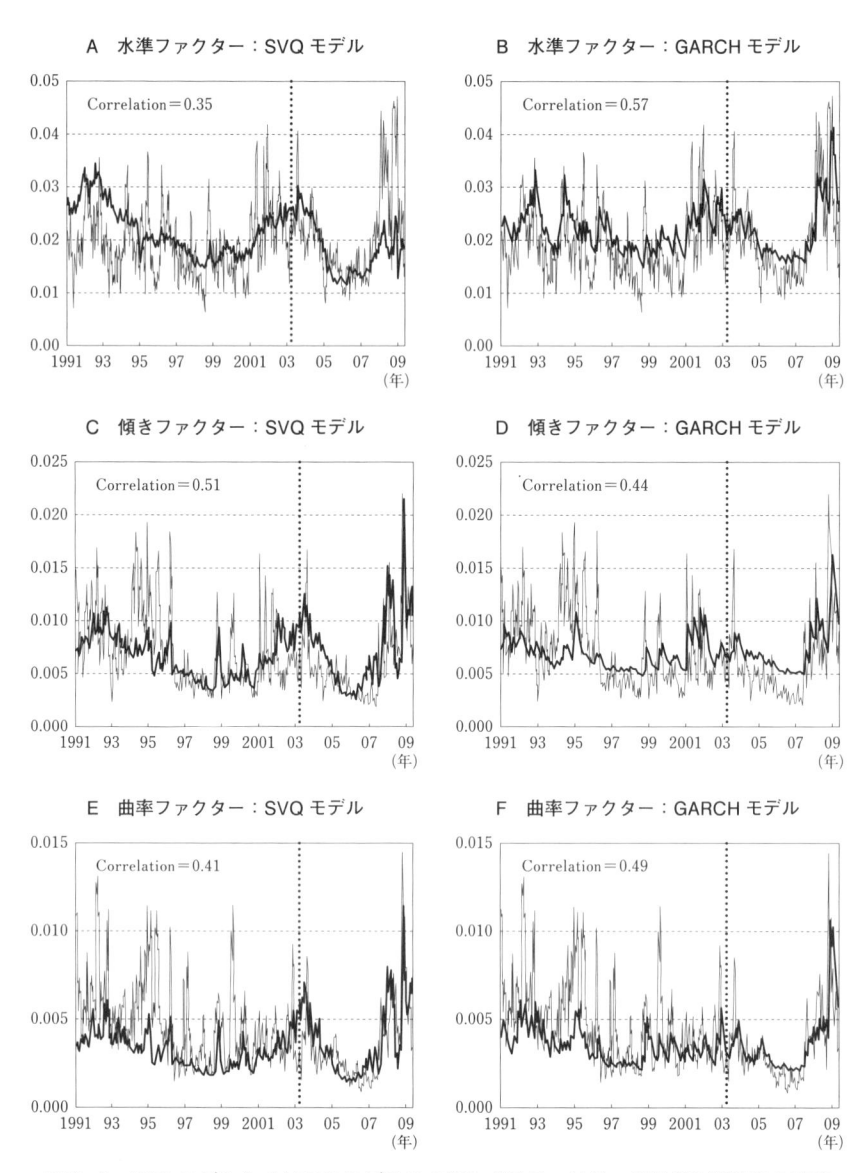

図8-2 SVQ モデルと GARCH モデルの4週先ボラティリティ予測値と実現値の推移

注) 各パネルにおいて,太線がモデルの予測値,細線が実現値を示す.ボラティリティは,年率換算された標準偏差値.2003年付近に描かれた垂直の点線は,内挿期間と外挿期間の境界を示す.

る．つまり，モデルの再推定は行っていない．

まず，水準ファクターの結果を示したパネル A と B を比較すると，GARCH モデルの予測が良いことがわかる．予測値と実現値の標本相関係数は 0.57 である．一方，SVQ モデルの標本相関係数は 0.35 であるものの，その予測値は実現値の傾向を捉えている．次に，傾きファクターの結果を示したパネル C と D を比較すると，SVQ モデルの予測が良いことがわかる．SVQ モデルは大きく変動する予測値を生成することができ，この特性は金融危機時のデータを含む外挿期間で有利に働いている．また，外挿期間でモデルの再推定を行っていないため，モデル・パラメータは金融危機の前後で安定的であることも示唆される．これらの点は，SVQ モデルが傾きファクターのボラティリティを捉えるのに適していることを示している．最後に，曲率ファクターの結果を示したパネル E と F を比較すると，GARCH モデルの予測が再び良いことがわかる．GARCH モデルの標本相関係数は 0.49 で，SVQ モデルの 0.41 を上回る．ただ，SVQ モデルの予測値は，傾きファクターの場合と同様に大きく変動しており，特に外挿期間において実現値の傾向をよく捉えている．

表 8-1 は，各モデルについて，(11)式で定義した予測誤差の RMSE をまとめたものである．単位はベーシス・ポイント（1 bp=0.0001）である．各パネルの各予測期間 h について，RMSE の最小値を太字で，2 番目に小さい値を斜字で示した．数字の横にある「*」と「**」のマークは，前節で述べた DM 検定によって，帰無仮説（各モデルと GARCH モデルで予測力に差がないという仮説）がそれぞれ有意水準 5% と 1% で棄却されることを示す．図 8-2 の解説で述べた通り，外挿期間でモデルの再推定は行っていない．競争条件を等しく保つために，HAR-RV モデルのパラメータも同様に内挿期間の推定値で固定されている．

初めに表 8-1 の結果を概観すると，予想通り HAR-RV モデルのパフォーマンスが良いことがわかる．特に，傾きファクターと曲率ファクターのボラティリティに対する予測力の高さが目立つ．一方，水準ファクターのボラティリティに対しては，それ程高い優位性を示していない．外挿期間では，$h=4$ 以外の RMSE は，むしろ GARCH モデルの方が小さい．予測対象の系

第Ⅱ部 新しい資産価値評価モデルの構築

表8-1 ボラティリティ予測のRMSE（USV導入前）

予測期間 h	内挿期間				外挿期間			
	4	8	16	32	4	8	16	32
パネルA：水準ファクター								
$A_0(3)$	68.6**	59.4*	51.4	42.3	87.5**	82.0**	78.5*	74.3
$A_1(3)$	81.1**	72.7**	64.9**	55.0*	103.6**	99.7**	95.9**	88.3
SVQ	67.2	57.8	49.9	42.9	80.0*	74.9	72.3	70.0
GARCH	*61.8*	*53.2*	*46.9*	*38.4*	*63.5*	56.5	56.4	55.4
HAR-RV	**56.2***	**48.7**	**43.1**	**36.9**	**62.8**	*58.2*	*59.3*	*60.9*
パネルB：傾きファクター								
$A_0(3)$	36.3**	33.8*	31.3	28.1	38.6*	36.3*	34.3*	31.6
$A_1(3)$	36.3**	33.8*	31.2	27.8	38.6*	36.4*	34.4*	31.8
SVQ	*33.1*	*30.4*	*28.1*	*25.1*	*31.0*	*28.6*	29.0	30.1
GARCH	33.9	31.3	29.0	26.3	32.1	30.5	*28.8*	*26.2*
HAR-RV	**28.5**	**25.6**	**22.9***	**20.5**	**28.4**	**27.2**	**25.4***	**24.7**
パネルC：曲率ファクター								
$A_0(3)$	27.2**	27.6**	29.6**	33.1**	22.9**	22.7*	23.7	25.1
$A_1(3)$	27.2**	27.6**	29.6**	33.0**	22.9**	22.7*	23.7*	25.3
SVQ	26.3*	26.5*	28.4**	31.7**	18.8	17.1	17.9	20.8
GARCH	*24.7*	*24.5*	*25.3*	*27.9*	*17.0*	*16.5*	*17.7*	*20.4*
HAR-RV	**19.1**	**17.7**	**15.3**	**12.9**	**16.0**	**15.5**	**15.5**	**15.6**

(11)式で定義した誤差について，平均平方誤差の平方根（Root Mean Squared Error：RMSE）をまとめた．単位はベーシス・ポイント（1bp=0.0001）．各パネルの各予測期間 h について，最小値を太字で，2番目に小さい値を斜字で示した．数字の横にある「*」と「**」のマークは，Diebold-Mariano 検定によって，帰無仮説（各モデルと GARCH モデルで予測力に差がないという仮説）がそれぞれ有意水準 5% と 1% で棄却されることを示す．内挿期間は 1991 年 1 月 2 日から 2003 年 4 月 9 日まで，外挿期間は 2003 年 4 月 16 日から 2009 年 5 月 27 日までである．外挿期間で予測を行う際，モデル・パラメータは内挿期間の推定値で固定されている．

列に直接フィットさせたモデルが苦戦するということは，そもそも水準ファクターのボラティリティは予測が難しいことを示唆している．この点は，先行研究の結果とも整合的である（例えば，Andersen and Benzoni 2010, Jacobs and Karoui 2009 を参照）[5]．

---

5) 水準ファクターのボラティリティを捉えることが困難である理由としては，水準ファクターは長期金利との連動性が高く，その長期金利はリスクプレミアムの影響を強く受けることが考えられる．Duffee (2011) は，リスクプレミアムがイールドカーブを駆動しないファクターにも依存することを指摘している．

続けて，SVQ モデルのパフォーマンスに注目して，表 8-1 の結果を考察する．まず，簡単なベンチマークである $A_0(3)$ モデルと比較すると，SVQ モデルの RMSE は，$A_0(3)$ モデルのそれよりもほとんどの場合で小さい．その一方で，$A_1(3)$ モデルの RMSE は，$A_0(3)$ モデルのそれと同程度（傾きファクターと曲率ファクター）か，それよりも大きい（水準ファクター）．この結果は，分散を水準ファクターのみの線形関数で定式化すると，何もしない（分散を定数とする）場合よりも予測力が悪化しうることを示唆している．同時に，イールドカーブに依存した分散のモデルを考える際には，分散を 3 ファクターの非線形関数で定式化することの重要性を示唆している．

次に，SVQ モデルをもう 1 つのベンチマークである GARCH モデルと比較する．パネル A の水準ファクターについて見ると，SVQ モデルの RMSE は，内挿期間では 3～5 bps 大きい程度であるが，外挿期間では 15～18 bps も大きくなる．しかし，図 8-2 から見て取れる通り，外挿期間の予測誤差は大きく変動しているため，$h=4$ 以外では統計的に有意な差にはなっていない．パネル B の傾きファクターについて見ると，SVQ モデルの予測の良さが目立つ．統計的に有意な差ではないものの，内挿期間の RMSE はすべての h で小さく，外挿期間の RMSE は $h=4$ と $h=8$ で小さい．パネル C の曲率ファクターについて見ると，SVQ モデルの RMSE は，GARCH モデルのそれに比べ，内挿期間では統計的に有意に大きいが，外挿期間ではほぼ同程度である．

以上の結果から，イールドカーブには，傾きファクターのボラティリティを捉えるのに有用な情報が含まれていると言える．その一方で，イールドカーブの情報では，水準ファクターのボラティリティを捉えることは難しい．動学モデルの定式化の観点からまとめると，分散を水準ファクターのみの線形関数で定式化することは，ボラティリティ予測にとって逆効果である．分散を 3 ファクターの非線形関数で定式化すると，ボラティリティ予測は大幅に改善する．この発見は，アフィン型金利期間構造モデルを改善する一つの方向を示している．

第II部　新しい資産価値評価モデルの構築

5. ボラティリティに特化したファクターを導入したときの実証結果

前節までは，イールドカーブを駆動するファクターがボラティリティも駆動するモデルを考えてきた．しかし，イールドカーブのファクターのみでは，ボラティリティの動きを十分に捉えられないという議論がなされているのも事実である（例えば，Collin-Dufresne and Goldstein 2002, Han 2007, Heidari and Wu 2003, 2009, Jarrow et al. 2007, Li and Zhao 2006 を参照）．つまり，イールドカーブには関係ないが，ボラティリティには関係あるファクターが存在しうるということである．このようなファクターは，USV（Unspanned Volatility）と呼ばれる．この USV を導入すれば，アフィンモデルの予測力は改善するかもしれない．さらに言えば，USV はイールドカーブの情報を不要にするかもしれない．本節の目的は，USV の導入後も，イールドカーブの情報がボラティリティ予測にとって有用であるかを調べることである．

5.1　モデルの拡張

V_t をボラティリティのみを駆動する潜在変数とする．この V_t を，まずアフィンモデルに導入する．前節の結果より，水準ファクターは分散・共分散行列から除く．従って，V_t を導入したアフィンモデルは，$A_1(4)$ モデルとなる．

$$d\begin{pmatrix}X_t\\V_t\end{pmatrix} \sim N\left[\left\{\begin{pmatrix}K_0\\k_v\theta_v\end{pmatrix}+\begin{pmatrix}K_1 & \mathbf{0}\\\mathbf{0}' & -k_v\end{pmatrix}\begin{pmatrix}X_t\\V_t\end{pmatrix}\right\}dt, \Sigma_t dt\right] \quad (12)$$

ただし，$\mathbf{0}$ はすべての要素が 0 である 3 次元ベクトルである．Σ_t は対角行列で，その対角要素（$\Sigma_{t,i}$）を次の通り定式化する．

$$\Sigma_{t,i} = \sigma_i V_t + c_i \quad (i=1,2,3) \quad (13)$$
$$\Sigma_{t,4} = \sigma_4 V_t \quad (14)$$

同様に，V_t を SVQ モデルにも導入する[6]．$(X_t'\ V_t)'$ の連続的な変動を(12)式で与え，Σ_t の対角要素（$\Sigma_{t,i}$）を次の通り定式化する[7]．

$$\text{(SVQ-A)} \quad \sum_{t,i} = \sigma_i V_t + X_t' \Gamma^i X_t \quad (i=1,2,3) \tag{15}$$

$\sum_{t,4}$ は，$A_1(4)$ モデルと同じである．

5.2 モデル拡張後の実証結果

前節と同様，モデルを疑似最尤法により推定する．ただし，V_t が潜在変数であるため，V_t について条件付き確率密度関数を数値積分して尤度を計算した（詳しくは Thompson 2008 を参照）．さらに，V_t の水準が定まるよう，(12)式において，$\theta_v = 1$ と置いた．同様の基準化は，Gallant and Tauchen (1998) でも行われている．

前節と同様，まずモデルの予測力を概観するために，図 8-3 にボラティリティの 4 週先の予測値（太線）と，4 週後の実現値（細線）を描いた．$A_1(4)$ モデルの結果を示した左列を見ると，予測値は十分に変動し，実現値の傾向をよく捉えていることがわかる．さらに，SVQ-A モデルの結果を示した右列からは，V_t に 3 ファクターの非線形関数を加えると，予測値の変動がさらに大きくなることがわかる．この追加的な変動は，特に外挿期間における傾きファクターや，曲率ファクターのボラティリティをよく捉えている．

表 8-2 に RMSE の結果をまとめた．表 8-1 の結果と比較し易いよう，GARCH モデルと HAR-RV モデルの結果も載せた．DM 検定は，ここでも GARCH モデルをベンチマークにしている．まず，パネル A の水準ファクターについて見ると，V_t の導入がボラティリティ予測を向上させることがわかる．例えば，$A_1(4)$ モデルの RMSE は，$A_1(3)$ モデルのそれに比べ，内挿期間では最大 20.8 bps ($h=16$)，外挿期間では同 38.6 bps ($h=8$) 減少している．同様に，SVQ-A モデルの RMSE は，SVQ モデルのそれに比べ，内挿期間では 5〜8 bps，外挿期間では 5〜13 bps 小さい．一方，SVQ-A モデ

---

6) 導入の仕方は，Brenner et al. (1996) を参考に，積の形と和の形の両方を考えたが，和の形（SVQ-A モデル）の方がパフォーマンスが良いため，積の形の結果は省略した．

7) SVQ モデルの分散・共分散行列は $\Sigma_t = PL_t P'$ と分解され，推定結果から P は単位行列と見なせるので，$\Sigma_t = L_t$（対角行列）が成り立つ．従って，本節では，$L_t(X_t)$ の代わりに $\sum_{t,i}$ について定式化を行う．

第 II 部　新しい資産価値評価モデルの構築

A　水準ファクター：$A_1(4)$ モデル

B　水準ファクター：SVQ-A モデル

Correlation=0.48

Correlation=0.48

C　傾きファクター：$A_1(4)$ モデル

D　傾きファクター：SVQ-A モデル

Correlation=0.54

Correlation=0.56

E　曲率ファクター：$A_1(4)$ モデル

F　曲率ファクター：SVQ-A モデル

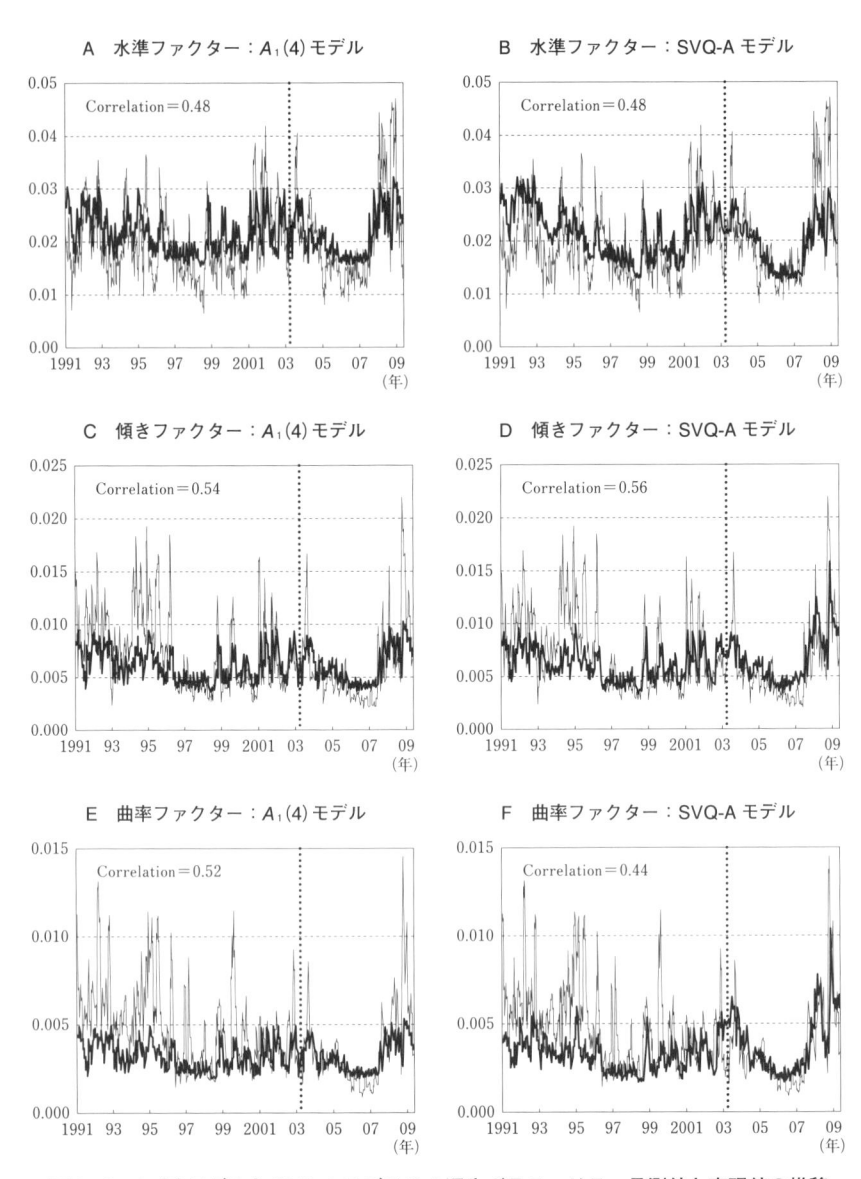

Correlation=0.52

Correlation=0.44

図 8-3　$A_1(4)$ モデルと SVQ-A モデルの 4 週先ボラティリティ予測値と実現値の推移

注）　各パネルにおいて，太線がモデルの予測値，細線が実現値を示す．ボラティリティは，年率換算された標準偏差値．2003 年付近に描かれた垂直の点線は，内挿期間と外挿期間の境界を示す．

196

表 8-2 ボラティリティ予測の RMSE（USV 導入後）

予測期間 h	内挿期間				外挿期間			
	4	8	16	32	4	8	16	32
パネル A：水準ファクター								
$A_1(4)$	63.5	53.2	44.1	*35.9*	66.6	61.1	62.7	64.0
SVQ-A	62.4	*51.9*	*42.7*	34.7	67.0	62.1	63.2	65.5
GARCH	*61.8*	53.2	46.9	38.4	*63.5*	**56.5**	**56.4**	**55.4**
HAR-RV	56.2*	48.7	43.1	36.9	62.8	*58.2*	*59.3*	*60.9*
パネル B：傾きファクター								
$A_1(4)$	33.7	32.3	31.6*	30.5*	30.2	29.1	29.0	28.3
SVQ-A	*33.4*	31.9	31.1*	29.2	27.4**	25.4**	24.9	*24.9*
GARCH	33.9	*31.3*	*29.0*	26.3	32.1	30.5	28.8	26.2
HAR-RV	28.5**	25.6**	22.9*	20.5	*28.4***	27.2	*25.4**	24.7
パネル C：曲率ファクター								
$A_1(4)$	26.3**	27.0**	29.5**	33.3**	18.1	18.9	21.7	24.8
SVQ-A	25.9*	26.2*	28.2**	31.7**	*16.8*	15.3	*16.3*	*19.4*
GARCH	*24.7*	*24.5*	*25.3*	*27.9*	17.0	16.5	17.7	20.4
HAR-RV	19.1**	17.7**	15.3**	12.9**	16.0	*15.5*	15.5	15.6

説明は表 8-1 に同じ．

ルと $A_1(4)$ モデルを比較すると，3ファクターの非線形関数を追加しても，予測の改善には結びついていないことがわかる．SVQ-A モデルの RMSE は，$A_1(4)$ モデルのそれに比べ，内挿期間では小さいものの，外挿期間では逆に大きくなっており，全期間を通じて大差はない．

次に，パネル B の傾きファクターについて見ると，V_t の導入が必ずしも予測の向上に寄与しないことがわかる．例えば，内挿期間における $A_1(4)$ モデルの RMSE は，$h=32$ のとき 30.5 bps であるが，これは $A_1(3)$ モデルの 27.8 bps よりも大きい．同様に，SVQ-A モデルについても，内挿期間の RMSE は 29～33 bps の範囲にあるが，これは SVQ モデルのそれよりも一様に大きい．一方，SVQ-A モデルと $A_1(4)$ モデルを比較すると，3ファクターの非線形関数は追加的に有用な情報を持つことがわかる．SVQ-A モデルの RMSE は，$A_1(4)$ モデルのそれに比べ，内挿期間では最大 1.3 bps（$h=32$）小さくなる程度であるが，外挿期間では 3～4 bps 小さくなる．実際に，SVQ-A モデルは，外挿期間で最も高い予測力を示すモデルである．

最後に，曲率ファクターの結果を示したパネルCからは，パネルBと類似のパターンを見て取れる．V_tの導入は，内挿期間では有用でないものの，実現値が激しく変動する外挿期間では有用である．さらに，V_tの導入後でも，3ファクターの非線形関数は予測の改善に寄与する．それでも，曲率ファクターのボラティリティ予測については，この2つを組み合わせてもHAR-RVモデルには及ばない．

まとめると，イールドカーブの情報に関する前節の結論は，USVを導入した本節でも変わらない．イールドカーブは，傾きファクターと曲率ファクターのボラティリティ予測にとって，追加的に有用な情報を持っている．その一方で，水準ファクターについては，そのような情報を持たない．さらに，動学モデルの観点からまとめると，USVと3ファクターの非線形関数を組み合わせたSVQ-Aモデルが好ましい．SVQ-Aモデルのボラティリティ予測力は，水準ファクターについては$A_1(4)$モデルと同程度であり，傾きファクターと曲率ファクターについては$A_1(4)$モデルを上回る．特に，傾きファクターについてのSVQ-Aモデルの予測力は，金融危機の前後の時期で，予測対象の系列に直接フィットさせたHAR-RVモデルの予測力を上回る．

金利ファクターの変動を記述した動学モデルのボラティリティ予測力が，ボラティリティに特化したモデルのそれと同程度になるという結果は，決して自明なものではない．金利ファクターの動学モデルは，ボラティリティの予測の他にも，金利水準の予測，債券の価格付け，リスクプレミアムの推定，といった目的にも利用される．アフィンモデルを用いた実証研究からは，これらの多目的の中で，ボラティリティの予測が最も難しいことが知られている．本研究で提案された動学モデルは，このような難題を解決する手掛かりを与えている．

6. おわりに

本研究は，動学モデルを用いて，イールドカーブの情報が金利ボラティリティの予測に役立つかを検証した．その結果，傾きファクターと曲率ファク

ターのボラティリティには有用であるが，水準ファクターのボラティリティには有用でないことが確かめられた．この結論は，イールドカーブには関係ないがボラティリティには関係あるファクター（USV）を導入しても頑健であった．さらに，ボラティリティの大きな変動を捉えるためには，分散・共分散行列がアフィンモデルのように，一部のファクターのみに依存するよりも，SVQ モデルのように，すべてのファクターに依存する方が望ましいことがわかった．この発見は，金融危機時でも機能する金利期間構造モデルを構築するための重要な示唆を与えている．

参考文献

Andersen, Torben G. and Luca Benzoni (2010), "Do Bonds Span Volatility Risk in the U.S. Treasury Market? A Specification Test for Affine Term Structure Models," *Journal of Finance*, Vol. 65(2), pp. 603-653.

Andersen, Torben G. and Jesper Lund (1997), "Estimating Continuous-Time Stochastic Volatility Models of the Short-Term Interest Rate," *Journal of Econometrics*, Vol. 77 (2), pp. 343-377.

Ball, Clifford A. and Walter N. Torous (1999), "The Stochastic Volatility of Short-Term Interest Rates: Some International Evidence," *Journal of Finance*, Vol. 54(6), pp. 2339-2359.

Bollerslev, Tim (1986), "Generalized Autoregressive Conditional Heteroskedasticity," *Journal of Econometrics*, Vol. 31(3), pp. 307-327.

Brenner, Robin J., Richard H. Harjes, and Kenneth F. Kroner (1996), "Another Look at Models of the Short-Term Interest Rate," *Journal of Financial and Quantitative Analysis*, Vol. 31(1), pp. 85-107.

Brown, Roger H., Stephen M. Schaefer, L. C. G. Rogers, S. Mehta, and J. Pezier (1994), "Interest Rate Volatility and the Shape of the Term Structure," *Philosophical Transactions: Physical Sciences and Engineering*, Vol. 347(1684), pp. 563-576.

Chan, K. C., G. Andrew Karolyi, Francis A. Longstaff, and Anthony B. Sanders (1992), "An Empirical Comparison of Alternative Models of the Short-Term Interest Rate," *Journal of Finance*, Vol. 47(3), pp. 1209-1227.

Christiansen, Charlotte and Jesper Lund (2005), "Revisiting the Shape of the Yield Curve: The Effect of Interest Rate Volatility," Working paper, University of Aarhus.

Collin-Dufresne, Pierre and Robert S. Goldstein (2002), "Do Bonds Span the Fixed Income Markets? Theory and Evidence for Unspanned Stochastic Volatility," *Journal of*

Finance, Vol. 57(4), pp. 1685-1730.
Collin-Dufresne, Pierre, Robert S. Goldstein, and Christopher S. Jones (2009), "Can Interest Rate Volatility be Extracted from the Cross Section of Bond Yields?" *Journal of Financial Economics*, Vol. 94(1), pp. 47-66.
Dai, Qiang and Kenneth J. Singleton (2000), "Specification Analysis of Affine Term Structure Models," *Journal of Finance*, Vol. 55(5), pp. 1943-1978.
Diebold, Francis X. and Roberto S. Mariano (1995), "Comparing Predictive Accuracy," *Journal of Business and Economic Statistics*, Vol. 13(3), pp. 253-263.
Duffee, Gregory R. (2011), "Information in (and not in) the Term Structure," *Review of Financial Studies*, Vol. 24(9), pp. 2895-2934.
Durham, Garland B. (2003), "Likelihood-based Specification Analysis of Continuous-time Models of the Short-term Interest Rate," *Journal of Financial Economics*, Vol. 70(3), pp. 463-487.
Engle, Robert F. (1982), "Autoregressive Conditional Heteroscedasticity with Estimates of the Variance of United Kingdom Inflation," *Econometrica*, Vol. 50(4), pp. 987-1007.
Fan, Rong, Anurag Gupta, and Peter Ritchken (2003), "Hedging in the Possible Presence of Unspanned Stochastic Volatility : Evidence from Swaption Markets," *Journal of Finance*, Vol. 58(5), pp. 2219-2248.
Gallant, A. Ronald and George Tauchen (1998), "Reprojecting Partially Observed Systems with Application to Interest Rate Diffusions," *Journal of the American Statistical Association*, Vol. 93(441), pp. 10-24.
Han, Bing (2007), "Stochastic Volatilities and Correlations of Bond Yields," *Journal of Finance*, Vol. 62(3), pp. 1491-1524.
Hansen, Peter R. and Asger Lunde (2005), "A Forecast Comparison of Volatility Models : Does Anything Beat a GARCH (1, 1)?" *Journal of Applied Econometrics*, Vol. 20(7), pp. 873-889.
Heidari, Massoud and Liuren Wu (2003), "Are Interest Rate Derivatives Spanned by the Term Structure of Interest Rates?" *Journal of Fixed Income*, Vol. 13(1), pp. 75-86.
Heidari, Massoud and Liuren Wu (2009), "A Joint Framework for Consistently Pricing Interest Rates and Interest Rate Derivatives," *Journal of Financial and Quantitative Analysis*, Vol. 44(3), pp. 517-550.
Jacobs, Kris and Lotfi Karoui (2009), "Conditional Volatility in Affine Term-structure Models : Evidence from Treasury and Swap Markets," *Journal of Financial Economics*, Vol. 91(3), pp. 288-318.
Jarrow, Robert, Haitao Li, and Feng Zhao (2007), "Interest Rate Caps "Smile" Too! But Can the LIBOR Market Models Capture the Smile?" *Journal of Finance*, Vol. 62(1), pp. 345-382.
Joslin, Scott (2010), "Pricing and Hedging Volatility Risk in Fixed Income Markets,"

Working Paper, MIT Sloan School of Management. http://www.mit.edu/~sjoslin/papers/phv.pdf

Li, Haitao and Feng Zhao (2006), "Unspanned Stochastic Volatility: Evidence from Hedging Interest Rate Derivatives," *Journal of Finance*, Vol. 61(1), pp. 341-378.

Litterman, Robert B. and Josè Scheinkman (1991), "Common Factors Affecting Bond Returns," *Journal of Fixed Income*, Vol. 1(1), pp. 54-61.

Litterman, Robert B., Josè Scheinkman, and Laurence Weiss (1991), "Volatility and the Yield Curve," *Journal of Fixed Income*, Vol. 1(1), pp. 49-53.

Longstaff, Francis A., Pedro Santa-Clara, and Eduardo S. Schwartz (2001), "The Relative Valuation of Caps and Swaptions: Theory and Empirical Evidence," *Journal of Finance*, Vol. 56(6), pp. 2067-2109.

Pérignon, Christophe and Christophe Villa (2006), "Sources of Time Variation in the Covariance Matrix of Interest Rates," *Journal of Business*, Vol. 79(3), pp. 1535-1549.

Phoa, Wesley (1997), "Can You Derive Market Volatility Forecasts from the Observed Yield Curve Convexity Bias?" *Journal of Fixed Income*, Vol. 7(1), pp. 43-54.

Takamizawa, Hideyuki (2015), "Predicting Interest Rate Volatility Using Information on the Yield Curve," *International Review of Finance*, Vol. 15(3), pp. 347-386.

Thompson, Samuel (2008), "Identifying Term Structure Volatility from the LIBOR-Swap Curve," *Review of Financial Studies*, Vol. 21(2), pp. 819-854.

終　章
総括及び今後の検討すべき課題

小　川　英　治

1. 本書の総括

　本書は,「世界金融危機後の新しい金利・為替評価手法の構築」をメインテーマとして, 7人の研究者がそれぞれの専門の研究分野について8本の論文を執筆してまとめあげた. 本章では, これらの8本の論文に基づいて, 世界金融危機後のマクロ金融分野における金融政策, 通貨政策, 金融セクターの潮流の新たな変化, そして, ミクロ金融分野における新しい資産価値評価モデルの再検討について総括するとともに, 今後の検討すべき課題を明らかにし, さらなる研究の発展の方向を提示する.

　第1章「米国の金融政策と東アジア通貨の動向――量的緩和出口戦略の金利・為替相場・資本フローへの影響」(小川英治) においては, 世界金融危機とそれに対応した量的金融緩和政策の出口戦略が東アジア通貨に及ぼす影響に関して, 2つの問題を考察した. 第1に, 世界金融危機前後において, 東アジア通貨はどのようにミスアライメントを起こしたかについてである. 第2に, 近年のデータを利用して実証分析を行い, 米国連邦準備制度理事会 (FRB) の金利引上げが, 東アジア諸国の金利, 為替相場, 及び資本フローにどのような影響を及ぼすかについてである.

　第1の問題, 東アジア通貨の間のミスアライメントに関しては, β収斂とσ収斂の両方のアプローチから, 2000年から2010年までの期間を7つの分析期間に分割して, 分析を行った. 分析結果は, 2005年後半以前に, 東アジア通貨の一部に収斂する傾向があった. 2005年後半以降, 東アジア通貨のほとんどが収斂する傾向がなくなった. すなわち, 世界金融危機発生前の

終　章　総括及び今後の検討すべき課題

　2005年後半からすでに，東アジア通貨はミスアライメントを起こしていた．その背景には，世界金融危機以前，米欧と日本との間で金利差があったが，危機時，米欧金利急低下，それ以降超低水準に下落するという状況のなかで，将来為替相場変化率を無視した，円の超低金利と他のアジア諸国の高金利との間の投機的な利鞘追求，すなわち，円キャリートレードが増大した．このことは，東アジア地域の域内における大きな資本フローにも関係し，域内通貨間の為替相場に影響を及ぼした．一方，世界金融危機が発生すると，欧米の投資銀行などの金融機関によって，キャリートレードの資金が日本以外のアジア諸国から引き揚げられ，日本に返済されることとなり，東アジア通貨間において逆ミスアライメントが発生した．

　次に，第2の問題，量的金融緩和政策の出口戦略として，米国の金利引上げが東アジア諸国の金利，為替相場，資本フローにもたらす効果を考察するために，過去のデータを利用して，これらの関係をVARモデルによって分析を行った．その分析結果は，米国での金利変化に対して一部の東アジア諸国において，金利が同じ方向に部分的に変化するとともに，金利差が拡大することによって，当該国通貨が変動するというものであった．このことから，FRBの金利引上げによって，東アジア諸国の金利がそれに追随するような形で上昇することが予想される．東アジア諸国金利の上昇が部分的に抑制されたり，後れを取ると，米国に有利な金利差が発生し，東アジア諸国通貨が米ドルに対して減価することが予想される．米国との内外金利差や予想収益率格差が，資本フローに対して及ぼす効果について統計的に有意な結果が得られなかったものの，FRBの金利引上げによって，内外金利差や予想収益率格差が東アジア諸国に不利となり，東アジア諸国から証券投資やその他投資において資金逆流や資本流出が発生することが予想される．

　第2章「国際通貨体制の検証と地域基軸通貨の可能性――米ドル依存からの脱却とアジア諸国通貨による貿易決済」（小川英治）においては，世界金融危機の際の欧州の経験，すなわち，米ドル流動性不足による欧州通貨の暴落とそのメカニズムを考察して，アジアへの教訓を導き出した．EUにおいては，その域内の経済取引においては，ユーロが貿易決済通貨として利用されているものの，EUにおける経済主体が域外との経済取引をする場合に

おいては，米ドルを決済通貨として利用している．とりわけ，国際金融取引においては，米ドルが決済通貨として利用されている．その理由から，世界金融危機に際して，ECB が FRB と通貨スワップ協定を締結して，FRB から米ドルの資金を調達できるようになるまでは，カウンターパーティ・リスクのため EU の銀行間市場に米ドルの供給主体が消失し，欧州の金融機関が米ドル流動性不足に陥った．そのことによって，ユーロや英ポンドが米ドルに対して暴落することとなった．

　アジアに目を移せば，貿易決済通貨や国際金融取引の決済通貨は，多くを米ドルに頼っている．もしそのようなアジアにおいて，EU が経験した米ドル流動性不足が同様に発生したとすると，EU における米ドル流動性不足の危機よりもずっと深刻な流動性危機に陥る可能性がある．したがって，米ドル流動性不足の影響を最小限にとどめるためには，米ドルに頼った国際貿易取引や国際金融取引の決済から，アジア地域の通貨を利用した決済へ進展させることが必要である．

　経済や金融のグローバル化が進んだ世界経済を所与とすると，国際通貨のネットワーク外部性のために慣性が働いている．ドル基軸通貨体制からアジア諸国経済が離脱することは困難である．しかしながら，ユーロが欧州地域における基軸通貨（「地域基軸通貨」）であるように，アジア地域の通貨をアジアの地域における地域基軸通貨に育て上げることは，決して不可能なことではない．世界金融危機の際の欧州の経験の教訓から，アジア地域における貿易決済通貨として米ドルに頼るのではなく，アジア諸国の通貨を使用することが必要である．

　その目的のためには，アジアにおいて地域基軸通貨になろうとする通貨は，制度面，あるいは，供給サイドの面から外国為替管理や資本管理などの規制を緩和・撤廃することが必要である．経常勘定及び資本勘定の両方において，通貨の交換性が確保されなければならない．さらに，需要サイドの面からは，国際通貨利用においてネットワーク外部性が存在することから，グローバル経済において支配的なシェアを占めている基軸通貨米ドルに慣性の法則が作用し，それを凌駕する通貨を生み出すことは難しいかもしれない．しかし，地域経済に限定すれば，地域基軸通貨を生み出し，育て上げる可能

性は残されているし，米ドル流動性不足を回避するためにはその必要性は高い．

　第 3 章「アベノミクス第一の矢：大胆な金融政策――予想は変えられるか？」（塩路悦朗） においては，短期金利が事実上ゼロである下で，金融政策当局がどのようにしてより長期の金利や為替相場，ひいては実体経済に働きかけることができるのかを議論した．アベノミクス「第一の矢」および日本銀行の「質的・量的緩和政策」に見られる大規模な金融緩和は，金利が正の世界であれば，金利を押し下げると同時に為替相場を減価させ，国内景気や国内物価に対して確実に大きな影響を与えることができる．しかし金利に引下げ余地がない場合には，そうした波及経路は期待できない．これに代わって注目されているのが，将来の金利・為替相場やインフレ率に関する民間の予想に政策的に働きかけることを通じて，間接的に現在の経済に影響を及ぼす経路である．

　マクロ経済学の理屈から言えば，経済主体の予想形成が合理的であり，政策当局が将来の（ゼロ金利「出口」及びそれ以降の）金融緩和に効果的にコミットすることができれば，予想変化を通じて現時点の経済に影響できるはずである．ところが現実には，多くのアンケート調査の結果は，合理的予想形成仮説の正しさを疑わせるものとなっている．しかし本章で注目するのは，それにも関わらず，日本の 2012 年末以降の金融緩和が民間の予想インフレ率を効果的に上昇させた（と見られる）ことである．政策はどのようにして予想を変えてきたのだろうか．

　本章では，日本で働いている可能性がある，4 つの政策波及経路が提示された．①金融緩和は為替相場を減価させ，これが家計によって頻繁に購入される財（加工食品，ガソリンなど）の値上がりを通じてインフレ実感，予想インフレ率を上昇させる経路，②一国の首相などがインフレ政策へのコミットメントを強力に発信し，それがマスコミ等を通じて繰り返し報道されることで家計の予想インフレ率に影響する経路，③ゼロ金利下では機能しないと思われていた金融緩和が，民間金融機関の信用創造に働きかける効果が実は小さいながらも残っており，これを通じて実体経済に働きかけている可能性がある（古典的なマネタリスト経路），④累積国債残高が巨額化する中，日本銀行が

大量に国債を購入することで,国債価格が低下した時にそのバランスシートが毀損して貨幣発行益によるファイナンスに頼らざるを得なくなる可能性が高まっており,このことが将来の金融緩和へのコミットメントとして機能している可能性がある.このうち経路④はマクロ経済理論との整合性は高いが,実際に人々の予想がこのような形で形成されているかについては,さらなる検証が必要である.

　第4章「少子高齢化社会の進展下での金融セクターの役割」(花崎正晴)は,日本において,少子高齢化が不可避的に進展し,家計貯蓄率が低下傾向を辿り貯蓄の稀少性が高まりつつあるとの問題意識から出発した.そして,その稀少な家計貯蓄を,いかに生産的な投資プロジェクトに向かわせることができるかという国民経済的な課題を論じた.

　現下の金融資本市場においては,グローバル化や金融技術の進歩に伴い,複雑な証券化商品や各種デリバティブ,CDS等の新商品も数多く登場し,情報の非対称性の問題は深刻化し,リスク管理はますます困難化している.このような時代には,高度な金融技術力を駆使し多様な市場を利用して,リスクを移転,変形そして再配分する金融仲介機関の役割が,むしろ増大している.

　そして,金融機関がそのような役割を積極的に果たすためには,以下の機能強化が必要とされる.第1は,情報生産能力の深化である.銀行の審査機能は,銀行と企業との間の情報の非対称性の問題を改善し,プロジェクトが良質なものであるか悪質なものであるのかを見極め,ひいては銀行のリスクを低減させる効果を発揮する.第2は,投融資手段の充実である.日本の銀行の伝統的な資金提供手段はシニアローンであるが,リスクマネーを供給して日本経済を活性化させるための投融資手段の充実も重要課題である.金融は,経済社会にとって重要な制度的インフラストラクチャであり,金融機関の活動は,元来社会性や公共性が高いものである.銀行は,高度な情報生産能力と多様な投融資手段を有効に駆使することによって,実体経済への付加価値を創出するとともに,少子高齢化社会のもとでのサステナブルな発展に,積極的に貢献する必要がある.

　第5章「投資行動から構築する金融市場の価格変動モデル──決定論的

終　章　総括及び今後の検討すべき課題

行動によるランダムな値動きの発生」（小林健太）においては，金融市場の価格決定メカニズムについて，一つのモデルが提案された．古くから多くの人々，特に投資や投機で利益を上げたいと願う人々にとって，金融市場における価格決定の仕組みは関心の対象であった．しかしながら，価格の決定メカニズムを十分に説明し得る理論は，未だ存在しないのが現状である．例えば，需要と供給による均衡論的な考え方では，日々，上下する株価などのランダムな動きを説明することはできないし，金融工学においては，ランダムな動きは，ブラウン運動やそれを拡張した確率過程によって，理由なしに所与として与えられている．つまり，価格変動になぜランダムな動きが生じるか，という理由については今まで十分に説明がなされているとはいえないのである．それに対して，本章では市場参加者のポジションそのものが価格を動かす原動力となり，ランダムな動きを発生させているのではないかと考え，研究に取り組んだ．実際，近年においても，2008年のリーマン・ショックや2015年の中国ショックなどのように，必ずしも需給によるのではなく，市場参加者自身のポジションの悪化に伴って売買が行われ，価格が動くような動きが観察されている．

　本章では，金融市場を，異なる投資戦略を持つ投資家たちの売買によって価格が決定される離散力学系としてモデル化した．同様の手法は，エージェントモデルによる人工市場等のアプローチでも見受けられるが，本章のモデルの大きな特徴は，各投資家の投資行動にランダムな要素が入っていないということである．つまり，このモデルにおいては，金融市場は決定論的な力学系としてモデル化されている．驚くべきことに，このモデルに従って数値計算を行ったところ，モデル自体にはランダム性が含まれていないにも関わらず，計算結果としては，現実の価格変動に見られるブラウン運動のようなランダムな動きが発生した．ランダムな要素を入れてランダムウォーク的な動きが出るのは当たり前だが，このモデルのように，ランダムな要素の無い決定論的なシステムでもランダム的な動きが得られるというのは，非常に興味深い結果であると考えられる．

　現時点における本モデルは，トイモデルと言ってもよい非常に単純なモデルであり，これで現実の金融市場の価格変動を説明できるわけではない．し

かしながら，今まで発生メカニズムについて説明が為されず，所与として与えられるに過ぎなかった金融市場のランダム性が，投資家の投資行動だけからでも発生し得るという事を明らかにしたという点は，意義深い．

第6章「モラルハザードの価値評価――強形式による定式化」(中村恒) においては，モラルハザードが存在するときの均衡資産価値評価式が定式化された．モラルハザードとは，例えば投資家が投資先企業の経営者の経営努力を観察できないとき，企業経営者が自身の私的利得を優先させ，企業全体の価値最大化のための経営努力を怠り，投資家の利得を損なうことを指す．先行研究では，モラルハザードが企業・投資家のリスク管理や資産運用・資金調達についていかに企業財務上のミクロ的な歪みを引き起こすのかが多く分析されてきた．しかし，金融の世界では，このようなミクロレベルの歪みのみがモラルハザードの引き起こす歪みではない．モラルハザードは，そのミクロの歪みがマクロレベルにまで累積すれば，マクロ的に投資家の限界効用（即ち状態価格（密度））を変化させ，金融市場において，その企業価値のみならず金融資産一般の価値評価にマクロ的な歪みを引き起こす．

現実に最近の金融危機では，例えば投資銀行が証券化によりローンを売って審査するインセンティブを低下させ，また，ヘッジファンドの利己的な投資行動が戦略的倒産を誘発するなど，企業・金融機関の様々な形でのモラルハザードによるミクロ的な歪みが，市場全体で累積しマクロ的に金融の不安定化を促したことが注目されている．そこで，最近になって，モラルハザードに起因するマクロ市場の不安定化を分析する研究文献が，急速に成長し始めている．しかし，依然としてモラルハザードの資産価値評価式は，資産価格論や金融工学の分野において十分に確立されていない．

本章においては，モラルハザードがマクロ金融市場でどのように資産価格を歪めるのかが定式化された．モラルハザードには現実に様々な形態が存在するが，企業の投資プロジェクトの期待生産性が企業の経営努力に依存し，しかし投資家はその努力水準を観察できない状況に注目されている．このモラルハザード下の投資家の最適消費・投資問題が，連続時間の確率解析の利便性を利用しながらマクロ一般均衡の枠組みで解かれ，資産価値評価式が構築された．とくに，状態価格密度過程へのモラルハザードの影響が，マルチ

ンゲールとして明示的に特徴付けられた.

　分析の結果, 第1に, シャープ比はモラルハザードによって低下し, リスク資産への投資の魅力が損なわれることが示された. 第2に, モラルハザードは, リスクの市場価格を投資家の限界効用と逆方向に動かしリスクヘッジの役割を果たすことから, 無リスク金利の理論値を引き上げる. 無リスク金利の理論値と実測値との乖離を拡大させることから, モラルハザードはリスクフリーレート・パズルを悪化させる. 第3に, 投資家が金融市場にアクセスできるので, モラルハザードの歪みは資産価格の歪みと実物資源の歪みに分化され, 歪み全体のうち一部が価格の歪みに吸収されて, 実物資源の最適配分の歪みが緩和され得る.

　第7章「流動性の不足と信用リスクの分析――流動性デフォルトリスクの構造型アプローチに関する一考察」(高岡浩一郎) においては, 流動性デフォルトに焦点を当てて, 信用リスクの構造を理論的に考察した. 確率過程を用いた信用リスク分析の手法は, 構造モデルと誘導モデルに大別される. このうち構造モデルは, 企業価値を原資産とするプットオプションのショートポジションとして社債を捉え, オプション価格付け理論を援用して証券価格や信用リスクを統合的に分析する手法である. その嚆矢となる Merton モデルでは, 企業価値が拡散過程に従い, すべての社債は同一満期でクーポン支払いは無く, 満期において企業価値が社債額面を下回ればデフォルトとみなしている. 様々な方向に拡張されているが, そのうち Leland アプローチでは, 構造モデルを信用リスクのみならず, コーポレートファイナンスの議論にも用いた. 無限満期の設定下で, 倒産コストと節税効果を考慮に入れて最適な内生的倒産のタイミングを分析することにより, 最適レバレッジなども定量的に分析している. この Leland アプローチも, 様々な一般化モデルが提唱されている. そのうちの一つとして, 永久債発行企業の最適な内生的倒産タイミングを考察している Ziegler モデルでは, 企業価値が幾何 Brown 運動に従うとモデル化するが, 資産は分割・代替されず, 永久債クーポン支払いは新株発行によってファイナンス可能とモデル化しているため, 逆に Merton モデルのような流動性デフォルトは起こらない設定になっている.

　本章においては, 債券発行済み企業の流動性デフォルトに焦点が当てられ

た．まず，流動性デフォルトリスクを完全情報下の構造型アプローチで分析する一般的フレームワークを述べ，Merton モデルもこのフレームワーク内で論じることができることを説明した．そして次に，その一般的フレームワークを永久債発行企業に適用して，株主価値や債券価格の新しい解析解を導出した．解析解の導出には，幾何 Brown 運動の時刻 0 から ∞ までの時間積分が逆ガンマ分布に従うという Dufresne の公式も用いた．本モデルにおける解析解は，Ziegler モデルとは異なり，企業価値が永久債クーポン支払い額だけ目減りしていく形になっている．

第 8 章「金利ボラティリティの予測――イールドカーブに内在する情報を用いた時系列モデルの構築」（高見澤秀幸） においては，2008 年の金融危機前後の観測値を含んだ米国データが用いられて，金利ボラティリティの予測可能性が検証された．ボラティリティを予測することは，金融危機の前兆を摑みその対策を講ずる上で，大変重要である．この予測を行う際に，イールドカーブの情報を用いるところに当研究の特色がある．イールドカーブには，投資家の金利，延いては経済状態に対する将来見通しが反映されている．このフォワードルッキングな情報がボラティリティ予測に活用された．具体的には，この情報を金利ファクターの動学モデルにおける分散・共分散行列の定式化に活用した．その際，先行研究では十分に調べられていない，イールドカーブと分散の非線形関係を取り入れた．

実証分析の結果，イールドカーブの情報は，イールドカーブの傾きファクターと曲率ファクターのボラティリティ予測には有用であるが，水準ファクターのボラティリティ予測には有用でないことが確かめられた．この結論は，イールドカーブには関係ないがボラティリティには関係あるファクターを導入しても頑健であった．さらに，ボラティリティの大きな変動を捉えるためには，分散・共分散行列がアフィンモデルのように，一部のファクターのみに線形に依存するよりも，当研究で示したモデルのように，すべてのファクターに非線形に依存する方が望ましいことがわかった．この発見は，ボラティリティが大きく変動する金融危機時でも機能する金利期間構造モデルを構築するための，重要な示唆を与えている．

終　章　総括及び今後の検討すべき課題

2. 今後の検討すべき課題

　以上が本書の各章で考察されて得られた分析結果である．このように，市場分析を中心として，金融摩擦下のグローバル金融の現状が，国際マクロ金融や数理ファイナンスなどの研究分野の視点から考察された．そしてこれらの研究分野及び金融政策・通貨政策への政策インプリケーションにおいて，ある程度の研究成果をあげることができた．一方，本書の分析においては，市場分析を中心としたことから，企業，投資家，金融機関の金融行動が明示的に考慮されず，これらの金融行動が表面に現れてこなかった形となっている．また，経済主体の金融行動に影響を及ぼす金融規制についても，暗黙の裡には考慮されているものの，明示的に考察されていないことは否めない．今後は，従来の金融市場に対する分析に加えて，各経済主体の金融行動を有機的に融合させながら分析し，国際マクロ金融のコンテクストにおける金融政策や通貨政策，さらにはクロスボーダーの視点から金融規制を考察する必要がある．

　国際マクロ金融の分野では，第1に，世界金融危機時にとりわけ欧州で発生した，米ドル流動性不足及びユーロ圏危機の現象を調査・観察する必要がある．第2に，日米欧の中央銀行によるゼロ金利政策及び量的金融緩和政策と，そこからの出口戦略が，国内経済とともに新興市場諸国にどのような影響を及ぼし得るかを考察する必要がある．第3に，世界金融危機以降に発生した最大の経済危機である，ユーロ圏危機に対する政策的対応と制度的改革についても考察する必要がある．とくに基軸通貨ドル体制下におけるFRBの通貨スワップ協定による対応に加え，IMFと地域金融協力との間の関係を注目し金融危機管理の在り方について考察することが重要である．

　金融規制の分野では，世界金融危機後の新しい金融リスク環境において，金融規制が金融危機の克服や金融機関の機能向上にとって果たして望ましいものと言えるかを考察する必要がある．また金融のグローバル化が進展する中で，クロスボーダーの視点をもって金融規制を考察しなければならない．まず，世界金融危機後の企業の金融行動や金融機関の金融仲介行動が，それ以前とどのように変化しているのかについても，実証的に分析しなければな

らない．次に，企業の金融行動の変化は，金融規制の強化に伴うファイナンス環境の変化に起因するものや，実体経済を巡る環境変化を反映した実物要因に基づくものの両面が考えられ，その関係を明らかにする必要がある．これらの構造を明確にしたうえで，金融規制の望ましいあり方を再度検討しなければならない．

金融市場の分野では，世界金融危機時に情報問題，エージェンシーコスト，デフォルト，心理要因など様々なミクロの金融摩擦要因が累積し，マクロ市場全体でシステミックリスクを引き起こした．それに対して，数理ファイナンスと金融経済学を高度に融合させながら，金融摩擦要因を導入した新しい資産価値評価モデルを構築し，世界金融危機後の金融市場のリスクを分析し，金融市場の立場から金融安定化政策への含意を導くことが必要である．

これらの考察の結果，世界金融危機後の経済主体の金融活動及び金融市場の構造的変化を考慮に入れて，金融監督規制体制，中央銀行による金融政策と，中央銀行・金融監督規制当局によるマクロプルーデンシャル規制及びFRB及びIMFと，地域金融協力による国際的な金融危機管理の在り方について明らかにされるであろう．このような考察によって，経済主体にとって金融リスク管理とともに，国内及び国際的な金融監督規制体制及び国際マクロ金融における金融危機管理の制度設計を行う際に重要な政策インプリケーションがもたらされる．

索　引

ア　行

アナウンス　61
アフィン型金利期間構造モデル　193
アベノミクス　64, 74
　──「第一の矢」　206
安定過程モデル　101
イールドカーブ　184, 211
一般受容性　37
インプライド・ボラティリティ　182
インフレターゲット　56
永久債価格式　177
エクイティ・ファイナンス　85
円キャリートレード　13
横領　128
オプションの理論価格　100
オペレーション・ツイスト　57

カ　行

外国為替市場の厚み　49
外国為替リスクへの対応　49
Gaussian モデル　187
カウンターパーティ・リスク　34
確率過程を用いた信用リスク分析の手法　169
確率制御問題　131
家計部門の貯蓄率低下現象　81
傾きファクター　193, 197, 211
貨幣乗数　57
ガリバー型国際通貨制度　39
為替相場のミスアライメント　12
為替レート経路　65
間接金融　89
幾何 Brown 運動　101
幾何変動モデル　119
企業金融動向　83
企業の外部資金調達　85
企業の努力水準　139
基軸通貨ドルの慣性　43
逆張り　115
キャリートレード　5
曲率ファクター　193, 198, 211
ギルサノフ定理　131
均衡資産価値評価式　209
均衡状態価格密度　158
銀行を中心とする金融システム　83, 89
金融規制　212
金融行動　212
金融市場　213
　──の価格決定メカニズム　208
　──の価格変動モデル　100
　──のランダム性　209
金融仲介機関の役割　207
金融仲介機能を巡るパラダイム　91
金利ボラティリティの予測　186
　──可能性　182, 211
グローバル・インバランス　31
グローバル基軸通貨　43, 50
経営者の努力水準　128
契約通貨の選択　44
「限界の」乗数　58
構造モデル　169
合理的予想形成　63
国際通貨の機能　37
国際マクロ金融　212
古典的なマネタリスト経路　69
異なる投資戦略を持つ投資家　208
コミット　61

索　引

サ　行

財政赤字を通じた経路　72
最適な内生的倒産　170
最適配分　123
サブプライム・ローン　32
　――証券化商品　32
ザラバ方式　105
時間軸効果　59
σ 収斂　7
市場型金融システム　88
指数平滑化移動平均（EMA）　105
質的・量的緩和政策　→量的緩和政策
シャープ比　154
ジャンプ拡散過程モデル　101
主成分分析　185
瞬間的効用関数対数型　125
小額投資非課税制度（NISA）　90
少子高齢化　79, 207
状態価格密度　155
　――過程　126, 209
情報生産能力の深化　93
初期値鋭敏性　112
信用スプレッド　34
信用創造過程　71
信用リスク分析　210
水準ファクター　193, 199, 211
数理ファイナンス　212
生活意識に関するアンケート調査　63
政策波及経路　206
制度的インフラストラクチャ　207
世界金融危機　5, 203
ゼロ金利政策　54
相対リスク回避度一定（constant relative risk aversion：CRRA）型　125
損切り売買　103

タ　行

第1次量的金融緩和政策（QE1）　16
第2次量的金融緩和政策（QE2）　16
第3次量的金融緩和政策（QE3）　16
ダイナスティ・モデル　82
種　70
地域基軸通貨　44, 50, 205
仲介型金融システム　88
中国ショック　102
直接金融　89
貯蓄のライフサイクル仮説　81
通貨スワップ協定　35
通貨発行利益　38
通貨保有の費用　41
定常線形契約　130
出口戦略　16, 25
投資家の構成比　112
投資家の内部構成　103
投資関数　106
投融資手段の充実　93
ドル基軸通貨体制　205
トレンドフォロー系の投資家　115

ナ　行

内部資金調達　85
内部要因　102
ネットワーク外部性　37

ハ　行

パススルー　66
Balassa-Samuelson 効果によって調整された PPP に基づく AMU 乖離指標　9
「非伝統的」金融政策　72
フィリップス曲線の理論　60
フィルタ付き確率空間　136
フェデラル・ファンドレート（FF 金

索　引

利）　15
物価安定の目標　56
Black-Scholes 方程式　100
フリー・ライダー問題　89
プリンシパル＝エージェントモデル　131
「平均の」乗数　58
平均平方誤差の平方根　189
米国財務省証券（TB）　34
米国の金利引上げ　204
米ドル流動性不足　→流動性不足
β 収斂　6
貿易決済通貨　36, 44
包括緩和政策　56
ボラティリティ　182
　——指数　182
　——・パラドクス　128
　——予測　184
本源的証券　89

マ 行

マイナス金利　15
マスコミ報道を通じた経路　68
マルチンゲール表現定理　137
ミスアライメント　204
モラルハザード　123, 127, 209
　——プレミアム　127, 160
　——問題下の最適契約　131

ヤ 行

誘導モデル　169
ユーロ圏危機　212
予想　206
　——インフレ率　64, 206
予想を通じた政策経路　60
予測精度　189

ラ・ワ 行

ラドン＝ニコディム微分　146
ランダム性　120
リーマン・ショック　102
離散力学系　117
リスク許容度　107
リスクシェアリング　123
リスクフリーレート・パズル　127, 161
リフレーションシップ・バンキング　89
流動性デフォルト　169, 210
　——時刻　171
　——リスク　172
流動性のわな　57
流動性不足　35
　米ドル——　50, 204, 212
留保効用　143
量的緩和政策　15, 54
　質的・——　206
連邦公開市場委員会（FOMC）　16
ロンドン銀行間取引金利（LIBOR）　34
割引債価格式　177

アルファベット

$A_1(3)$ モデル　187
AMU（CMI）乖離指標　19
AMU（CMI）為替相場　18
ARCH モデル　101
CGMY モデル　101
FF 金利　→フェデラル・ファンドレート
GARCH モデル　101, 188
GJR モデル　101
HAR-RV モデル　189
money-in-the-utility model　40
VAR モデル分析　18
VG 過程モデル　101

217

編者・執筆者紹介

［編　者］

小川英治（おがわ　えいじ）　第 1 章，第 2 章
一橋大学大学院商学研究科教授（国際金融論）
1957 年北海道生まれ．一橋大学商学部卒業，一橋大学大学院商学研究科博士後期課程単位取得退学．一橋大学商学部専任講師，助教授を経て，1999 年 4 月より現職．1986～88 年ハーバード大学経済学部，1992 年カリフォルニア大学バークレー校経済学部，2000 年 9 月国際通貨基金調査局で客員研究員．博士（商学）．
〈主要業績〉
Who Will Provide the Next Financial Model? : Asia's Financial Muscle and Europe's Financial Maturity, edited by, with Sahoko Kaji, Springer, 2013.
『激流アジアマネー——新興金融市場の発展と課題』共編著，日本経済新聞出版社，2015 年．
『ユーロ圏危機と世界経済——信認回復のための方策とアジアへの影響』編著，東京大学出版会，2015 年．

［執筆者］（掲載順）

塩路悦朗（しおじ　えつろう）　第 3 章
一橋大学大学院経済学研究科教授（マクロ経済学）
1965 年東京生まれ．東京大学経済学部卒業，東京大学大学院経済学研究科進学，イェール大学大学院経済学研究科博士課程修了．ポンペウ・ファブラ大学（スペイン）経済学部助教授，横浜国立大学経済学部助教授，同大学大学院国際社会科学研究科助教授，一橋大学大学院経済学研究科助教授を経て，2007 年 10 月より現職．Ph. D.（イェール大学）．
〈主要業績〉
"Pass-Through of Oil Prices to Japanese Domestic Prices," with Taisuke Uchino, in : *Commodity Prices and Markets, East Asia Seminar on Economics, Volume 20*, University of Chicago Press, pp. 155-189, 2011.
「生産性要因，需要要因と日本の産業間労働配分」『日本労働研究雑誌』第 55 巻第 12 号，37-49 頁，2013 年．
「ゼロ金利下における日本の信用創造」『現代経済学の潮流 2016』東洋経済新報社，近刊．

花崎正晴（はなざき　まさはる）　第 4 章
一橋大学大学院商学研究科教授（コーポレート・ガバナンス，企業金融，金融システム）
1957 年東京生まれ．早稲田大学政治経済学部経済学科卒業．日本開発銀行設備投資研究所，OECD 経済統計局，ブルッキングス研究所，一橋大学経済研究所，日本政策投資銀行設備投資研究所等を経て，2012 年 4 月より現職．博士（経済学）．

219

〈主要業績〉
『企業金融とコーポレート・ガバナンス——情報と制度からのアプローチ』東京大学出版会，2008 年．(第 50 回エコノミスト賞受賞)
『金融システムと金融規制の経済分析』共編著，勁草書房，2013 年．
『日本経済　変革期の金融と企業行動』共編著，東京大学出版会，2014 年．

小林健太（こばやし　けんた）　第 5 章
一橋大学大学院商学研究科准教授（応用数学，数値解析）
1975 年大阪府生まれ．京都大学理学部卒業，京都大学大学院理学研究科博士後期課程修了．九州大学数理学研究院博士研究員，金沢大学自然科学研究科准教授を経て，2011 年 4 月より現職．博士（理学）．
〈主要業績〉
"A Constructive A Priori Error Estimation for Finite Element Discretizations in a Non-Convex Domain Using Singular Functions," *Japan Journal of Industrial and Applied Mathematics*, Vol. 26, No. 2, pp. 493-516, 2009.
"On the Global Uniqueness of Stokes' Wave of Extreme form," *IMA Journal of Applied Mathematics*, Vol. 75, No. 5, pp. 647-675, 2010.
"Babuška-Aziz Type Proof of the Circumradius Condition," with Takuya Tsuchiya, *Japan Journal of Industrial and Applied Mathematics*, Vol. 31, No. 1, pp. 193-210, 2014.

中村　恒（なかむら　ひさし）　第 6 章
一橋大学大学院商学研究科准教授（資産価格論，リスク管理）
1971 年東京都生まれ．東京大学経済学部卒業，シカゴ大学大学院経済学研究科で博士号取得．東京大学大学院経済学研究科での専任講師を経て，2011 年 4 月より現職．1994 年〜2001 年まで日本銀行で総合職．博士（経済学）．
〈主要業績〉
"A Continuous-Time Analysis of Optimal Restructuring of Contracts with Costly Information Disclosure," *Asia-Pacific Financial Markets*, Vol. 19, No. 2, pp. 119-147, 2012.
"A Continuous-Time Optimal Insurance Design with Costly Monitoring," with Koichiro Takaoka, *Asia-Pacific Financial Markets*, Vol. 21, No. 3, pp. 237-261, 2014.
"Optimal Risk Sharing in the Presence of Moral Hazard under Market Risk and Jump Risk," with Takashi Misumi and Koichiro Takaoka, *Japanese Journal of Monetary and Financial Economics*, Vol. 2, No. 1, pp. 59-73, 2014.

高岡浩一郎（たかおか　こういちろう）　第 7 章
一橋大学大学院商学研究科教授（確率論，数理ファイナンス）
1971 年東京都生まれ．東京大学理学部卒業，東京大学大学院数理科学研究科修士課程修了．東京工業大学理学部助手，一橋大学大学院商学研究科専任講師，准教授を経て，2015 年 4 月より現職．博士（数理科学）．
〈主要業績〉
"A Complete-Market Generalization of the Black-Scholes Model," *Asia-Pacific Financial*

Markets, Vol. 11, No. 4, pp. 431-444, 2004.

"A Note on the Condition of No Unbounded Profit with Bounded Risk," with Martin Schweizer, *Finance and Stochastics*, Vol. 18, No. 2, pp. 393-405, 2014.

"A Continuous-Time Optimal Insurance Design with Costly Monitoring," with Hisashi Nakamura, *Asia-Pacific Financial Markets*, Vol. 21, No. 3, pp. 237-261, 2014.

高見澤秀幸（たかみざわ　ひでゆき）　第 8 章
一橋大学大学院商学研究科准教授（計量ファイナンス）
1972 年山梨県生まれ．筑波大学大学院社会工学研究科博士課程修了．一橋大学大学院経済学研究科専任講師，筑波大学大学院人文社会科学研究科講師，准教授を経て，2011 年 10 月より現職．博士（ファイナンス）．
〈主要業績〉
"Is Nonlinear Drift Implied by the Short End of the Term Structure?" *Review of Financial Studies*, Vol. 21, No. 1, pp. 311-346, 2008.

"Predicting Interest Rate Volatility Using Information on the Yield Curve," *International Review of Finance*, Vol. 15, No. 3, pp. 347-386, 2015.

世界金融危機と金利・為替
通貨・金融への影響と評価手法の再構築

2016 年 3 月 30 日　初　版

［検印廃止］

編　者　小川英治
　　　　（おがわえいじ）

発行所　一般財団法人　東京大学出版会
　　　　代表者　古田元夫
　　　　153-0041　東京都目黒区駒場 4-5-29
　　　　電話 03-6407-1069　FAX 03-6407-1991
　　　　振替 00160-6-59964
　　　　http://www.utp.or.jp/

印刷所　三美印刷株式会社
製本所　誠製本株式会社

©2016 Eiji Ogawa, Editor
ISBN 978-4-13-040274-3　Printed in Japan

[JCOPY]〈(社)出版者著作権管理機構　委託出版物〉
本書の無断複写は著作権法上での例外を除き禁じられています．複写される場合は，そのつど事前に，(社)出版者著作権管理機構（電話 03-3513-6969，FAX 03-3513-6979，e-mail: info@jcopy.or.jp）の許諾を得てください．

小川英治 編	ユーロ圏危機と世界経済 信認回復のための方策とアジアへの影響	3900 円
福田慎一 小川英治 編	国際金融システムの制度設計 通貨危機後の東アジアへの教訓	5200 円
持田信樹 今井勝人 編	ソブリン危機と福祉国家財政	5800 円
岩井克人 瀬古美喜 翁　百合 編	金融危機とマクロ経済 資産市場の変動と金融政策・規制	4800 円
細野　薫 著	金融危機のミクロ経済分析	4800 円
スティグリッツ グリーンワルド 著 内藤純一 家森信善 訳	新しい金融論 信用と情報の経済学	3200 円
河合正弘 著	国際金融論	5600 円
古内博行 著	現代ドイツ経済の歴史	3800 円
増井良啓 宮崎裕子 著	国際租税法（第3版）	3200 円

ここに表示された価格は本体価格です．ご購入の際には消費税が加算されますのでご了承下さい．